本书为国家社科基金艺术学青年项目（批准号：12CH106）结项成果

被资助的文化

CULTURAL PATRONAGE SYSTEM
AND INSTITUTIONAL DESIGN IN
INTERNATIONAL PERSPECTIVE

中外文化资助体系及制度设计

Subsidized Culture

黄玉蓉／著

社会科学文献出版社
SOCIAL SCIENCES ACADEMIC PRESS (CHINA)

序

　　无论是在艺术史长河中，还是在公共文化政策领域，"文化资助"只是一个很小的知识节点。但通过这一节点，却可以连通公共文化政策、艺术史研究领域诸多重要的知识范畴，如文化公共性、文化的社会建构功能、经济资本与文化资本的价值转换、艺术与商业的关系等问题。黄玉蓉博士的新著《被资助的文化：中外文化资助体系及制度设计》力求通过对上述与"文化资助"有密切关联的理论命题的探讨，创造性地将知识界的最新理论建树和中国文化建设领域遭遇的重大现实问题导入公共文化政策研究领域，力求探索文化资助的中国制度创新，是对中国公共文化政策研究的拓展和推进。本书将"文化资助"及其重要构成范畴的"艺术资助"以及相关命题的已然事态、或然事态以及必然事态澄明出究竟来。本研究以此为基础，再基于不同的问题境况、利益立场和逻辑思路，寻找出有效的现场解困方案与可选择的理想标杆。

一

　　既然黄玉蓉博士自觉而且前置性地引用英国人类学家爱德华·泰勒（Edward Tylor）关于文化的概念作为意义本体的人类学定位，即所谓"文化或者文明，从其广泛的民族志意义上说，它是一个错综复杂的总体，包括知识、信仰、艺术、道德、习俗和人作为社会成员所获得的任何其他能力和习惯"，那么在我看来，黄玉蓉就已经拥有了正确而且清晰的逻辑起点，并以此为知识撬动杠杆，促使其进入关联性事态现场以及不同国家以此为资助对象的种种关联性政策处置义项编序。

对象的清晰问题之所以在此显得尤为重要，是因为对象的本体性分存与现象态混杂总是纠缠不清，那些已然自明者又因其自明而常常作具体言说前置限定的省略，就仿佛日常不经意间省略陈述方式所呈现的诸如"文化资助""艺术资助"，或者文化产业与文化市场研究者灌输的所谓"文化消费""艺术消费"。不清晰者的纠缠不清与清晰者的自明性省略，自觉不自觉地合力生成所议知识场域的任意表达，并在言说伦理合法性对知识准入合法性的无条件置换后，导致许多大词叙事文本或者个案描述文本，在迷失逻辑起点的同时，也让进入对象讨论的相当数量涉身者，不得不于云里雾中"被抛"至"命题真值率丢失"的言说狂欢甚或符号骚乱。正因为如此，忧心忡忡的文化政策研究专家，才会认为"如何使文化政策研究得以理论定位与实践定位"① 是头等麻烦的场域困境。

头等麻烦之处在于"意义"与"意义物化承载"的本体大相径庭，与现象杂然一体，在于从"意义物"求取"意义"既有复杂的转换过程又有一系列可转换的条件。"文化"或者"艺术"，哪怕是广场舞大妈在最原始的价值层面，意欲捕获的一点点精神寄托或审美净化，都是"意义本体"，是个体存身或在世确证其人性此在价值的意义本体，更何况那些委身于文化创建与艺术创造的精神使者，居然会是"视自身为祈祷者。他们声称要呈现审美理念，探究存在的秘密与灵魂的深奥"② 。就中国知识史而言，凡所谓"小子何莫学夫诗，诗可以兴，可以观，可以群，可以怨"③ ，又或者"乐者，音之所由生也，其本在人心之感于物也"④ ，皆莫不是立论于意义本体和精神本体。

---

① Jim McGuigan. "Cultural Policy Studies", Justin Lewis and Toby Miller (eds.), *Critical Cultural Policy Studies: A Reader*. Oxford: Blackwell Publishers Ltd. , 2003: 23.

② Sandro Bocola. *The Art of Modernism: Art, Culture, and Society from Goya to the Present Day*. London: Prestel Verlag, 1999: 97.

③ 《论语·阳货》。

④ 《礼记·乐记》。

但任何一种意义本体和精神本体，都在其本体生成过程中经由显形和现世的出场通道，而且这一通道远非俗常泛论的所谓"内容与形式的关系"，其所谓"物化承载"，既包括意义和精神创造者的存身境遇，也包括意义和精神展现的机遇和条件；既包括传统范畴的物化符号介质，也包括当代高科技背景下的技术支撑形态；既包括传播渠道的影响面，也包括资金保障的助推力。总之涉及外在前置条件的方方面面。通常我们所指称的"文化资助"或者"艺术资助"，其资助的驱动所及与影响有效性预期就在于此，而保障性、激活性、助推性的种种制度安排，以及与这些安排相适应的既丰富又具针对性的诸多政策工具与平台工具，则是不同预期得以落地并赋予其行政刚性的技术方案。当然，在资助预期与意义生成或者精神创造之间，并不具有线性可测值的直接因果关系，但其中存在弹性可举证的间接因果关系的要素影响因子价值却是不言而喻的广泛案例事实，而这就是资助预期及其制度安排、工具匹配成为各国例行做法原因之所在。

从黄玉蓉的知识研究报告来看，尽管在知识逻辑梳理过程中还存在紊乱与缝隙，但她显然已意识到了对这一前置逻辑关系予以清晰性先行给定对于其后续学术作业的重要性，并在有所为有所不为，或者某些自明性悬置某些关联性讨论中，由隐而显逐步延展其问题域与命题解决方案。我很肯定她的这一思考问题的逻辑思路，亦如她略嫌在路上不时有自乱阵脚之不足。

二

如果我们把此议的纠缠在一种自明性拟设中暂时予以悬置的话，那么我们就不难发现，跟进的照面事态直接就是：①谁来资助；②资助给谁以及资助给哪些应该资助的对象；③以何种方式或何种比例额度进行资助；④所有这一切的法律授权或者法治化执行保障。

谁来资助的问题在不同国家或者不同资助模式之间差异甚大。有的模式主要由中央政府对相关文化事业支出给予预算拨付，例如法国个案

中的"跨财政年度拨款法预计在 5 年（1978～1982 年）内编列 1407000
法郎的预算，以保护历史遗迹为考量，优先修复重整国立博物馆。就工
程计划来看，罗浮宫整建计划占此编列预算的 30%，凡尔赛宫则占
21.9%，其他经费则用在枫丹白露宫、康比埃纽市、波城（Pau）、艾
辜昂（Ecouen）、圣哲尔曼和玛拉梅庄（Malmaison）的建筑工程和改善
博物馆设备"[1]。有的模式则是在中央政府与地方政府分级预算框架下，
按照事权支出原则确立受资助文化承载条件的依法授权资助主体，诸如
联邦制国家治理架构的美国，其中央政府预算资助与地方政府预算资助
就呈现出十分清晰的资助主体间性，所以也就既有联邦层级所谓的"尽
管美国国家艺术基金会乃是联邦艺术资助的旗舰，但联邦政府的文化项
目处于碎化状态，分置在一系列不同的行政专门机构，由不同的议会专
门委员会实施监管"[2]，也有地方政府层级市政当局诸如"迈阿密的戴
德县及其负责工程项目的公共事务议员，会承担提供建筑设计费用
85% 的责任，以及 35% 的运行预算支出……并支付其后所有的债务"[3]。
还有模式甚至具有超越主权国家预算的跨国资助功能，譬如欧盟框架下
乐透彩票的文化支出总量份额比例和国家间按预算财年动态分摊方案进
行资助的特有机制，以及更具跨主权预算体制性文化资助的所谓"文化
政策欧洲化"（Europeanization in Cultural Policy），使欧盟框架资金的资
助能力成为"存在于欧盟的跨国以及政府整合功能的体制化的欧洲化资
助制度"[4]。这种非穷尽性个案举证本身就已表明，文化资助主体的制
度安排模式因国情不同而各自有所选择，后发制度建构国家甚至会在自
身价值目标支配下，从这些异质性制度安排模式进行功能链接最大化的

---

① 〔法〕杰郝德·莫立耶：《法国文化政策：从法国大革命至今的文化艺术机制》，陈丽
如译，五观艺术管理有限公司，2004，第 301 页。

② Margret Jane Wyszomirski, Kevin V. Mulcahy. "The Organization of Public Support for the
Arts" Kevin V. Mulcahy, Margret Jane Wyszomirski（eds.）. *America's Commitment to Cul-
ture: Government and the Arts*, Westview Press, Oxford: Inc. 1995: 124.

③ Joanna Woronkowicz. D. Carroll Joynes and Norman M. Bradburn. *Building Better Arts Facili-
ties: Lessons from a U. S. National Study*. New York: Routledge, 2015: 71.

④ Patricia Dewey. "Power in European Union Cultural Policy" J. P. Singh（ed.）. *International
Cultural Policies and Power*, London: Palgrave Macmillan, 2010: 123.

随机选择，由此形成梯次配置的协同创新制度建构。

与此不同的是，任何一种谁来资助的文化资助主体存在模式，都会存在资助给谁以及资助给哪些政策匹配工具和平台运行工具的问题。这意味着杂乱纷呈的事态表象后面，其问题隐存的必然性乃是一致的。其事远不止于公共文化政策研究专家所学理参悟到的所谓"如同文化语域中如此多的术语一样，'体制调节'具有各种不同的语境性的意旨"①，而更在于到目前为止这些学者何以不能参悟透彻诸如"所获得通过的国家剧院的职责，是要按照民主治理的原则来进行，同样的东西要满足对艺术进行资助的其他形式。于是问题就来了，在议会内，多年无休止争论的很表象的议题，就在于花政府资源以支持艺术和文化是否就是无条件的"②。至于在美国，参悟中的此类针尖麦芒，则更体现为究竟是资助极度个体性精神自恋的"精英少数"还是追求日常参与最大化的"大众多数"，典型的针尖麦芒当推美国国家艺术基金会曾经历过的彷徨，也就是"任何正在从事的公共政策其固有的内在问题在于，谁才是资助的应该接受者以及将要采取何种资助形式"③。之所以此类问题在不同时空位置都成为问题，根源主要在两个方面：一方面就资助主体而言，由于人与文化基本关系的价值分层，决定了处在不同价值诉求层级的资助主体，必然会根据当时诉求主旨重心来选择其资助倾向，并由此导致异质性选择倾向之间的意愿紧张甚至行为资助冲突，陈述为学术话语就会有所谓"臂长原理在西欧国家中，乃是最一般的公共政策法则，适用于极为广泛的体制化公共事务。该原理基于'审查与平衡'的一般体制，并被认为在弹性民主中规避不合理的权力集中与利益冲突很有

①　Jim Mcguigan. Rethinking Cultural Policy. Berkshine：Open University Press，2004：17.

②　JornLangsted. Strategies in Cultural Policy. Jorn Langsted（ed.）. Strategies：Studies in Modern Cultural Policy，Aarhus：Aarhus University Press，1990：12.

③　Kevin V. Mulcahy. The NEA and the Reauthorization Process and Arts Policy Issues，Kevin V. Mulcahy and Margaret Jane Wyszomirski（eds.）. America's Commitment to Culture：Government and the Arts，Oxford：Westview Press，Inc. 1995：176.

必要"①。另一方面就资助对象而言，由于受助方存在于不同地缘文化背景、不同文化传统与习俗以及进行不同文化活动，必然导致所有这一切会处于"治理分类"的预设资助方案中，继而其所需要获得的额度、拨款周期、绩效激励标准与运行基本保障水平等，往往需要在分类治理过程中给予更加缜密的政策方案配置才能确保资助的针对性和有效性。即使在同一个剧院由不同演出机构进行不同艺术种类轮演，也很难按划一的资助标准来给予政策处置。而同轮演出过程中有商业演出介入时，无论演出方的机构属性如何，都无法在法定范围内成为此次演出活动的资助对象。这实际上也就意味着，不仅好莱坞电影工厂不能成为文化资助对象，即使像长期从事公益文化活动的博物馆，当它插入式进行大型时尚品展示与视觉消费推动行为时，其平台机构、参与主体以及具体文化活动等，也会被排除在资助对象之外，哪怕它是"改变旧模式的新经济形态，并被纳入文化工艺产品的文化创意"②，也应该由非资助性的另外一些文化政策制度安排来给予支撑抑或激励。虽然我在这里只不过粗线条地对事态进行描述，但是在黄玉蓉的知识性研究文本里会有更加复杂的问题脉络梳理。当然，至少就我有限的涉猎范围而言，此议所引起的事态后果与处置方式，世界各国政府已然面对和将要面对的，其复杂性、纠缠性和经验多样性，较之黄玉蓉博士所关注的还要多得多。

此外，所谓现代治理体系与治理能力现代化的个中要义之一，就是使所有的制度设计、工具匹配以及功能运行处在法治的框架之内。这实际上也就意味着，我们对人类文化活动的制度形态以及功能运行给予资助，对政策工具与平台工具的功能运行给予资助，对意义物化承载的所

① Harry Hillman - Chartrand and Claire McCaughey. The Arm's Length Principle and the Arts：An International Perspective——Past，Present and Future// Milton C. Cummings JR. and Mark Davidson Schuster（eds.）. Who's to Pay for the Arts：The International Search for Models of Support. New York：American Council for the Arts，1989：71.
② Dave O'Brien. Cultural Policy：Management，Value and Modernity in the Creative Industries. OX：Routledge，2014：51.

有形而下条件给予资助，以期在活动过程中能够更多地升华至意义本体，以期在类似的特殊活动中更有效地在不同时空位置支撑和建构类主体性生存须臾不可或缺的精神家园，以期通过积极的文化活动在更广泛的场域效应中凝聚社区共同体、社会交往共同体、民族传承共同体和人类命运共同体等。而问题的核心在于，所有的"给予"和"以期"对各国政府和各层级政府而言，无论选择的制度性文化治理框架以及匹配的政策工具与平台工具究竟有多少同质性和异质性，有一点可以肯定，只要没有转化为刚性的法治化责任限定，就都难以确保其必然性、稳定性和可持续性。正是从这个意义上说，世界各国的公共文化政策研究专家越来越趋向于某种认知一致性，那就是所有多样性文化治理的行政方案，尤其是本书所具体讨论的"文化资助"或其中的"艺术资助"，其模式、过程、手段、权责、绩效和监管等，都必须获得合法化、强制化的法律授权形式。黄玉蓉博士的研究文本涉及其中一些，有些还没有涉及，但这不要紧，因为一旦有了这一意识惯性，研究者就会在理论思考和实践操作过程中，将文化治理尤其是其中的文化资助活动及其关联性的方方面面，放在法治化的现代社会价值之维来予以谋划和应对，而这也就自觉不自觉地助推着文化治理体系与治理能力现代化，当然也就包括文化资助有效性与积极性的实际提升。对此，财政专家声称由此才"使预算更加阳光透明并确保支出平衡"①，而过去我们却常常忽略文化预算与文化资助的具体方法，只是空洞地埋怨投入不足或资助不力。

三

我们已经进入中国特色社会主义新时代，也就是说，在讨论文化资助问题时，我们就要统一在习近平新时代中国特色社会主义思想的引领

---

① Katherrine Willoughby. Reaching and Maintaining Structural Balance: Leaders in the States, Sally Wallace (ed.). State and Local Fiscal Policy: Thinking Outside the Box? Massachusetts: Edward Elgar Publishing Limited, 2010: 182.

下，按照文化治理体系与治理能力现代化的内在规律与外在条件要求，着眼于中华民族伟大复兴中国梦的早日实现。这实际上也就意味着，在"五位一体"战略背景下文化治理过程中的文化资助，从制度设计到工具匹配，从运行有效到保障有力，都必须面临新问题、迎接新形势、设计新方案、满足新要求，如此等等。与此相一致的价值诉求就是，必须立足中国问题境况、立足中国利益立场、立足中国治理方案、立足中国探索经验。使我感到高兴的是，黄玉蓉博士的知识研究文本，从一开始就自觉地以此为其研究行为的逻辑起点，在国外知识参照与经验借鉴中致力于中国文化资助制度的建构，尽管这种努力还较多地停留在笼统而且粗线条的宏观构思阶段，尚未进入精准资助政策方案并清晰呈现出关联问题与无缝隙功能链接间的逻辑关系和义项编序。

我们必须清醒地意识到并且客观地承认，无论理论成果层面还是实践操作效应层面，至少在文化资助这个问题上，我们较之先行现代文化治理国家还有一段差距和某种技术落差。清醒意识和客观承认本身，实际上就是文化自信和文化自觉的现场体现和当代体现方式，是正在崛起的中国特色社会主义文化繁荣兴盛时代以历史加速度大踏步走来的坦然姿态。所以，黄玉蓉博士的知识研究文本，用了不少的篇幅对域外状况进行知识地图式的分类叙事，既十分必要也很有背景知识积累成果，这样一种历史唯物主义的认识姿态，为中国文化资助制度的当代建构与未来完善，捕获了不可或缺的知识资源与实证参照。读了黄玉蓉博士的知识研究文本后，我想到如下两个引申性的所议中国问题。

第一个问题是，在几千年的封建垂直社会结构中，文化权利与文化资源基本上被封建贵族与文化特权者所把持。早在 20 世纪初，毛泽东就有过总体性判断，认为文化的不民主是导致封建社会更加灾难深重的内在根源。从延安时期开始，我们党就把很大的注意力放在草根社会与人民大众的文化解放上，只可惜那时资源、条件和可推进范围都很有限。新中国成立后，文盲率持续不断地降低，从 1952 年起政府就在全国设立乡镇文化站这一制度安排本身就不难看出，对人民大众的文化资助，一直是我们想要努力去办但始终没有办好的一件极为重要的事情。

进入新时代以后，这一想办却未完全办好的事情就必须以只争朝夕的速度尽快办好。其中一个很重要的着力点，就是要努力实现文化制度重心下沉，文化资源向社区文化治理与乡村文化治理倾斜，文化政策工具与平台工具的日常运行要与社会的文化最大公约数保持最大限度的一致性，这样才能实现文化建设领域"以人民为中心"，并有效解决"人民对美好生活的需求与不平衡不充分发展之间的矛盾"在文化生活领域所暴露的突出问题。所有这一切，具体落实到黄玉蓉博士此书所重点讨论的中国文化资助问题，其实就是要在全面社会进步背景下解决基于中国事态现场的"资助结构"问题。显然，资助结构的力学指向——人民大众和最大公约数诉求是无须讨论的，至此已获得学理与法理的自明。因而此议所纠缠的问题实质上在于，不是由此就放弃对精英少数及其所从事文化活动的更高条件要求与更专业的政策工具配置和平台工具配置，而是我们在文化资助制度设计上必须有至少两大基本预设规避功能：其一是规避精英少数因资助而更加远离"以人民为中心"，更加自我中心主义地凌驾于人民之上后完成其"摇钱树"和"摇头丸"的利益最大化身份塑造，就像我们资助其离开生活后又不得不资助其尽可能地"深入生活""贴近生活"；其二是在特殊资助过程中成为失去文化创造活力的利益固化精英集团，并且在"圈子文化"狂欢中垂直性地将负能量文化影响进行加速度态势的社会抛洒，就像那些不健康的"极端追星效应"或"极值平尺主义"所带来的良性社会心态与社会价值秩序解构。

第二个问题是，随着中国经济高速增长，特别是近五年来在高速增长的同时又获得"调结构、转方式、稳增长"的经济转型突出成就，国家文化投入同步性地保持了高投入的递进态势，不仅文化基础设施建设飞速发展，而且各类文化活动的运行经费基本上做到了保障有力。这实际上也就是说，资助力度已经不是编序靠前的遭遇性文化建设问题。但问题是，文化支出并未完全像其他支出口径一样，尽可能做到减少项目审批支出方式而代之以一般性转移支付的经常性安排。其结果就是文化资助的层级行政审批持有与分发式配置，以及文化活动机构、文化活动平台和基层文化活动大众的应有资助诉求之间产生积极资助助推后果的"对位效应"。总体而言，中国文化资助虽然有所进步，但仍处于"粗放式资助"阶段，离"精准性资助"还有比较大的文化体制功能落差，所以资助效率就相对较低，而这显然与文化治理体系和治理能力现代化的时代要求严重不相适应。从这个角度看问题，与前面的"资助结构"问题凸显一样，在这里则是"资助方式"的问题聚焦。在黄玉蓉博士的知识研究文本中，不仅意识到了这一问题，而且也努力设计更精细的技术方案来化解其中的隐存矛盾。但其乏力之处在于，这一问题的深层次矛盾不解决，任何精细的资助技术方案，其效力都会大打折扣，甚至完全功能失灵。原因就在于，各层级文化行政权力拥有者，之所以不愿意在中央"放管服"的改革大潮下放弃"审批文化""分发资源""配置资助"等权力，就在于还有程度不同的"权力感"和"权力寻租"小九九在作怪，所以要想完全解决问题，必须有待"新时代"的雷霆万钧之力，真正驱动中国特色社会主义条件下文化体制改革的革命性进展。

我相信，在习近平新时代中国特色社会主义思想指引下，在"五位一体"战略布局的迅速推进下，公平有效的文化资助很快就会来到我们面前。

是为序。

王列生

2017 年 11 月于北京

目　录

contents

引　论

　　文化资助制度是文化事业发展的关键力量，对各种艺术形式的发展、健康文化生态的形成具有较大影响。当今世界，即使在公共服务自由化和市场化的趋势下，不少国家和地区政府依然制定政策资助文化事业。

　　在西方艺术史上，文化资助体系大致可分为三类：一是从中世纪到18世纪末由教堂、君主、贵族组成的私人赞助体系；二是自17世纪至19世纪欧洲国家相继形成了艺术品自由买卖的开放性市场体系；三是20世纪以来政府津贴结合慈善捐赠、商业赞助的艺术体制。[①] 世界各国的文化资助体系在从传统向现代变迁的过程中既体现出不同历史阶段的时空差异，又体现出不同国别政体的制度差异。在现代化、民主化、全球化思潮冲击和新公共管理理念影响下，各国的文化资助政策理念发生了变化，总体趋势是从精英中心论、贵族中心论、皇权中心论、神权中心论发展到人民中心论，从强调服务权力发展到满足民众多样化文化需求，促进艺术民主。总之，文化资助的内涵、理念和模式正随时代发展而不断丰富。

　　本书在考察中国文化资助的组织制度体系、资助模式、资助格局的基础上，分析中国文化资助在资助主体、资助对象和资助方式等向度存在的问题，合理借鉴发达国家和地区的成功经验，在吸收前人研究成果的基础上，将文化资助这一迫在眉睫的现实政策议题做一种学理性的知识转换，为设计适合中国国情的文化资助体系做出知识储备和学理支

[①] 〔英〕奥斯丁·哈灵顿：《艺术与社会理论——美学中的社会学争论》，周计武、周雪娉译，南京大学出版社，2010，第 65～66 页。

撑，探索中国文化资助制度创新在静态组织结构和动态运作机制层面的总体框架和基本路径，从而为国家文化行政的科学性和有效性略尽绵薄之力。

一 文化资助的全球研究视角

在庞大的人类知识学谱系中，"文化资助"虽然只是一个很小的知识节点，但通过它却可以连接起艺术史、公共文化政策、经济学、社会学等研究领域诸多重要的知识范畴。当前全球学术界对文化资助的研究一般从赞助人视角、公共文化政策视角，抑或社会学、经济学视角阐释国家和社会作为资助主体的行为动机、权力关系博弈、资助模式的现代转型等问题，现将基于不同视角的研究成果归纳如下。

赞助人视角。艺术史学者常以"赞助人"为视角研究赞助人与艺术家、赞助制度与艺术发展、赞助人的心理动机等问题。英国剑桥大学文化史教授彼得·伯克（Peter Burke）在《意大利文艺复兴时期的文化与社会》一书中区分了五种主要的赞助类型：①家庭赞助体制；②量身定做式（made-to-measure）赞助体制；③市场体制；④学院体制；⑤资助金制度。赞助人可划分为：①宗教性的和世俗的。②公共赞助人与私人赞助人，前者如行会赞助、宗教兄弟会和国家。就君主来说，我们常常很难断定其赞助是公共的还是私人的。③富有的赞助人与穷困的赞助人。虽然只有富人才负担得起建筑和雕塑等昂贵的艺术形式，但不能排除中等收入者委托绘画的可能性。艺术家的订单也有一些来自手艺人顾客，如绸布商、细木工和裁缝等；而赞助艺术的动机有四个：虔诚、名望、快乐和投资。作者认为，商人是极其重要的赞助人，并常常能迅速接受新艺术类型。[①] 现代图像学的创始人、20 世纪初德国艺术史家阿比·瓦尔堡（Aby Warburg）的论文《肖像艺术与佛罗伦萨中产阶级》

---

① 〔英〕彼得·伯克：《意大利文艺复兴时期的文化与社会》，刘君译，刘耀春校，东方出版社，2007，第 94 ~ 107 页。

（1902）被认为是从赞助人视角研究艺术创作的开山之作；芭芭拉·弗洛狄（Barbara Flordi）和圭多·洛贝切里（Guido Lobe Cheri）合著的《曼图亚的艺术：文艺复兴时期的权力与赞助》进一步突出了赞助人与艺术发展之间的关系；在弗朗西斯·威廉·肯特（Francis William Kent）等人主编的《文艺复兴时期意大利的赞助、艺术和社会》一书中，作者认为"长期以来赞助制度都只是被简单看作重大艺术创新的社会背景。事实上，这种因赞助制度而缔结成的恩主——门客关系已渗入社会的各个领域"①。1995 年，中国学者李向民出版了《中国艺术经济史》一书。该书试图梳理中国赞助史，以国家赞助、私人赞助、市场赞助为轴线，梳理和总结中国艺术经济发生、演变和发展的内在规律，认为艺术经济活动从国家赞助转向私人赞助再到市场化是一种必然发展趋势。② 在中国美术史研究中，赞助人视角自 21 世纪以来开始兴起，这一自西方传入的有别于中国传统的理论视角引导人们关注艺术发展的外部环境，研究成果主要集中在徽商的艺术赞助，上海、扬州、安徽等地的艺术赞助等领域，代表性专著有李铸晋主编的《中国画家与赞助人——中国绘画中的社会及经济因素》和张长虹的《品鉴与经营：明末清初徽商艺术赞助研究》，代表性论文主要有《荣宝斋》杂志自 2003 年 4 月开始推出的 8 篇《中国画家与赞助人》论文（后结集出版）、《中国美术馆》杂志 2012 年第 9 期集中刊发的 4 篇以艺术赞助为主题的论文，同时还有石莉、陈琳、王成晏、宋琛、侯美玲等学者的学位论文。但关于"赞助"这一概念进入中国美术史研究领域，学者有不同意见，研究成果较有代表性的是学者李万康的《质疑"中国画家与赞助人"之系列论文》③ 和陈国林的《"艺术赞助人"概念在中国古代美术史研究

---

① 刘华英：《文艺复兴时期艺术赞助人研究述评——以艺术社会史理论为视角》，《山东艺术学院学报》2013 年第 4 期，第 109 页。
② 李精明：《20 世纪以前中西艺术赞助研究中文文献述评》，《莆田学院学报》2015 年第 4 期，第 88 页。
③ 李万康：《质疑"中国画家与赞助人"之系列论文》，《美术观察》2004 年第 4 期，第 82~85 页。

中的无效性》，① 前者质疑《荣宝斋》杂志刊发的部分有关赞助的论文犯了混淆概念、歪曲史实、杜撰史料等严重错误；后者认为套用西方美术史概念或范畴来研究中国美术史，忽视了支撑中国古代书画艺术发展的文化传统与精神。但"中国画家与赞助人"之系列论文却获得了不错的下载与引用率，结集出版的专著也获得了不错的销量。

公共文化政策视角。公共财政资助文化的合法性在英语国家历来存在争议，从公共文化政策视角研究文化资助首先需要解决的是资助的合法性问题。美国学者爱德华·C. 班菲尔德（Edward C. Banfield, 1984）在研究美国各个拨款机构的政策后得出结论：政府的存在目的不包括资助艺术；英国学者贾斯汀·刘易斯（Justin Lewis, 1990）认为公共文化资助有可能导致公民文化权利的不公平；英国学者维多利亚·D. 亚历山大（Victoria D. Alexander, 2003）认为，资助者对资助对象的影响力，会在一定程度上影响艺术活动的学术品质和艺术理想；美国学者朱丽亚·F. 洛厄尔（Julia F. Lowell, 2006）认为文化资助时常伴随着审查、诱导甚至倾向性暗示，有可能导致文化的政治化倾向。尽管文化资助可能存在上述弊端，但依然是现代政府、企业和公民个体的共同责任。美国公共文化政策专家凯文·马尔卡希（Kevin Vincent Mulcahy）在《公共文化的理据》（*The Rationale for Public Culture*, 1982）一文中提出政府应当资助文化的经济、社会、教育、道德和政治理据，② 以价值理性和工具理性相统一为原则，从社会治理、文化公共性、艺术普及、受众艺术鉴赏力等角度论述了国家资助文化的必要性，并强调政府资助应恪守文化多元主义而不应一味赞美官方文化。凯文·马尔卡希的《公共文化、文化认同与文化政策》（2017）一书从跨国、跨文化区的

---

① 陈国林：《"艺术赞助人"概念在中国古代美术史研究中的无效性》，《数位时尚（新视觉艺术）》2011 年第 2 期，第 69 ~ 70 页。

② Kevin Vincent Mulcahy. The Rationale for Public Culture, K. V. Mulcahy & C. R. Swaim (eds.), Public Policy and the Arts. Colorado: Westview Press, Inc. 1982: 33 – 55.

比较视角论述了政治与资助的关系问题;① 此外，中国学者单世联、刘述良在《政府资助艺术：支持与反对》（2016）一文中，梳理了英美两国学界围绕政府是否应当以及如何资助艺术展开的相关论争，分析了政府资助艺术的多歧性和复杂性，同时结合文化产业发展所带来的文化转型，提出改革以政府资助或补贴为中心的文化政策主题。作者认为，从文化史视角来看，无论何种赞助方式，均不能充分满足艺术繁荣的需要。尽管文明世界大多数政府在持续对艺术进行资助或补贴，但在理论和实践两方面都存在一系列的矛盾和困难，迄今仍无圆满的解决方案;② 魏鹏举的《文化事业的财政资助研究》（2005）一文从公共经济学角度论证了文化产品及其服务的公共性问题，并以西方公共财政资助经验为参照，探讨了政府和市场在文化资助中分别应起到的作用。③

　　经济学视角。经济学学者从"正外部性"，即文化艺术这种带有公益性的精神产品会给社会带来额外的外部效应——"非使用价值"，以及市场失灵、收入公平分配等角度论证了国家、政府资助文化的必要性。英国著名经济学家约翰·梅纳德·凯恩斯（John Maynard Keynes）不满足于精英艺术论，他对文化"公共性"的认知使他与英国文化研究的奠基者雷蒙德·威廉斯（Ramond Williams）争论公共文化领域如何解决"政府失灵"的问题;2013 年出版的《赞助艺术》④ 一书涵盖和探讨了文化资助领域的复杂问题，例如：专业技能、官僚制度、活动筹备、政治审查和艺术品位等冲突和困境，展示了赞助的各种可行模式;尼尔·德·马奇（Neil De Marchi）和克劳福德·古德温（Craufurd D. W. Goodwin）主编的《两难之境：艺术与经济的利害关系》是美国杜克大学著名学刊《政治经济史》（*History of Political Economy*，*HOPE*）

---

① 〔美〕凯文·马尔卡希：《公共文化、文化认同与文化政策》，何道宽译，商务印书馆，2017。
② 单世联、刘述良：《政府资助艺术：支持与反对》，《上海财经大学学报》2016 年第 1 期，第 11 ~ 24 页。
③ 魏鹏举：《文化事业的财政资助研究》，《当代财经》2005 年第 7 期，第 43 ~ 48 页。
④ 〔美〕马乔丽·嘉伯：《赞助艺术》，张志超译，中国青年出版社，2013。

的年度合订本，分别从"艺术与经济理论"、"艺术与经济政策"和
"艺术品交易"三个维度，揭示了艺术家、经济学家、政府、营销策划
商在艺术生产、艺术资助和行销中所起的作用。该书详细介绍了20世
纪30年代大萧条时期美国对艺术的赞助。这一时期是美国建国史上的
经济灾难期，但公共资金在艺术方面的投入却高于以往任何时期。联邦
公共艺术项目和工程振兴局在这一特殊时期的特殊干预措施在美国的制
度史上并没有留下永久的记号，但它至少有一个方面的成果值得肯定：
由于政府对艺术的扶持，一些为美国本土艺术做出主要贡献的人，挨过
了那段暗无天日的时期；这些人中有杰克逊·波洛克、本·沙恩和威廉
姆·德·库宁等。[1]

　　社会学视角。法国著名社会学家皮埃尔·布尔迪厄（Pierre
Bourdieu）等从社会学视角，对马克思的资本理论进行了社会学解读，
提出"文化资本"概念，从经济资本、文化资本、社会资本在不同主
体之间出于不同目的进行的交换过程，解释文化资本的价值内涵，以及
各主体资助文化的动力机制；[2] 美国社会学家罗西·马托瑞拉（Rosanne
Martorella）在其专著《企业艺术》（Corporate Art）中对作为艺术赞助人
的现代企业购买艺术品的行为进行了社会学分析。作者认为，1970年
代以来，美国的公司由于搬迁和建立新总部等原因成为艺术品的主要赞
助者和艺术界的重要力量。罗西·马托瑞拉研究了234家公司，采访了
策展人、艺术顾问、艺术家、艺术经销商和企业高管，考察了公司作为
艺术赞助人的角色对艺术生产与传播的影响，得出的结论是：企业的艺
术赞助会随着企业扩张水平的下降而下降，尽管企业艺术收藏可能趋于
保守，也并非完全按审美标准采购，但其对艺术市场的繁荣利大
于弊。[3]

---

① 〔澳〕尼尔·德·马奇、〔美〕克劳福德·古德温编《两难之境：艺术与经济的利害
　　关系》，王晓丹译，中国青年出版社，2015，第234~252页。
② 〔法〕皮埃尔·布尔迪厄、〔德〕汉斯·哈克：《自由交流》，桂裕芳译，生活·读
　　书·新知三联书店，1996。
③ Rosanne Martorella, Corporate Art. NJ: Rutgers University Press, 1990.

有关国外文化资助体系发展变迁历程梳理和经验总结的论文相对较多，主要有：张激（2008）的《国家艺术支持——现代西方艺术政策与运作机制研究》、王俊林（2010）的《当代发达国家公共文化资助体系研究》、罗青林（2017）的《中美国家艺术基金制度的运作模式与效果——基于比较政策学视角的分析》、钱志中（2014）的《非营利表演艺术院团经济支撑体系的构建——西方艺术赞助形式对当下国有文艺院团改革的启示》、李迅（2014）的《国家支持与文化构建——谈欧盟国家资助中小成本艺术电影的理念、政策与实践》、祁艳（2017）的《法国艺术资助制度研究》等。

二　中国文化资助研究的现存问题

尽管全球学术界已从前述诸多视角研究文化资助问题，产生了丰富成果，但目前中国关于文化资助问题的系统性研究尚未全面展开，系统探讨文化资助问题的代表性著作较少，相关成果大多以单篇论文、发达国家某方面经验介绍及对策建议等形式出现，真正从学理层面系统探讨文化资助研究领域核心问题的成果并不多见。

在政府作为文化资助主体的研究领域，原则方向已经明晰，但技术方案阙如。张建欣（2010）在《促进我国公共文化服务体系发展的财政政策研究》一文中提出了加大文化财政投入、优化文化财政支出结构、鼓励社会力量资助文化等政策建议。此类成果还有黄锐（2006）、韩红（2007）、卢娟（2008）、高燕（2009）、刘登玲（2009）等学者的论文，但他们提出的只是原则性方向，对如何实现政策目标的技术方案则较少涉及。

在社会和企业作为文化资助主体的研究领域，现状介绍较多，但深入分析不够，缺少学理论证和制度设计。于春城（2008）编著的《文化赞助和文化捐赠》一书在文献整理和研究领域创新方面做出了一定的贡献，但缺少学理论证和逻辑整合；蔡萍（2004）的《论文化赞助》一文介绍了国内外文化赞助的现状，并初步提出了解决对策；此类成果还有张朝晖（2003）的《谁来赞助艺术》、卢杰（2006）的《美国的艺术赞助与艺术基金会制度》、何春桦（2007）的《中国私人艺术赞助机构生存现状》等。他们大多介绍分析发达国家的具体做法及对中国的启示，对于解决我国的现实问题起到了一定的参照作用。但缺少深度分析、学理论证和制度设计，导致该研究领域成果对制度建设推进不大。

三　本书拟解决的重点问题

尽管中国学术界的文化资助研究还存在上述问题，但学者们在相近问题域展开的各种探索，为本研究提供了重要的学术参考，已经产生的相关性学术成果使得本研究在具有一定理论原创性的同时也具有一定的学术承继性。

目前我国在文化资助制度建设方面发展迟缓，文化资助领域存在财政投入总量不足、资助方式单一、资助效益低下等问题，大部分地区公共文化机构运转经费缺乏法律和制度保障；鼓励社会力量支持文化建设虽然已经上升为国家政策，但具体渠道没有得到有效疏通，不少优惠政策很难落实；吸引社会资本进入公共文化服务领域，促进公共文化服务主体的多元化尚存在制度障碍，相关法律法规也处于缺位状态；借鉴发达国家和地区发展"第三部门"的先进经验，充分发挥非营利组织的效能，建立政府与非营利组织共同提供公共文化服务的"多中心治理"模式已基本达成共识，但还有一些保守观念和制度瓶颈尚待破除。本研究将基于对我国文化资助现状的调研，做出中国文化资助制度的顶层设计，重点分析在这一制度体系构建的系统工程中政府何为？第三部门何为？企业何为？

本书将以文化艺术类基金会为例，探索第三部门如何激发市场活力，整合社会资源，促进文化事业发展。近年来我国文化艺术类基金会在数量上有所增长，但在运作机制和管理模式上仍存在较多问题。本书将探讨其如何化解面临的现实困境，建立科学的管理模式，提高资金运作效能，从而拓展未来发展路径。

　　"新公共管理"背景下文化资助实现了从公共资助向公共投资的转型。20 世纪 80 年代以来，西方发达国家的公共部门在改革进程中兴起的"新自由主义"思潮和"新公共管理"措施使公共文化资助制度发生了重要转型，即从公共资助（patronage）转向公共投资（investment）。这一转型一方面促进了文化经济的繁荣，带动了地方经济发展；另一方面却可能导致文化的商业化倾向和对文化公共性的损害。香港学者陈云根（2009）在《公共财政资助与西方文化政策的演变》一文中提出：削减资助、商业化运营、绩效评估指标等方法的应用，将会使公民文化权利受到损害；台湾学者近年来翻译和撰写了几部跟文化资助议题密切相关的文化政策和艺术管理领域的专著，其中台湾南华大学美学与艺术管理研究所研究员吴金桃女士在其攻读伦敦学院大学艺术史博士学位的论文基础上出版了专著 *Privatising Culture：Corporate Art Intervention since the 1980s*。该论著在广泛调研的基础上探讨了英美自 1980 年代以来企业介入艺术事务的负面影响，对英美国家企业文化对艺术事务的全方位干预做出了理性反思。该论著指出，商业影响在当代艺术中无孔不入，商业介入艺术事务实际上是企业经济实力对社会的全方位控制，对公民的生活空间、个人选择乃至社会的政治进程都有深刻影响。无论是把文化资本作为追求经济效益的手段，还是强调文化资本和经济资本的融合，其对社会文化空间和政治进程的影响都弊大于利。

　　在文化资助政策法规和体制机制建设方面，国内外学者意见比较一致。第二次世界大战以来，发达国家以前期研究为基础，经过多年实践检验，目前已经建立起比较完备的文化资助政策法规体系；在资助方式上，呈现出以间接资助、陪同资助为主，中央和地方政府共同资助的特点；在资金分配制度上，强调引入市场机制、竞争机制，公平而民主地实施资金分配。除了从发达国家和地区的学者著述中采纳具体经验、做法完善我国文化资助制度设计外，学者们从资助实践中总结的教训以及对经济资本侵犯公共文化权益的反感和警惕也应该引起我国文化政策制定者的重视。多年致力于艺术行政研究和艺术教育的英国伦敦城市大学教授费约翰（John Pick）在其专著《艺术与公共政策——从古希腊到现今政府的"艺术政策"之探讨》中认为，艺术本身决定了其呈现方法自有一套市场推广制度。它本质上已给我们提供了一套如何更有效地资助及推广艺术的管理制度；哈佛大学艺术社会学教授维多利亚·亚历山大认为艺术组织对其资助者的依赖，使得资助者对其资助的艺术组织具有一定的影响力。资助者通常有着自己的目的，比如企业资助的兴趣在于观众规模、"免费"广告机会以及和艺术相关联的声望。

　　海内外学者前瞻性的研究成果为本研究的学术攻关提供了智力支持。异域经验的借鉴固然必不可少，但由于文化关乎意义、价值、精神等向度，受这些形而上终极性维度的制约与影响，文化制度的特殊性使得我们的文化资助制度设计不能从本国历史套取，也无法从异国文化移植。此外，国家经济发展阶段、意识形态差异、文化历史因素等诸多因素导致没有一种现成的资助制度可以让我们照搬过来就能在本国环境中催生蓬勃的文化之花。

　　先行国家文化资助制度改革的经验教训告诉我们，以开放的心态在充分考虑本国国情的基础上批判性借鉴异域经验是明智的选择，但我们必须面对的课题是：建立一套适合中国国情的文化资助体系。

　　文化资助研究是基础研究，如此才能确保制度设计结构和前提的知识合法性，脱离了基础研究属性的文化资助研究有可能落入"知识返祖"的窠臼；文化资助研究也是应用研究，宏观制度设计和微观方案设计都是其题中应有之义。简言之，本研究将不仅为文化资助制度设计提供尺度标杆和价值参照，还将尝试中国文化资助的体制、机制设计和政策工具设计。但由于文化资助问题的学科交叉性和事态复杂性，本书奉献的知识成果无法达至理想的知识支持效果，有些设计尚处于制度设计思考阶段，只能算作为文化资助问题的社会化知识行动略尽绵薄之力。

第一章　文化资助的历史与理论

第一节　文化资助的概念界定

概念界定是研究的起点，要研究文化资助问题，首先要厘清文化与艺术，资助与赞助、捐助等名词的内涵和通行用法。本节内容试图从词源学和文化学的角度对之进行辨析和阐释，在借鉴前人研究成果的基础上，界定这些定义的内涵与外延，理顺相互之间的逻辑关系，以便社会各界准确地使用它们表述思想、传情达意，也为本书的关键词"文化资助"寻求一个合理合法且相对精确的概念运行环境。

一　"文化"和"艺术"

改革开放以来，"文化""艺术"这两个词语的使用频率呈日益升温的趋势。特别是自党的十七大报告提出"促进文化大发展大繁荣"的宏伟目标以来，文化艺术更是成为热门词汇，它们不仅频频出现于政界、学界和商界，而且已成为寻常百姓的日常用语。但到目前为止，就笔者目力所及，学术界还没有对这两个概念的内涵外延做出清晰的界定，二者的逻辑关系在语用层面也尚未完全厘清。不管是政府公文、学术论著、商业广告还是日常用语中都常常出现二者混用从而产生表述混乱的现象。比如"文化艺术市场、文化艺术部门、文化艺术教育、文化艺术出版社、文化艺术的发展"等常见表述就是把文化艺术当作一个复合概念用于含混笼统地指称一些跟文化和艺术相关的事物。比如2009

年 10 月 7 日至 2010 年 1 月 10 日在台北故宫博物院举办的"雍正——
清世宗文物大展"的标题为：雍正朝的文化与艺术。展出的都是艺术
品，观众正是通过那些承载着文化观念和审美意趣的艺术物件，才得以
想象和感受雍正王朝的文化气象。本来一个展览标题，用"艺术"就
够了，但主办方可能觉得言不尽意就在艺术前面加上了可以包罗万象的
"文化"二字，这才觉得万无一失。就连权威的《现代汉语词典》对文
化和艺术的概念界定也存在着前后矛盾、逻辑不清的现象。比如在对
"文化"一词的解释中，文学和艺术是处于同一层级的概念；而在对
"艺术"的解释中，文学又跟绘画、雕塑等艺术形式处于同一层级。①
文化与艺术究竟具有什么样的内涵外延和逻辑关系？我们应如何正确地
使用这两个概念？

（一）"文化"和"艺术"的内涵与外延

1. "文化"的三种用法和三个层面

"文化"的内涵广泛丰富，"文化"的外延漫无边际，人们每时每
刻都沉浸在文化现场，在不同的维度和层面使用着文化的概念，但没有
人能透彻、确切地将它的含义解释清楚。古往今来，无数哲学家、人类
学家、思想家、文化学家、经济学家、政治学家都曾从特定角度对文化
下过定义。这些定义所反映出的"文化"含义的演变"可以被看成一
幅特殊地图，借助这幅地图，我们可以观察到人类对社会、经济和政治
生活中的历史变迁所做出的一系列重要而持续的反应"②。

1871 年，英国人类学家、文化进化论代表人物爱德华·B. 泰勒

---

① 中国社会科学院语言研究所编的《现代汉语词典》（2005 年修订本）第 1427 页解释
"文化"的第一个义项是：人类在社会发展历史过程中所创造的物质财富和精神财富
的总和，特指精神财富，如文学、艺术、教育、科学等；第 1613 页解释"艺术"的
第一个义项是：用形象来反映现实但比现实有典型性的社会意识形态，包括文学、绘
画、雕塑、建筑、音乐、舞蹈、戏剧、电影、曲艺等。《现代汉语词典》（2005 年修
订本）是第 5 版，也是目前最新的版本。从 1999 年版到 2005 年版，对"文化"和艺
术条目下 3 个义项的定义都没有改变。

② 单世联：《文化大转型：批判与解释——西方文化产业理论研究（上）》，中国社会科
学出版社，2017，第 8 页。

（Edward Burnett Tylor，1832 – 1917）在他的代表作《原始文化》（又译作
《文化的起源》）一书中对"文化"这一概念做出了一个人类学的定义：

> 文化或者文明，就其广泛的民族学意义来说，是包括全部的知
> 识、信仰、艺术、道德、法律、风俗以及作为社会成员的人所掌握
> 和接受的任何其他的才能和习惯的复合体。[①]

泰勒的这一概念被认为是从现代科学理论的意义上对"文化"下定
义。这一定义说明文化是要素复杂的纵横交错的统一体，具有较强的社
会性和继承性。英国文化社会学家雷蒙德·威廉斯（Raymond Williams，
1921 – 1988）认为，现代以来英国人主要在三种方式上使用"文化"
这一概念：①"理想的"文化定义。文化是人类完善的一种状态或过
程。②"文献式"文化定义。文化是知性和想象作品的整体，这些作
品以不同的方式详细地记录了人类的思想和经验。③文化的"社会"
定义。根据这个定义，文化是对一种特殊生活方式的描述，这种描述不
仅表现为艺术和学问中的某些意义和价值，而且也表现制度和日常行为
中的某些意义和价值。[②]

美国当代著名哲学家、斯坦福大学比较文学系教授理查德·罗蒂在
讨论合理性与文化差异时，也提出了"文化概念"的三种用法：①文
化 a 仅仅是一组共享的行为习惯，一组能够使单个人类共同体的成员和
睦相处并和周遭环境和睦相处的行为习惯。②文化 b 是一种德行的名
称。在这个意义上，"文化"意指像"高级文化"这样的东西。③文化
c……就是人们所设想的，我们随着历史的发展而发展，从而超出了我
们与动物共同具有的东西。……这种普遍人性的东西就是一切人和一切

---

① 〔英〕爱德华·泰勒：《原始文化》，连树声译，上海文艺出版社，1992，第 1 页。
② 〔英〕雷蒙德·威廉斯：《文化分析》，罗钢、刘象愚主编《文化研究读本》，中国社
会科学出版社，2000，第 125 页。

文化多多少少能够认识到和加以尊重的东西。①

上述两位并无"思想关联和个人交往"② 的学者在文化的三种用法上达成了惊人的一致，虽然是"非穷尽性有限叙事"，但已具有相当的代表性和可操作性，足以使我们厘清文化内涵的层级，摆脱混乱的使用状态。归纳起来，人们大体在如下三个意义层面使用"文化"这一概念：①教育学意义上的文化。文化是一种涵养心灵、发展智力、提升理性、对抗粗俗的教化过程，承载着绝对或普遍价值，反映普遍人性。此定义对应威廉斯定义的第 1 个义项和罗蒂定义的第 3 个义项。②美学意义上的文化。文化是一种表达方式，是反映人类思想与经验的作品整体。正是通过这些作品，我们可以窥见一个文化共同体丰富而独特的内心世界。此定义对应威廉斯定义的第 2 个义项和罗蒂定义的第 2 个义项。③人类学意义上的文化。文化是一种生活方式和行为习惯，是一种群体认同和身份标识，产生于特殊的价值体系和社会环境，并经过共同体成员的世代相传和不断演进。此定义对应威廉斯定义的第 3 个义项和罗蒂定义的第 1 个义项。

上述三种意义上的文化都具有政治性和意识形态性，都可以为不同的政治和意识形态征用，因此可以得到来自统治阶级和政府的资助。学者王列生在讨论文化制度创新问题时在公共文化政策理论视野中将文化划分为意识形态性价值层面、公共性价值层面和民间性价值层面。这三个既相互联系又彼此独立的文化生存价值层面有助于我们把握所在社会的真实文化状态和具体文化取向，从而使我们能够根据对象事实和客观规律去创新适配性文化制度，能够在对文化制度进行功能配置时抓住不同层面的价值重点并选择富有体制效率的制度安排。具体到文化资助领域，如果文化资助制度设计不能较好地统筹协调不同价值维度的文化诉

---

① 〔美〕理查德·罗蒂：《真理与进步》，杨玉成译，华夏出版社，2004，第 162 页；转引自单世联《文化大转型：批判与解释——西方文化产业理论研究（上）》，中国社会科学出版社，2017，第 10 页。

② 单世联：《文化大转型：批判与解释——西方文化产业理论研究（上）》，中国社会科学出版社，2017，第 10 页。

求，就可能会造成意识形态弱化、公共性被挤压、民间性被遮蔽的文化格局。因此，本书的制度设计部分将考虑不同现实条件下不同文化价值诉求之间的矛盾，根据社会文化价值分层的客观实际，确立适合中国国情的文化资助制度的价值目标、制度定位、实施方案和评估机制，力求核心文化价值的坚守、公共文化生活的丰富和民间文化的繁荣。

2. "艺术"的定义和分类

"艺术"在中国传统社会和古代西方社会中均泛指各种与生活相关的实用性的技能技巧。孔子"六艺"（礼、乐、射、御、书、数）、欧洲"七艺"（语法、修辞、逻辑、算术、几何、音乐和天文）这些教育课程都重在教授实用性的技艺。自18世纪"艺术"被确立为"美的艺术"后，"艺术"从形而下的技能技巧升华为形而上的精神符号。《现代汉语词典》解释"艺术"的第一个词条"用形象来反映现实但比现实有典型性的社会意识形态，包括文学、绘画、雕塑、建筑、音乐、舞蹈、戏剧、电影、曲艺等"，便是在"精神符号""社会意识形态"层面来使用这一概念的。

艺术的种类繁多，根据不同的分类标准，可将艺术分为以下类型：根据艺术形象的存在方式，艺术可分为时间艺术（音乐、文学）、空间艺术（绘画、雕塑）和时空艺术（戏剧、影视）；根据艺术形象的审美方式，艺术可分为听觉艺术（音乐）、视觉艺术（绘画）和视听艺术（影视）；根据艺术的物化形式，艺术可分为动态艺术（音乐、舞蹈、戏剧、影视等）和静态艺术（绘画、雕塑、建筑、实用工艺等）；根据艺术的美学原则，艺术可分为实用艺术、造型艺术、表演艺术、语言艺术和综合艺术；根据艺术形象的表现方式，艺术可分为表现艺术（音乐、舞蹈、建筑、抒情诗等）和再现艺术（绘画、雕塑、戏剧、小说等）。至于摄影、广告、动漫等形式以及最新出现并广受欢迎的时兴艺术如AR、VR、AI艺术，艺术界将它们统一归入视觉艺术；而杂技、曲艺、木偶和皮影等则被归入民间艺术。

由以上分类列举可以看出，艺术是人们创造的一种表达人类本质及其存在意义、体现人类对世界掌握方式的符号体系。

（二）"文化"和"艺术"的关系

由以上概念的界定和梳理可以看出，文化和艺术是两个具有不同内涵和外延的独立概念。比较而言，文化是相对抽象的概念，而艺术是相对具体的概念。但艺术这种"精神符号"所具有的形而上的超越性的精神品质与文化这种"精神财富"的内在理念天然相通。艺术运用特定的符号形式，承载特定的符号意义，而这种符号意义的生产和传播都是文化控制的结果。人们的审美习惯、评价标准、艺术的创作准则、社会需求都受控于格尔兹所言的"意义之网和象征体系"①，亦即艺术体现着文化的本质。中国古代文论中的"以艺通道""道艺相济"等概念便是对文化与艺术的这种相通性的描述。正是这种相通性导致现实生活中文化和艺术似乎组成了一个复合概念频繁地用于指称一些跟文化和艺术相关的事物。比如文化艺术活动、文化艺术市场、文化艺术部门、文化艺术教育、文化艺术出版社、文化艺术发展等。英语中也常有"Arts and Culture"等类似表述。尽管"文化艺术"这一复合概念的所指不太明确，但似乎约定俗成，习惯于模糊思维的中国人大多能明白其所指，然而这样的模糊表述经不起学理推敲，也给文化管理部门制定政策以及对外文化交流工作带来诸多不便。下文笔者将在前文概念梳理的基础上进一步厘清二者逻辑关系，并初步明确恰当使用二者的相关语境。

文化人类学和文化哲学都把艺术当作文化现象来考量，泰勒的定义就是把艺术以及道德、信仰、知识、法律、风俗和习惯都涵括在一个文化整体之中。从泰勒的定义可以看出，文化是一个种概念，而艺术是一个属概念，二者是本质和现象的关系，是包含关系而不是并列关系。可以说文化是艺术的属性，它从整体上决定艺术的风貌；而艺术是一种文化形态，是文化的表象，是构成文化的表现形式，也是文化的传播载体。总之，文化作为一种概念是抽象的、无形的，而各种艺术形式作为

---

① 〔美〕克利福德·格尔兹：《文化的解释》，纳日碧力格等译，王铭铭校，上海人民出版社，1999，第5页。

传达文化观念的表象则是具体的、可感知的。大多数时候，我们所说的文化现象并不是指文化本身，而是指包含了某种文化属性的事物或现象。比如音乐文化、舞蹈文化、建筑文化就是表现为音乐、舞蹈、建筑等具体艺术形式的文化。艺术形式并不是文化，但它包含了某些文化属性，承担着弘扬传统文化、创新现代文化的使命，并受所属文化环境的影响和制约。比如艺术家就难免被自身所处的文化环境所培育和塑造，因此才有所谓创作个性、民族风格和地域风情之说。艺术家的艺术观、艺术品的价值取向、主题、题材等都深受包括哲学、政治、宗教、科学、技术等在内的文化因素的影响。因此我们说推进文化建设，促进文化繁荣就要以促进各门艺术形式的繁荣、各类艺术人才的培养、各种艺术精品的生产为抓手，解放文化生产力，激发文化创造力，提高文化综合实力。具体到文化资助领域，虽然目前"艺术资助"的使用频率高于"文化资助"，但"文化资助"外延大于"艺术资助"，只有"文化资助"概念才能涵括文化治理实践涉及的文化现场。比如作为公共文化设施代表的公共图书馆在全球文化制度框架中都是重要的资助对象，又如对于并非以艺术和艺术活动形式存在的非物质文化遗产，"艺术资助"概念无法涵括其内容。

二　"赞助""捐助"和"资助"

前文通过对"文化"与"艺术"的概念界定、比较分析交代为何选取"文化"一词作为本书研究对象的指代，此处将通过赞助、捐助、资助的词义溯源和语用分析交代为何选取"资助"这一综合性表述与"文化"一词共同构成本书的核心概念——"文化资助"。

赞助制度在欧洲艺术界由来已久，几乎与欧洲文明同步。古罗马帝国的皇帝大多是艺术爱好者，他们不惜重金保护艺术人才；进入中世纪之后，教会和宫廷贵族成为艺术赞助主力；文艺复兴之后，部分有钱的资产阶级也开始扮演赞助人角色，此即英国艺术史家弗朗西斯·哈斯克尔（Francis Haskell，1928－2000）在其1963年出版的《赞助人与画家》

一书中谈到的"平民赞助"。第二次世界大战之后，赞助人制度经历了法律化的转型，赞助人与被赞助人结成一种持续稳定的、契约化的、相对平等的利益交换联盟，艺术赞助成为一种建立在商业文明基础上的反映艺术家与重要艺术消费者之间关系的特殊制度。赞助人不是艺术创作者，但通过自己的经济或政治权利影响着创作的题材、风格乃至创作材料。随着资本主义的发展，在启蒙运动后的几百年里，艺术家和赞助人之间的关系越来越平等，艺术家能够在接受荫庇的同时获得越来越多的人身乃至创作自由。艺术史上留下了不少皇族、显贵、富豪赞助艺术家的佳话：比如伊丽莎白一世直接培育了以斯宾塞、莎士比亚、马洛为代表的英国文化精英；又如凯瑟琳二世将伏尔泰、狄德罗捧为一代文豪；再如梅克夫人以收藏乐曲为名委托柴可夫斯基作曲，每年支付 6000 卢布，不仅造就了伟大的作曲家，还留下了通信集《我的音乐生活》，展示了赞助人和艺术家的心灵沟通所能达到的最高境界；惠特尼夫妇不仅是美国现代音乐的赞助人，也是美国现代美术馆的创立者；而 17 世纪后半期美第奇家族的艺术赞助更是使佛罗伦萨重新成为令人惊奇的世界名城。

弗朗西斯·哈斯克尔《赞助人与画家》一书彻底改变了艺术史家观察艺术史的思维方式。哈斯克尔开创的研究角度使人们不再拘泥于从艺术家的角度而尝试从赞助人的角度审视艺术史。除了以传统方式考量一部作品的风格流派、创作背景、象征意义等问题，对赞助的研究使我们得以分辨许多外在于作品的条件，为谁创作、创作时受到何种限制和授意等曾被忽视的角度可能让艺术史研究焕发生机。这种研究风潮正向中国艺术史研究领域渗透，当前中国美术、音乐史论界已经产生了一些从"艺术赞助"角度研究美术史、音乐史的成果。逐渐升温的学术话题使"艺术赞助"已经成为一个专有名词而非普通名词。

"赞助人"是经由英语的"Patron"翻译过来的，但在中国文化语境中却很难找到一个与"Patron"含义完全吻合的术语。词典中"patron"被译为"赞助人""保护人"或"顾客"，但显然都无法与现代汉语中这些词语的真正所指完全对应，而中国人称呼的"收藏家""鉴赏家""赏鉴人""鉴藏家""好事者"等与西方艺术史中所讲的"赞助人"

意义大致相当却无法对等。国际上关于赞助的研究比较深入，有关赞助的定义也较多。

从动机角度来看，赞助行为可分为两种：一种是没有市场效益动机的恩赐性赞助，即英文中的"patronage"。前述列举的伊丽莎白一世、梅克夫人等恩主对艺术家的赞助大致属于此类。他们虽然没有直接的市场效益动机，但客观上却可能产生市场效益，比如收藏的作品升值；至于从中获得的精神愉悦则另当别论。因此也可将此种恩赐性赞助归类为一种利益交换行为。另一种是有市场效益动机的商业赞助，即英文中的 sponsorship。这类商业赞助的目的在于开拓市场，是以营利为根本目的的。企业拿出资金、技术或产品，希求换取掌握在被赞助对象手中的可以助其实现市场目标、提升企业社会形象的资源。此类赞助正日益作为企业经营策略推广，未来可能是文化事业经费的仅次于政府投入的主要来源。

综上所述，赞助可以看作一种利益交换行为，而捐助则是一种单向的不求回报的非交易行为。《现代汉语词典》对"捐助"的解释是"拿出财物来帮助"，比如捐助灾区人民、捐助失学儿童、捐助现金和物资等。既是帮助，就不应该谋求任何名利乃至情感回报。当今世界各地的大学校园都拥有以捐资人名字命名的建筑，但随着公益精神的深入人心以及人们对捐助行为精神实质的理解，这种"冠名现象"将会越来越少。"据《耶鲁每日新闻》报道，耶鲁大学计划耗资 6 亿美元建立两所寄宿学院。耶鲁大学最高决策层表示，他们不会向任何健在的捐献者兜售新学院的冠名权，即使捐献人对项目全额资助，耶鲁大学也不会这么做。"①

与"捐助"语义密切相关且同样被普遍使用的是"捐赠"，艺术界使用得尤其普遍，常见于某书画家向国家或集体捐赠作品或稿费之类的报道。捐赠使作品由个人珍藏变为国家文化财富、众人共享的精神资源。它是一种双赢举措，公众获得了精神享受，同时作品能在更广泛地与观赏者的接触中产生新的价值，不断影响观赏者的精神世界。因此，

---

①　Robert Frank：《耶鲁对给捐助者冠名说"不"》，《北京青年报》，http：//news.163.com/08/0304/17/46779EGS000120GU.html，2008 年 3 月 4 日。

20 世纪以来，越来越多的中国艺术家将自己的作品捐赠给各级美术馆收藏，此举成为当前不少美术馆丰富藏品的形式，用"捐赠"一词能较好地表述艺术家的这种义举。

《现代汉语词典》对"资助"的解释是"用财物帮助"。此解释基本可涵盖"赞助"和"捐助"的义项。《朗文当代英语大辞典》对"资助"（patronage）的相关解释是：

1. the support，especially financial support，that's given to an organization or activity by a patron（赞助，资助）；

2. a system by which someone in a powerful position gives people generous help or important jobs in return for their support（有权势者为回报人们的支持而给予慷慨帮助或重要职位的）恩惠制，任命权。①

此英语释义也基本可涵盖"赞助"和"捐助"义项。英语中与此相关的指称 assistance；stake；support；patronize；sponsor；subsidize；endowment 等词汇都能体现"资助"的含义。因此，用"资助"能较好地概括本书所涉及的研究对象。但在具体行文过程中则需要精细化、针对性区分，比如对商业性质的资助明确使用"赞助"，对来自政府的公共财政资助则不能用"赞助"和"捐助"，只能用"资助"，对艺术家个人无偿出让作品、现金等行为则宜用"捐助"或"捐赠"。

在当下公共文化政策研究领域，不时可见混淆赞助和资助的用法，或者明知二者区别但囿于表达习惯的力量依然混用。比如："公共赞助一直是文化事业发展的血液，私人赞助是我国文化事业发展的敏感元素。"② 又如"目前赞助的形式主要分为两种，国家赞助和私人赞助。……就其发展的状况和国家资助的规范化来看，美国无疑走在世界的前列。"③ 显然，在第一个案例中，"公共赞助"的概念使用不当，宜用

---

① 汪榕培等：《朗文当代英语大辞典》，商务印书馆，2011，第 1374 页。
② 刘登玲：《失衡与制衡——论文化事业中的文化赞助》，华中师范大学硕士学位论文，2009。
③ 叶凤华：《政治、赞助与美国公共艺术》，《艺术与设计》（理论版）2009 年第 8 期，第 332 页。

"公共资助"，而在第二个案例中则明显出现了"赞助"和"资助"的混用，同一段话中都出现了前后不一的表述。中央文化管理干部学院于春城于 2008 年 5 月出版了《文化赞助与文化捐赠》一书，卢娟于 2008 年 2 月发表了《国外政府文化资助模式及对中国的启示》一文。这里的"文化赞助""文化捐赠""文化资助"虽然表述形式有别，但语义所指大致相当。综合比较后，笔者认为总体表述还是用"文化资助"这一概念最为恰当。

香港地区使用较多的是"艺术资助"这一概念，这或许与香港有专门的艺术资助机构有关。成立于 1995 年的香港艺术发展局（Hong Kong Arts Development Council）是香港特别行政区政府指定的全方位资助发展香港艺术的法定机构，其架构、职能及体制乃至英文名称都类似英国的"英格兰艺术理事会"。该局的使命为策划、推广及支持包括"文学、表演、视觉艺术、电影及媒体艺术"[1] 等在内的多种艺术形式的发展，因此用"艺术资助"这一概念能涵括它的职能范围。凡艺术发展局组织的活动基本都用"艺术资助"指称，但偶尔也有用"赞助"这一概念的情形。比如香港艺术发展局为了解本地赞助文化艺术活动的情况，曾于 2010 年 1 月邀请有经验的艺术团体做了一次"赞助文化艺术的现况调查"[2]。该项目行文采用的就是"赞助"，但此类用法相对较少。至于香港的图书馆、博物馆及其他大型文化活动则由康乐及文化事务署直接管理，因此不会跟"艺术发展局"发生直接关联，"艺术资助"不包括对"图书馆、博物馆及其他大型文化活动"的资助，因此不会产生概念溢出的窘迫。而在中国内地现行文化管理体制下，具体的艺术门类和超越具体艺术形式的综合性文化活动归口一家管理部门管理，因此还是采用"文化资助"这一概念比较全面。

本书将采用公共政策学的研究方法，以具体的门类艺术、文化活动

---

① http：//www. hkadc. org. hk/tc/content/web. do？ page = aboutADC. 2011 - 02 - 11.

② http：//www. hkadc. org. hk/tc/content/web. do？ id = ff80818124fc53c 001256c08d9d2005d. 2011 - 02 - 12.

和文化管理方法为研究对象，探讨如何针对我国国情，借鉴发达国家和地区先进经验，提高国家文化投入效益，激发社会资助文化事业的热情，推动我国文化事业的大发展大繁荣。本书的研究对象除了各种艺术创作、欣赏、研究、文化传播和传承活动外，还包括图书馆、博物馆、文化中心等公共文化设施及在其中开展的综合性的文化活动，以及各级政府部门、民间文化机构的文化管理活动和组织形式。这些内容远远超越了"艺术"的内涵和外延，因此用"艺术资助"这一概念不能很好地概括本书的研究对象，而学术界和官方文件包括台湾地区的文献中都不时使用的"文化艺术资助"这一概念有互为包含、语义含混之嫌。比较而言，用"文化资助"这一概念是比较合适的表述。

三　"文化资助"的概念界定

至此，我们可以尝试为"文化资助"概念做出界定：文化资助就是以人力、物力、财力等多种形式支持公共文化事业（西方称公共文化参与）的发展。其资助形式包括：政府预算拨款、税前列支冲抵、彩票收入分成、个人款物捐赠以及其他社会渠道与企业组织的随机赞助等。文化资助的主体/施助方可以是政府，也可以是企业或个人，即通常所称的社会力量。比如政府对文化的财政投入就是一种来自官方的文化资助；而企业和个人的赞助与捐赠则是来自民间的文化资助。资助主体也可以是市场，比如个人通过艺术收藏促进艺术市场的发展对艺术而言也是一种资助。收藏既是市场行为，也是艺术资助行为。但以市场形式实现的资助不是本书考察的重点。资助的客体/受助方可以是政府部门，比如在中央财政对部分欠发达地区的转移支付中地方政府就是资助客体，还可以是艺术家个人、文化机构，也可以是具体的文化项目。一切有助于文化事业发展的个体或机构都在受资助之列，包括商业演出。商业演出虽然不是公益性质的活动，但其客观上也起到了为文化市场提供文化产品以满足群众精神文化需求的作用。

相关概念还有"文化赞助"和"文化捐赠"。"文化赞助"是一种以服务和回报为基础的商业行为，指企业利用自身的资金、技术和人力资本等资源，向文化机构、艺术家个人或文化项目提供资金、实物、人力和场地等支持，同时满足某种商业需求的行为。因为赞助是商业行为，所以其主体只能是企业或个人；其客体与"文化资助"相当；"文化捐赠"则是指社会力量无偿向公益性文化事业提供资金、实物、人力、场地等支持。其主体可以为企业或个人，但不能是政府，因为政府的经费完全来自国家拨款，而国家对于社会公益事业已经设立了专项财政投入，因此不能作为捐赠人；其客体主要是《公益事业捐赠法》的适用对象——公益性社会团体和公益性非营利事业单位。但是，根据《公益事业捐赠法》第 11 条规定，在发生自然灾害时或者境外捐赠人要求县级以上人民政府及其部门作为受赠人时，县级以上人民政府及其部门可以接受捐赠。①

关于上述三个概念之间的逻辑关系，详见表 1 - 1。

表 1 - 1　文化资助相关概念逻辑关系

类别	主体	客体
文化资助 *	上级政府 企业 个人 市场	下级政府 文化机构 艺术家个人 文化项目
文化赞助	企业 个人	文化机构 艺术家个人 文化项目
文化捐赠 **	企业 个人	公益性社会团体 *** 公益性非营利的事业单位 县级以上人民政府及其部门

* 此处政府对政府的资助一般为上级政府对下级政府的拨款行为，比如中央财政对部分欠发达地区的转移支付。

** 此处文化捐赠指符合《公益事业捐赠法》、可以享受税收优惠的捐赠。实际上，社会上对《公益事业捐赠法》适用的捐赠对象以外的艺术家个人和文化项目的捐赠大量存在。

*** 此处公益性社会团体指依法成立的、以发展公益文化事业为宗旨的基金会、慈善组织等社会团体。

① http：//www.mca.gov.cn/article/gk/fg/shflhcssy/201507/20150700 848528. shtml. 2018 - 04 - 10.

四　非营利组织

"非营利组织"是"non - profit - organization"的中译名，简称
"NPO"。美国约翰·霍普金斯大学教授莱斯特·萨拉蒙（Lester Salamon）
将具有以下五个特征的组织定义为"非营利组织"：①组织性；②非政
府性；③非营利性；④自治性；⑤志愿性。不以营利为目的、以志愿为
原则的公益性组织是其本质特点。目前对这类组织的表述还有"非盈利
组织"和"非赢利组织"两种。根据词典释义，"盈利"跟"赢利"
同义，为"企业单位的利润"和"获得利润"之义，可为动词，也可
为名词。而"营利"只能为动词，为"谋求利润"之义。而"非 yíng
利组织"是指主观上不以谋求利润为目的的组织，并非指不会产生利
润、不愿获得利润。实际上，"非营利组织"的设立虽不以谋求利润为
目的，但还是可以产生经营性利润收入，只不过所得利润不能向出资者
分配，而应用于公益性事业。因此，根据"非营利组织"的内涵，应
选用"营利"而非"盈利"和"赢利"。另外，据专家（应学凤，
2007）统计，从使用频率和出现顺序来看，"非营利组织"的用例远多
于其他两者，前者是后两者的七八倍之多；从使用时间来看，"非营利
组织"早于其他两者，因此本书使用这一概念。

美国文化政策学者托比·米勒（Toby Miller）和乔治·尤帝斯
（George Yudice）将文化政策的主要工具概述为两种：资助和训练。他
们认为文化政策"以资金补助和民众教育决定文化的走向"[①]。文化行
政实践同时表明，资助制度是文化事业发展的关键力量，对各种艺术形
式的发展、健康文化生态的形成具有较大影响。设计一套适合中国国情
的文化资助制度，是中国社会经济和文化事业发展的内在要求，是实现
"文化大发展大繁荣"宏伟目标的必然路径，是中国文化政策领域亟需

---

① 参见〔美〕Toby Miller and George Yudice《文化政策》，蒋淑贞、冯建三译，台北：巨
流图书有限公司等，2002，第 1 页和译序 ⅱ。

的制度塑型之一。

第二节　文化资助的历史分期与主要类型

文化资助的施助方主要由三部分组成：私人、政府和市场。近年有学者认为大专院校的文化资助地位重要，但常被人们严重低估。[①] 私人对文化事业的资助古今中外概莫能外，大多出于个人对文化事业的热爱，又有雄厚的资金作为后盾；政府的文化资助是文化政策的重要实施手段。美国文化政策专家 Toby Miller 和 George Yudice 在其专著《文化政策》中论及：资助和训练是文化政策的主要手段；[②] 我国香港文化政策专家陈云也认为："先进现代国家的文化艺术政策内涵，大可用两点总结：文化推广与创作资助。"[③] 至于来自市场的资助则是指由于艺术市场的兴起、鉴藏风尚的形成以及文化经济价值的彰显，市场订单、商业赞助和以文化为手段的策略性经营成为推动文化事业发展的重要外部力量。

一　文化资助的历史分期

从社会形态的历史分期来看，在经济水平不高、大部分劳力耗费在生存事务中的古代社会，只有处于社会上层的贵族和特权阶级才有条件对文化生活有较高的要求，因此他们是文化的主要享用者，也是主要资助者。这一时期的资助形式以宫廷和私人赞助为主，赞助人主要由教会、君主、官员、贵族和富人构成，主要方式为供养艺术家、购藏艺术品；在工业革命引发巨大社会变革的近代社会，贵族阶级逐渐没落，资

---

① 〔美〕马乔丽·嘉伯：《赞助艺术》，张志超译，中国青年出版社，2013，第 204 页。
② 〔美〕Toby Miller、George Yudice：《文化政策》，蒋淑贞、冯建三译，巨流图书有限公司等，2002，第 1 页。
③ 参见陈云《香港有文化》（上卷），花千树出版有限公司，2008，第 444～445 页。

产阶级崛起，中产阶级的经济和政治实力也不断上升，因此诞生了另一种形态的资助体系：由资产阶级和中产阶级接替贵族阶级的角色扮演文化资助者角色。这一时期的资助形式主要有私人资助和市场竞争。私人通过订制、购藏艺术品实现对艺术家的资助，自由买卖的市场机制开始形成，艺术家可以通过参与市场竞争获得创作支持；在以科学、技术和制度因素作为基本动力和社会进步的核心推动要素的现代社会，现代意义上的多元化混合式资助体系开始建立，具体特点为政府资助加上慈善捐助和商业赞助的混合式资助体系。具体表现为政府除了直接出资以外，还通过政策杠杆调节，调动社会力量参与文化资助事业，比如通过支持成立文化艺术类基金会资助、奖励、培育和推动民间文艺团体、个人和项目发展，按照互利双赢原则整合资源实现商业力量、市场机制对文化的资助等。如今欧美国家大多采用这一方式，越来越多的发展中国家也正借鉴这一模式。

二 文化资助的主要类型

（一）私人资助

1. 私人资助的历史起源

"私人资助"一说起源于奥古斯都大帝的朋友、助手和顾问 Gaius Clivius Maecenas（公元前 70～前 8 年），他召集了贺拉斯、维吉尔等著名诗人在自己身边并对他们进行资助。[①] 罗马帝国克劳狄乌斯王朝最后一个皇帝尼禄酷爱绘画、雕塑、音乐、戏剧、诗歌等艺术形式，他雇用了罗马最好的戏剧家教他唱歌，经常在街头公开表演，并在自己的皇家花园建了露天剧场，不时邀请老百姓来听他唱歌。他还定期举办以音乐比赛为中心的"神圣节日"竞技会，如 60 年和 86 年，分别在罗马、多米提安举办音乐比赛，促进了古罗马音乐的发展，被称为第一位音乐赞助人。

---

① 赵莉：《论艺术赞助》，《艺术百家》2006 年第 2 期，第 33 页。

2. 私人资助的发展脉络

私人资助制度在欧洲艺术界由来已久，几乎与欧洲文明同步。古罗马帝国的皇帝大多是艺术爱好者，他们不惜重金保护艺术人才；进入中世纪之后，教会和宫廷贵族成为艺术资助主力，导致中世纪的文学、戏剧都打上了教会成员和贵族的烙印；文艺复兴之后，除了公侯贵族，部分有钱的资产阶级也开始扮演赞助人角色。此外，由于行会等赞助联盟的形成，一些经济并不宽裕的小手艺人、市民等也可以成为赞助人。第二次世界大战之后，赞助制度经历了法律化的转型，即赞助人与被赞助人结成一种持续稳定的、契约化的利益交换联盟，艺术赞助成为一种建立在商业文明基础上的反映艺术家与消费者之间关系的特殊制度。

3. 西方私人资助代表

谈到私人资助，文艺复兴时期的美第奇家族是绕不开的话题。该家族 13 世纪从贸易和银行业起家，逐渐获得政治地位，在 14 ~ 17 世纪的大部分时间里是佛罗伦萨实际上的统治者。学术界普遍认为没有美第奇家族，意大利文艺复兴肯定不是今天我们所看到的面貌。素有"文艺复兴艺术宝库"之称的乌菲齐美术馆就是该家族于 1581 年创建的，其核心藏品也是该家族的私家珍藏。乔瓦尼·美第奇（Giovanni Medici，1360 – 1428）奠定了该家族的财富和政治根基，也是该家族的第一位艺术赞助人，他曾资助过意大利文艺复兴时期的绘画奠基人马萨乔（Masaccio，1401 – 1428），在透视法等方面对绘画做出了彻底的改革，他还委任建筑师布鲁内莱斯基修建佛罗伦萨的花之圣母大教堂，这座美丽的圆顶建筑在样式及结构上实现了划时代的重大革新，影响欧美建筑界 500 余年，至今仍是佛罗伦萨的象征；洛伦佐·美第奇是该家族最著名的艺术赞助人，他自己就是一位著名的诗人和艺术评论家，身旁聚集着当时最优秀的学者、文人和艺术家。他的宫廷为艺术家日夜开放，他赞助过的艺术家中最有名的是达·芬奇、米开朗基罗、波提切利、韦罗基奥和列奥纳多。而米开朗基罗更是从 14 岁起就出入美第奇家族宫廷，和洛伦佐的儿子们一起接受教育，学习观摩大量艺术品，与当时知名的人文主义学者交往，后来效力于几代美第奇家族成员，其最著名的作品就安放在美第奇家族陵墓的石棺上。洛伦佐时代佛罗伦萨所有的大型艺术工程几乎都离不开他的赞助，许多贫困艺术家都得到过他的衣食资助和创作津贴，而表现出色的艺术家也能得到他的奖励。正是在美第奇家族的资助和扶持下，佛罗伦萨成为欧洲文艺复兴运动的发源地和中心，诗歌、绘画、雕刻、建筑、音乐均有突出成就，历史、哲学、政治理论等研究也居于意大利各邦前列。可以说美第奇家族是私人资助的杰出代表，更重要的是他们开启了私人资助艺术的先河，引起意大利北部许多小王公争相模仿，带动了私人资助艺术的风气。

4. 中国私人资助代表

论及中国私人资助艺术的代表，我们很难找到像美第奇家族那样显赫的典型，但资助对艺术活动的影响始终存在，历史上有记录的、对艺术家创作活动产生重要影响的资助人也始终存在。明代以前中国艺术资助以皇家赞助、宫廷赞助为主，明末清初开始转向宫廷赞助、私人赞助和市场赞助等多元化的赞助方式。中国最典型的私人资助当推扬州盐商对扬州八怪的资助。盐商们不仅重金购买画家画作使他们衣食无忧，还将一些穷困潦倒的画家供养于自己的私家园林。比如扬州盐商徐赞侯就曾在扬州别墅慷慨"养士"，资助贫困艺术家和读书人，画家金农等寒门艺术家就曾寄身徐家。由于发达的经济和独特的地理位置，当时来往扬州的文人墨客甚多，盐商们经常邀请他们到家聚会切磋，为画家们开阔视野，营造绘画氛围。盐商赞助推动扬州八怪艺术打破了文人画的题材限制，开创了雅俗共赏的审美趣味，推动了文人画家的职业化。该艺术流派繁荣了百年之久，成为中国美术史上的重要文化现象。另外，明清之际徽州商人的艺术资助对新安画家群的形成和兴盛也产生了至关重要的作用。与西方相比，中国私人资助代表更注重与艺术家的情义往来，直接的利益交换成分较少，这是中国传统文化中"重义轻利"思想的反映。另外，艺术在统治阶级心目中和国民社会生活中地位不同等因素导致中国的私人艺术资助对艺术创作的影响小于西方。

（二）政府资助

1. 政府资助的历史起源

据史料记载，政府对于文化的资助，可以追溯至古希腊时期。[①] 但并非所有艺术形式曾得到过古希腊政府的青睐。举例来说：古希腊的喜剧在受到政府认可与支持的时间上，就比悲剧晚了将近 50 年之久。此后，政府资助一直伴随着文化活动的始末，成为对文化发展具有最大影响力的一项行政措施。这一时期的政府资助主要是由于政治统帅具有对艺术的狂热爱好和强大的支配资源的能力。

2. 政府资助的发展脉络

从国家性质来看，通过文化资助，弘扬主流文化价值观，是有帝国统治历史国家的传统。古罗马帝国及现在依然继承了罗马文化的如法国、意大利等国家，对公共文化的干预十分明显，公共文化经费占国家公共开支一般超过百分之一。而奉行自由主义的英语系国家如英国、美国在文化干预问题上则显得比较克制，即使他们后来出于振兴经济和鼓舞士气等目的也采用了较大力度的公共文化资助政策。中国从汉朝开始就有文治教化的传统，统治阶级较早意识到通过儒家礼乐和历代经典对民众进行教化的社会功效。汉乐府、唐明皇的梨园以及历朝历代的宫廷诗人、优伶、画师等职位都可以看作统治阶级的文化资助对象。[②]

1930 年代，美国罗斯福新政通过"公共艺术工程计划"发起对艺术家的大规模资助，此举让美国成为"第一个以社会理由补助艺术的国家"[③]。至于大规模的实质性资助，则出现于"二战"后的欧洲。"二战"之后，全球经济蓬勃发展。经济发达之后，大部分富裕文明的社会无法容忍部分同胞尤其是富有某种特殊才艺的人群生活在贫困线以下，欧洲社会尤其视人民拥有富裕幸福的生活为第一要务。因此"二战"

---

① 夏学理、凌公山、陈媛编著《文化行政》，五南图书出版股份有限公司，2005，第 89 页。

② 参见陈云《香港有文化（上卷）》，花千树出版有限公司，2008，第 446~498 页。

③ 〔荷兰〕汉斯·艾宾：《为什么艺术家这么穷——打破经济规则的艺术产业》，严玲娟译，典藏艺术家庭股份有限公司，2008，第 140 页。

后欧洲致力于社会公平正义的普及和全面消除贫困的事业，此风潮使艺术家的处境得到一定程度的改善。而且随着社会的发展，宫廷赞助、教会赞助等传统赞助形式逐渐衰落乃至消亡，因此国家和地方政府接手文化资助成为情理之中的事。欧洲政府则将文化资助当作天职，艺术家们也心安理得地把接受政府资助当作自己的应有权利而非特权。但一些自由主义国家仍以文化民主、艺术独立等理由与文化资助保持距离。

1960年代之后，一方面由于"二战"后福利主义思想及公民权利思想的影响，另一方面由于公共服务私有化倾向、商业开发导致公共空间缩小以及工业化导致劳动时间减少、闲暇时间增多等原因，一些奉行自由主义政策的西方政府也开始资助文化事务，试图通过文化空间的建设营造良好的社会融合氛围，促进社会各阶层的沟通和交流。至此，大多数政府的文化资助活动已受到法律保护，文化资助已成政府的基本文化职责。比如美国宪法规定："国会应具有促使科学与实用性艺术不断进步的权力，并对作家与发明家的创作与发现，授予专利性的保障。"①

但由于文化政策比经济政策、教育政策更具争议，政府对拨向文化事务的资金使用无不背负着极大的压力。而且随着全球化进程的加快，新自由主义的经济措施遍及全球。发端于美国的新自由主义思潮和英语国家的"新公共管理"（New Public Management）措施逐步向公共文化部门渗透。此风导致许多国家的政府削减文化资助，向公共文化部门引入商业机制，导致部分公共部门出现民营化倾向，这些现象使文化的公共性受到一定程度的影响。在这一背景下，公共文化已由公共资助变为公共投资，公民文化活动空间受到挤压，文化权利受到侵犯。面对这种现象，文化政策学者的当务之急是找到问题的症结所在，让文化回归其公共本位，并通过制度设计保障其发展所需的环境、资金等条件，使其最大限度地造福于人类的精神文化生活，让每一位公民都能平等地享受文化福利。

---

① 转引自夏学理、凌公山、陈媛编著《文化行政》，五南图书出版有限公司，2005，第92页。

第三节 文化资助的认知理据

文化为什么一定需要资助？为什么不能自给自足、自负盈亏？20世纪经济学泰斗约翰·凯恩斯（John Keynes）及莱欧纳·罗宾斯（Lionel Robbins）、亚伦·皮寇克（Alan Peacock）等著名经济学家都提出过这一原则性问题。[①] 这种追问体现了人们对文化资助的理论认知，理论家试图从历史和逻辑层面为文化资助寻求理据。

人是文化的动物，对文化的需求是人类需求的最高境界。文化是人们掌握世界的重要方式，对人类具有不可替代的作用。因此，文化值得资助；另一方面，无论古今中外，文化都无法脱离外界的支持而单纯依靠自身获得发展。因此，文化需要资助。

由于文化资源、政治资源和经济资源是人类社会的三大基本要素，正是这三种力量的不断博弈和动态平衡才形成特定的社会形态和人类生活共同体。因此，从文化、政治、经济等宏观维度考察文化资助的理据或能将被考察对象置于一个全方位的理论观照视域之中。此外，我们也需要从作为文化具象存在的艺术特性包括艺术家职业工种及艺术管理运营的特点来考察。作为文化创造主体的艺术家这一职业工种的特殊性、个人性、自由性和艺术创作的正外部性、高风险性和价值兑现滞后性为我们提供了无法推脱的资助理据。因此下文将从文化发展、社会治理、经济发展和艺术特性等四重维度论述文化资助的理据。

一 文化发展维度

从价值论角度来看，文化是价值资源"配置规则之规则"，是经济

---

① 〔瑞士〕布鲁诺·弗莱：《当艺术遇上经济——个案分析与文化政策》，蔡宜真、林秀玲译，典藏艺术家庭股份有限公司，2003，第 5 页。

和政治可持续发展的后盾。文化的价值主要由以下几部分组成。

（1）存在价值。存在价值指人们知道某事物存在就已从中获得无形的个人利益。即使人们并未参加任何文化活动，但社会还是会因文化活动的存在而受益。

（2）选择价值。选择价值指个人有可能在选择某个产品之前就已因其存在而获得相当利益。这一价值因为无法体现为有效需求，因而无法通过市场体现出来。人们因参加文化活动而受益是看得见的，即使其并未参加当下这一文化活动，但活动的存在却为其及家人提供了更多的选择，因此这种潜在价值常被忽略。

（3）遗产价值。即使人们并不参加任何文化活动，但这些活动却因承载着历史文化的记忆，推动着人类文化的发展而使社会最终受益。

（4）声望价值。文化具有积极的声望价值，在人类历史发展中具有广泛的社会和文化意义，即使是对之不感兴趣或不常进行此类消费活动的群体也能意识到这一价值的存在。很多企业愿意赞助文化活动也正是看中其声望价值，希望借此提升企业形象，丰富品牌内涵。

（5）创新价值。文化活动能带来创新思维的发展、批评能力的改善及精神的自由。① 而当今社会创新已成为精神领域的公共产品和社会发展的重要引擎，其带来的社会效益自不待言。创新需要巨大的孵化成本，这一成本需要全社会共同承担。

综上所述，文化的价值结构和价值属性使得文化资助成为社会公益目标与公共行为，因此全社会都应成为责无旁贷的文化资助主体。

从工具论角度来看，文化特有的精神和物质双重属性，决定了其在社会发展中的重要作用：对社会、经济、政治也包括文化自身发展的影响力。从与上层建筑的关系来看，文化既是精神之父，同时又是"体制之母"；从与经济基础的关系来看，文化既是经济发展之根，又是经济发展之果。文化的影响力有正有反，有大有小，但如今无论东方还是西

---

① 此处关于文化价值的分类参见布鲁诺·弗莱《当艺术遇上经济——个案分析与文化政策》，蔡宜真、林秀玲译，典藏艺术家庭股份有限公司，2003，第 127~128 页。

方，文化对社会发展的影响力都已得到确认。把影响国家和社会发展的根源归结为与政治和意识形态距离相对较远的文化因素，是当代学术界对文化在国家发展与社会进步中所产生作用的最新解读。美国学者塞缪尔·亨廷顿在谈到社会发展领域中"文化的作用"时，也认为文化"对一个社会的成功起决定作用"①。

从自身发展规律来看，文化大致可分为能通过市场化机制自我发展的和不能通过市场化机制自我发展的两种。对于后者，比如那些投资见效慢、私人不愿意投入的高雅文化、实验艺术或前卫艺术以及濒临灭绝的民族艺术形式，如果得不到来自外界的资助，就很可能在市场经济的浪潮中自生自灭了。而无论从人类文明进步的角度还是从民族文化发展、文化多样性的角度来看，这些文化形式都有继续存在和发展的理由。在其他资助形式无法到位的情况下政府资助如果也缺席，将对人类文化发展造成不可挽回的损失。

二　社会治理维度

现代社会中，一个国家若不能构建起自己的文化价值观、不能在艺术作品中展现自己的形象，传播自己的核心价值观，这个国家便会整体沦为文化盲区。从社会治理的角度来看，政府通常会重视文化事业的发展，而文化自身的特性也为这种社会需要提供了可能。"如果葛兰西（Gramsci）和他的后继者（Gramsci, 1971; Gitlin, 1980; Hallin, 1986）是可信的，那么文化通过为政治的安排提供意识形态的支持，从而对于政权的稳定性具有核心的意义。"② 德国著名文学家席勒认为：只有美才能赋予人合群的性格，只有审美趣味才能把和谐带入社会，因为它在

---

① 〔美〕塞缪尔·亨廷顿、劳伦斯·哈里森主编《文化的重要作用——价值观如何影响人类进步》，程克雄译，新华出版社，2002，第3页。

② 〔美〕乾德勒·穆科季：《面向一种物质文化的社会学：科学研究、文化研究和事物的意义》，〔美〕戴安娜·克兰主编《文化社会学——浮现中的理论视野》，王小章、郑震译，南京大学出版社，2006，第141页。

个体身上建立起和谐。① 美和艺术是维系文明、融洽个体关系、建设和谐社会不可替代的必需品；美国国父华盛顿曾说：艺术与科学是促使国家繁荣进步的基本要素，也是增添人生愉悦与快乐的美丽源泉。因此，凡是爱国与博爱之人，必对艺术与科学予以高度支持。② "艺术是政治生命中相当安全的港湾。"③ 文化产品除具有一般商品的标准化、大众化特征外，还具有使社会的意识形态合法化的功能，能有效地将个体整合进社会系统结构之中。在自由市场背景下，人们的消费活动通常都是根据其个人偏好来做选择的，但个人偏好会受价值观、外部环境等因素影响。政府有责任建构完善的文化环境引导人们的文化消费，塑造社会核心价值观，加强社会凝聚力。

另外，要想文化能持续地为社会提供能量，也需要政府提供支持。由于文化产品的公共特性，单靠自由市场机制必然造成文化产品的供给不足，加之文化消费过程会产生外部利益，因此政府有必要介入矫正该领域的"市场失灵"现象，为文化发展注入外部力量。具体来说，如果一个国家的文化资产被妥善保存，文化发展顺利延续，那么其后代或部分当代人将可享受到文化发展带来的外部利益，意即某种文化形式因为部分人的需求而得到延续，使得现阶段没有需求的人将来有需求时也能享受得到。同样，没有创造出这种艺术形式的后代的文化需求同样也能因之而得到满足。

联合国教科文组织 1998 年在斯德哥尔摩召开的"文化政策促进发展"政府间会议指出：文化的繁荣是社会发展的最高目标，未来世界的竞争将是文化生产力的竞争。自 20 世纪八九十年代以来，世界发生了根本变化，各国对文化的认识和自觉成为共识，文化成为社会组织体系中最具活力的因素。政府需要创新性人才，文化创新可以帮助我们打开

---

① 〔德〕《席勒经典美学文论》，范大灿等译，生活·读书·新知三联书店，2015，第370页。

② 夏学理、凌公山、陈媛编著《文化行政》，五南图书出版有限公司，2005，第92页。

③ Donna Blagdan & Russ Kesler. Ethics of Change: Government's Role in the Arts and Humanities. Atlantic Center for the Arts, 1989: 63.

一个别样的视野，启发公众挑战现状，用新思维观察社会，提供解决社会难题的不同路径和方案；政府管理需要和谐的社会环境，文化提升可以帮助人们超脱于浮躁的现实和贫乏的物质层面，引导人们欣赏艺术、热爱艺术有助于提高公众的文化生活质量，提高公众对精神生活的关注，从而实现提升社会文明程度、加强社会凝聚力、构建和谐社会的治理目标。

世界上无条件资助文化事业的国家，基本上是出于政治的考量。比如法国设立文化部是为了保持在欧洲的文化中心地位。法国政府认为1%的文化投入是政治必需品，是文化民主的保证；美国在经历激烈的辩论后从战略上将文化作为称霸世界的工具，因此不惜重金实施大规模的国际教育和文化交流与文化输出计划，强势推销美国的核心价值观；英国工党执政以来，政府颁布实施了一系列具有创新意义的文化政策，并构建了从中央到地方的目标管理体系来强化政策实施。总之，世界各国政府都逐步介入艺术干预和文化资助工作，承担起为公民提供优质文化产品和高尚精神生活的责任。

我国政府历来将文化事业当作不可忽略的上层建筑，文化被作为建设社会主义精神文明、继承优良文化传统、弘扬社会主义核心价值观的重要途径。国家文化安全、民族文化遗产的传承与保护、国家公共文化服务体系的构建等议题都已经被提高到国家战略层面。当下，中国的文化事业以精英性和公共性为主要特征，要保证这一特征的延续国家必须有相应的财政投入，而不能将之完全推向市场走商业化道路。资本的逐利本性使得任何经济行为主体都必然具有追求自身利益最大化的动机。即使是非营利机构、社会公益性部门，如果监管不力，也有可能因追求自身利益而偏离精英性和公共性的社会目标，因此必须有文化财政部门的保障和监管。具体来讲，对影响国民道德、观念和精神素质以及民族声誉的文化单位和团体，如"五馆一站"，必须有足够的资金投入和政策支持，这是必要的政治投入。而且，受经济发展水平限制和传统文化影响，中国的文化市场尚未发展起来，企业资助文化事业也尚未形成良好的机制，因此政府的财政投入对于我国文化事业的整体发展具有至关重要的作用。

　　在公共财政资助文化事业领域，香港特别行政区政府已经取得了比较成功的经验。从 20 世纪 80 年代开始，香港开始积极"提供必需的文化艺术支援，就正如提供必需的国民教育一样，是维持社会文明发展的措施。这是动用公帑资助文化的基本理据，也是慈善基金会乐于资助文化的原因"①。通过 20 多年的实践，香港政府实施的文化资助不但使个别艺术家和艺术团体提高了艺术水平，而且使艺术活动走进了市场和社区，让市民得到平等地亲近艺术的机会，在改变香港一度被称为"文化沙漠"的城市形象、凝聚人心、促进社会整体和谐方面发挥了较大功效。

三　经济发展维度

　　文化创意产业的兴起和文化经济时代的来临表明，文化的经济价值可因其文化价值的存在而得到彰显和增值。传统国家治理视野中，文化治理相对政治治理及经济治理呈弱势状态，但随着"文化经济"理念的兴起，世界各国越来越重视文化治理，文化成为国家和地区发展的策略性工具。同时，当今世界文化发展越来越呈现出与科技、商业融合的趋势。这一趋势极大地提高了产品附加值，为社会创造了新的价值生长点，实现了市场效益的最优化。从 20 世纪末至 21 世纪初以来，由于全球文化产品交易量的跳跃式发展，文化产业市场急剧扩张，世界各国政府都将文化创意产业作为朝阳产业、无烟工业来推进。"创意就是生意"的理念日益深入人心，投入力度与日俱增，促进了文化创意较好地转化为驱动经济腾飞的引擎，带动了经济的转型升级和跨越式发展。

　　发达国家的经验表明文化资助可以在促进直接消费、创造就业以及

---

　　①　香港艺术发展局网页，http：//www. hkadc. org. hk/rs/File/info_ centre/other_ publica-
tions/adc_ 3yearplan_ zh. pdf. 18，2011 年 6 月 30 日。

增加税收等方面带来丰厚的回报，文化项目作为区域增长极的带动作用日益凸显。比如：美国政府通过不断完善支持文化事业的经济规划和政策，不仅培养了强大的文化竞争力，而且对于国家经济的带动作用也是非常显著的；法国文化投入的增加不仅维护了社会稳定，增强了国家和民族的凝聚力，减少了社会内部各种排斥力量的冲突，而且促进了经济的复苏，增加了就业数量，带动了地区繁荣。对法国人来讲，"文化多样性"理念的提出，既有文化意义也是经济战略。目前，法国文化产业的就业人数与汽车业相等，比保险业多一倍，还不包括搞文艺创作的人，也不包括从事旅游、餐饮、奢侈品、建筑、美食等行业的间接就业人数。"法国每年接待 7500 多万国际游客，位居世界第一，其中一半人是为了法国文化而来，还有 15% 的人主要是为法国文化而来"[1]；英国人认为，艺术能够促进经济复苏，对艺术的公共投入创造了经济增长机会，发展了观众，增加了就业机会。威尔士议会发布的数据表明，创意行业新增的 30000 个工作机会在威尔士每年都能创造 4.5 亿 ~ 5 亿英镑的产出。[2] 经济影响研究结果显示，威尔士艺术理事会投入的 1 英镑可以在当地经济中创造 9.65 英镑的经济收益。[3] 从英国文化、新闻和体育大臣克里斯·史密斯（Chris Smith）1998 年出版的《充满创造力的英国》（*Creative Britain*）一书中，我们能看出工党将文化的经济功能与社会功能相结合的浓厚兴趣。工党政府寄希望于文化创意产业能带来大量的社会财富和工作机会，能保证英国的文化产品在数字时代也能保持国际竞争力，同时也能增加公民接触文化艺术的机会，培育创新土壤，提升创造力。

文化不仅能吸引游客，还能吸引投资客。文化创意产业不仅能带动该行业及相关行业如服务业的就业增长，帮助所在地区实现产业结构的优化和转型，而且还能为本地区贡献创意氛围、艺术人才和与之

---

[1]　谢武军：《法国的公共文化服务》，李景源、陈威主编《中国公共文化服务发展报告（2009）》，社会科学文献出版社，2009，第 248 页。

[2]　http：//www. artswales. org/what – we – do/publications，Annual Report 2009 – 10 – 6.

[3]　http：//www. artswales. org/what – we – do/publications，Annual Report 2009 – 10 – 6.

相伴的高品质的精神生活，能吸引其他相关行业如高科技行业从业人员前来落户。文化能创造经济价值，强化地方认同，扩大地区影响。无论是高雅文化还是大众文化，都能体现城市的身份认同和整体价值。因此，我们可以说，以艺术为内核的文化不仅是纯粹的审美体验，不仅是创作主体个人的事，而且事关社会全局，能对城市再生产、远景规划等做出重要贡献。因此，不少地区通过艺术城市复兴运动和社区整体环境营造，取得了显著的成绩。德国的敏斯特市、英国的格拉斯哥、台湾地区的"小区总体营造"政策都是这方面的成功案例。

德国的敏斯特市（Munster City）本来不以观光闻名，但自连续 3 个 10 年推出"雕塑 1977""雕塑 1987""雕塑 1997"后，该市因此项公共艺术事件而创造了巨大的文化观光价值。此举在收获了良好的社会效益的同时也带来了巨大的经济效益。

1980 年代，经济起飞的中国台湾地区出现人口向都会区集中，乡村的农渔林牧业和传统产业没落，危及小区生计。1991 年，台湾地区手工业研究所邀请日本千叶大学教授宫崎清到台湾地区传授日本的"地域振兴"经验。宫崎清介绍了日本小区的成功案例，例如三岛町、高柳町等，都是绝处逢生的故事，他也走访埔里、鹿港等地，指导小区民众扮演"小区设计师"，通过"人、文、地、景、产"的资源再发现，为小区创造特色，再加上环境和生活改善、振兴传统工艺和小区产业，发展观光旅游业带动经济发展。宫崎清带来的小区振兴概念，随后被整合在台湾"文建会"的"小区总体营造"计划中。1995 年，"文化产业"进入台湾地区的文化政策，并且以"文化产业化""产业文化化"作为"文化产业"的实践方式，取得了令人耳目一新的成效。①

---

① 参见于国华、黄玉蓉《台湾的"文化三法"与通过文化产业的"小区总体营造"计划》，于平、李凤亮主编《文化科技创新发展报告（2013）》，社会科学文献出版社，2013，第 205 页。

四　艺术特性维度

艺术承载着人类的情感和智慧，是人类的心灵再现，也是人类的情绪出口。艺术作品不是一般的商品，而是人类精神生活中不可或缺的东西，是人们面对生活压力、缓解生存焦虑的一种能量转换，它承载着人类共同的价值标准和精神寄托，具有强烈的正外部性；另外，艺术创作和演出都是具有高风险性的活动，其价值兑现常呈现出明显的滞后性。因此，艺术不仅值得资助，而且需要资助；不仅值得个人和社会资助，而且理应获得政府资助。对艺术的资助不仅体现着政府的社会承诺和文化政策的价值目标，也反映了企业的社会责任和公民的文明素养。

（一）艺术创作的正外部性

"正外部性"是一个经济学术语，指行为人实施的行为对他人或公共的环境利益有溢出效应。从经济学视角解释，艺术这种公益性的精神产品是一种具有正外部性的产品，其共同特征是社会收益大于私人收益。它们给社会带来了额外收益，其成本理应由社会补偿。如果社会获得额外收益而未支付相应的成本，艺术家承担了全部成本却未得到相应的收益，那么艺术家的创作热情就会降低，结果必然导致艺术产品供给不足或者质量低劣，最终损害的将是公众利益。而且，跟其他职业领域相比，艺术家所受到的监督和限制更多，而获得的公共投资却更少。通俗艺术的特质让艺术家拥有进行商业创作的空间，而高雅艺术的特质却迫使艺术家必须忘却商业律令，虽然他最终有可能获得更高的商业回报，但也有可能血本无归，导致其艺术创作行为对文化创新的推动、对社会文明的涵养无法在社会价值系统中得到体现。因此政府必须提供基本支持以保持社会创新机制的活力。今天我们提倡"宽容失败、鼓励创新"的根由正在于此。

（二）艺术创作的高风险性

艺术创作是一个具有鲜明不确定性和高风险性的过程。创作艺术作品所需的巨大创造力属于人类最高精神层面的才能，是人类情感与智慧的精华。人们在创作过程中耗费的"心力"远比体力劳动耗费的"气力"多，所需要的"才情"也比一般活动需要的"财力"多，但这种心力和才情的耗费却不一定能在艺术的市场价值中得到体现。艺术家代表人类探索精神领域的共同问题所承受的风险理应由全社会分担。这种艺术品的反市场价值是艺术需要公共资助的重要因素。本来按艺术品价值判断标准，作品的技术难度、审美高度和历史价值是其价值的主要决定因素。但由于艺术价值与经济效益的非同步性、艺术消费需求弹性大、投资性购买、游资炒作甚至意识形态操控等复杂原因导致艺术市场不时冒出反市场价值规律的现象。这种"市场失灵"在市场本身不能解决的情形下应该由政府出手调节。

另外，从艺术管理的角度，艺术也需要资助。以表演艺术为例来看，艺术的高生产成本导致艺术产品的高票价，在观众的收入水平与票价不相适应的情况下，如果没有外力支持，要么艺术团体无法运营，要么观众望而却步，最终艺术团体关门大吉，观众的艺术需求也没有得到满足。在这种情况下，公共财政补贴可以有效降低票价，让更多观众得以走进剧场，让更多艺术形式得以蓬勃发展，从而实现普及艺术的目标。如果没有补贴，各大剧场推出的 60 元、80 元的最低票价连剧场的运营管理费都不够支付，更别说高昂的创意费、排演费、制作费、宣传推广费等开支。

（三）艺术价值的兑现滞后性

资助可免除艺术家经济上的后顾之忧，使他们得以全身心投入艺术创作。尽管当今社会极少数艺术家的收入有如天文数字，知名电影演员、流行音乐家、畅销书作家每年都是最高收入排行榜的前几名，其收入远高于医生、律师、科学家或会计师等公认收入较高的职业。

但纵观中外艺术史，真正青史留名的从事高度创造性工作的艺术家生前特别是青壮年时期大多是清贫的。比如法国著名印象派大师梵·高在他短暂的一生中创作了几百幅作品，但当时卖出去的作品据说只有一幅。他生前一直不得志，终身穷困潦倒，直到死后才声名大噪。至于作品成为收藏界价值连城的宝贝则是他逝世若干年以后的事。当代艺术泡沫经济造就的艺术家富豪则具有相当的偶然性和有限性，不能代表大多数于艺术之路上孜孜求索的艺术家的生活处境。有人说艺术家这一职业具有先天性、内置性贫穷特征，选择这一职业要么家庭条件良好，可以长期提供无条件资助，要么就要做好与贫穷寂寞相伴且不时需要资助的打算。

事实上，当今一些最有创造力和最具艺术价值的艺术家却不被市场看好，因为他们选择的是一条批判当下价值体系的艺术道路。市场价值着眼于当前兑现，而艺术建构却指向未来，这一价值的时间差理应由公共财政来补助。一些创意指数高、艺术品位高的艺术品价值很难在艺术市场中得到体现和置换，其价值理应由公共资助来弥补。而且，艺术品的准公共产品性质导致其与其他具有垄断性的公共产品的经营效益不一样，很难获得理想的市场效益。而且由于艺术品的不确定性、高风险性等因素导致社会资本进入该领域的积极性不高。因此，对于那些不适合产业化而社会又需要的公共文化产品政府应责无旁贷地通过公共财政采购来向社会免费供应，并为其可持续发展提供良好条件。如果一味任由资本运作、政治挂帅等非艺术因素操纵艺术市场，那么我们最终将面临艺术价值的错位和艺术原创精神的沦丧，这将是整个民族的悲哀。

如上文所述，艺术活动虽然不直接创造物质价值，但它的物质花费却是巨大的：艰苦的前期创作、复杂的组织运作都需要充裕的经费支持，要提升水准、扩大影响、完善效果更是需要大笔资金的投入。以表演艺术为例，只要一场演出启动就必须有一支庞大的队伍投入运营：编创、演员、排练、舞美、场地……人力、物力、财力的投入不计其数，单靠票房收益很难自负盈亏。"就表演艺术而言，即使发达国家也是非营利性的居多。在美国，交响乐、芭蕾舞、歌剧等高雅艺术团体也主要靠赞助。"[1] 当今风靡全球的文化产品固然与创意绝对相关，但也与它们身后强大的资金链不无关系。因此，古今中外，财团、资本家、富人资助艺术家的例子不胜枚举。即使像林怀民"云门舞集"这样在全球赫赫有名的艺术团体都无法完全靠票房成功运营，[2] 更别提众多没有名气或者正在发展上升过程中的小艺术团体或小艺术家。而艺术界，"大量的小艺术组织和少量的大艺术组织"才是正态分布，在激烈的市场竞争中，他们都需要资助。

第四节　文化资助的影响场域

纵然我们可以为文化资助找到千万种理由，但无法回避的是它却饱受争议，概括起来争议主要围绕资助的必要性和可行性等问题展开，涉及自由主义与保守主义政治制度背景下不同的政府立场和责任、决策者对文化产品是否具有正外部性等属性的理论认知和以何种政策工具实施资助能达至资助目的等相关议题。之所以会产生这些争议，是因为文化资助有可能存在如下弊端，对文化场域中的艺术家、艺术机构、艺术市场、艺术消费者等要素造成不良影响。

---

[1]　王璐：《林肯中心：城市的文艺复兴之路》，中宣部文化体制改革和发展办公室等编《国际文化发展报告》，商务印书馆，2005，第466页。

[2]　享誉国际的台湾地区编舞大师、"云门舞集"现代舞蹈团创始人林怀民的舞作《行草》于2009年11月29日在国家大剧院结束北京首演之后，林怀民做客京华茶馆，详解了《行草》的特点，以及云门舞集这个团体产生背后的故事。林怀民在谈话中言及，全世界的现代舞团都有经济上的痛苦。"我们在很努力地卖票，在发行DVD，和所有的娱乐性节目竞争。但娱乐性节目可以铺天盖地撒广告、促销，我们不行。舞蹈表演就是要现场，从排练到一二百场演出，是劳动力密集的行业，没办法复制，不可能赚钱，永远是这样的宿命。"林怀民说现在云门舞集演出收入占50%，15%靠政府的补贴，其他部分靠企业赞助。虽然是编舞大师，林怀民还是免不了自己出面去拉赞助，这曾让他很不习惯，"我只有四分之一的时间在编舞，只能找个夹缝喘口气，想舞怎么跳，怎么编。"http://chinarwft.w010w.com.cn/a/zhuanjiaxuezhe/2009/1130/1086.html，2009年11月30日。

一　艺术家

有效率的资助一定是竞争性的，也一定涉及价值判断问题。艺术家是文化资助制度的重要保障对象。什么样的艺术家和艺术项目应该得到资助而什么样的不应该资助？无论是标准的拟定还是资助的执行都有可能存在不公平因素，要让实施者对艺术保持中立不做价值判断基本不可能。而与其他形式的资助取决于商业价值、服务质量和数量等问题不一样的是，资助方对文化项目的资助标准取决于该项目的审美价值和社会价值。而对艺术项目审美价值的评估弹性较大，有时甚至是用一个专断的美学系统在评估。

首先，艺术品质与美学价值具有较多的解释向度，艺术价值的高低并不完全取决于艺术产品本身的价值，而是取决于一系列的社会判断；其次，这一判断是由少部分人做出的，难免偏颇或有失公正。尽管这少部分人多是有一定专长和判断能力的专家，尽管他们在做评判前被要求公正、公平，但他们的审美趣味很难说就代表真正的艺术价值。常识告诉我们，他们的判断大多具有所谓的"精英趣味"倾向，一般难以代表大众审美趣味，即艺术圈中常说的"叫好不叫座"。究竟政府的文化资助应该倾向"大众趣味"还是"精英趣味"，目前尚存争议。从某种意义上来说，精英趣味更能代表艺术的正宗和艺术未来的发展趋势，但大众趣味却可能代表大多数人的文化权益。按照"the Best for the Most"原则，文化资助的标准应倾向大众趣味，但资助过程很难完全体现这一原则。英国文化理论家 Justin Lewis 认为，"艺术价值是一个专断的美学系统，它被统治着我们社会的权力机构维系。从公共艺术资助中获益最多的大多是受过良好教育的中产阶级"[1]。而艺术家和艺术项目的社会价值则更是一个很难量化考核的指标，其对社会的影响往往是无形的、长远的，需要一定的时间才能检验出来，也需要一定的专业眼光才能识

---

[1]　Justin Lewis. Art, Culture and Enterprise. London：Routledge，1990：12.

别和预见，因此常会出现误判，很难将资助精准锁定创新价值和艺术价值最高、最应该资助的艺术家和艺术项目。因此，资助有可能影响艺术公平，挫伤艺术家的创造积极性，导致艺术家之间的不公平竞争。并不一定是最优秀的艺术家得到资助，"奖优罚劣"原则对此不适用。相反，大多数一流艺术家或者能走市场化路线的艺术家并不需要或者干脆拒绝各级各类资助，甚至将之作为一种标榜自我的独立姿态在圈内博取尊崇。

而且，更令人警惕的是，资助还可能导致"劣币驱逐良币"的现象发生。研究结论显示，政府资助对有些文化行业的就业"产生了明显的挤出效应"①，对文化及相关产业企业的投资并没有产生积极的效果，政府补助没有明显缓解投资不足且有可能使某些艺术形式和项目得到更高的地位，而艺术创新价值则不一定与之相称。这种有失艺术公平的现象无论是对从业人员的职业发展还是对整个行业的健康发展都存在不利影响。

二 艺术作品

文化资助有可能导致艺术作品的政治化和同质化危机。尽管艺术与政治有着千丝万缕的联系，但艺术的发展总是在努力摆脱政治的纠缠而致力于独立发展。尽管经由政府之手分配的是全体纳税人的公帑，但谁掌握了待分配的资源谁就掌握了权力，掌握权力的一方通常较易资助符合自身利益而不是大多数人利益的艺术，由此有可能导致艺术的政治化倾向。政府是一个政治实体，是各方利益博弈的结果，艺术卷入其中必然会带上政治化倾向，艺术家的创作自由、艺术品的艺术价值都会在一定程度上受影响。经由拨款之手，政府可以方便地将艺术作为巩固自己权力的工具，以此维护最有利于自身政权稳定的文化状态。为了维护自

---

① 臧志彭：《政府补助、公司性质与文化产业就业——基于161家文化上市公司面板数据的分析》，《中国人口科学》2014年第5期，第57页。

身利益，政府可能会有选择地资助那些迎合自己需要的而艺术价值并不高的艺术类型，从而导致艺术品质的下降和不良艺术风气的蔓延。因此，英国经济学家约翰·梅纳德·凯恩斯最早倡导遵循"一臂之距"（Arm's Length Principle）原则的文化管理方法，要求国家对文化采取分权式的行政管理体制，文化部只管制定文化政策和财政拨款，不直接管辖具体的文化艺术团体和文化事业机构，具体管理事务交由非政府公共文化机构即各类艺术委员会负责执行。"一臂之距"原则能在一定程度上防范政府对艺术创作和文化发展的直接干预，防止文化领域的"权力寻租"。即便如此，公共资助也常伴随着审查、诱导甚至倾向性暗示。当前，由于各国政治家看到了文化在社会生活中的重要作用，不少国家的"一臂之距"正悄悄变成"半臂之距"，"Arm's Length"正发展为"Arm in Arm"①。此倾向已引起有关研究者的警惕。正是由于担心政府通过资助控制或误导艺术的发展，导致艺术的政治化倾向严重，有些艺术群体对于来自公共财政的文化资助的期盼并不热切，艺术家并不期待政府能够投入满足艺术发展的大部分资金，这也是美国的文化资助在"二战"后经过激烈的辩论才逐步开展起来的原因。

在公共资助的实施过程中，表面上看，政府将评审权交由专家，但专家并不能完全独立于政府的影响和控制之外。一些从政治目标和现实环境出发的政策导向往往使艺术作品的创作导向不可避免地带上一定的政治化倾向。

公共资助的政府导向还有可能会以某种特殊艺术表现形式和艺术作品类型为条件，其对受益者作品的特定内容或形式的奖赏可能会误导艺术家群体，造成艺术作品的同质化倾向，并对真正富有创造力、前沿性、探索性的作品形成挤压、怠慢甚至边缘化效应。

对于处于市场弱势的艺术形式来说，他们确实需要外界资助。但问题是，一旦进入资助系统，他们原有的文化逻辑可能被破坏，原有的艺

---

① Julia F. Lowell, Elizabeth Heneghan Ondaatje. The Arts and State Governments: at Arm's Length or Arm in Arm. Pittsburgh: RAND Corporation, 2006: 5 - 52.

术特征有可能被弱化，从而被快速卷入文化同质化进程，最终有可能失去其原本需要并且值得资助的特质。当前我国政府将一些民族艺术形式纳入"非物质文化遗产"的大旗下保护起来，尽管也强调"活态传承"，但最终还是难逃文化遗产变味、改良，被过多的商业性、表演性、展示性侵蚀的厄运。尽管这种资助可能使濒临灭绝的艺术形式被强势激活，甚至还可能红火一阵子，阶段性带动乡村旅游，推动地方经济发展；但它们却可能失去了自我的文化存在价值，最终也就失却了经济开发价值和资助保护价值。本来独特性、异质性是他们需要资助、值得资助、理应资助的内核，但吊诡的是经由资助他们却可能失却助其获得资助的特质。

三　艺术市场

文化资助还有可能对艺术市场形成一定的干扰。市场并不必然只能孕育质量低劣的艺术。相反，市场是赢家通吃的竞技场，市场催生艺术精品的例子不胜枚举，甚而也有可能催生顶尖艺术。物质回报可以最直接地激发创新，竞争激烈的市场是最有效的创新动力，企业的发展只有在激烈的生存竞争中才能更好地实现。现实情况也是如此：有些资助较少的艺术反而市场状况较好，比如江苏宜兴的紫砂壶艺术就在市场竞争中找准了消费者需求，焕发了艺术生命力；而资助则会造成一定范围的"市场失灵"。如果停止对某种艺术形式的资助，其价格就会提高，购买这种艺术品的人就会减少，而原本就没有资助的艺术则会变得较有吸引力和竞争力。还有一个问题是，政府资助有一部分以购买服务的形式实现，比如资助一场演出，这场演出的门票免费向观众派发，这种现象不仅会导致该场演出的门票几乎无法销售，而且也会导致观众养成免费看戏、不愿掏钱买票的习惯心理，不利于培养成熟观众和拓展艺术市场。据某演艺集团总经理介绍，时下不少票友一方面抱怨没有好戏可看，一方面不愿掏钱买票，这种艺术消费心理影响着艺术市场进而影响着整个艺术生态的培育。

另外，资助还有可能形成错误的市场导向，导致艺术家的持续贫穷和社会资源的浪费等问题。比如只要政府存在对艺术家的资助机制，就会有对艺术有喜好的年轻人认为艺术家是一个安全的职业，一个政府重视、国家需要的职业。因此，原本可能他的艺术天分不足以让他有信心从事专职艺术创作，但政府资助犹如给他吃了定心丸，让他最终选择了可能并不是最适合他的艺术家职业，从而导致艺术家队伍越来越庞大。尽管社会对艺术和艺术家的需求是无限的，但艺术市场的容量却很有限，超过市场容量的艺术家进入艺术市场是社会资源的极大浪费。

四　艺术消费者

从福利经济学角度看，公共资助为艺术消费者降低开支，分担票价，是服务型政府的政治承诺和文化福利。但这种福利的分配却没法通过资助实现帕累托最优效应和社会福利的最大化，因为福利对象文化水平不同，消费品位不一，消费频次各异，因此无法做到分配均等。政府资助文化事业的利益事实上具有累退性质，因此将有可能会违反公平课税原则。具体来说，政府资助文化事业用的是全体纳税人的钱，虽然消费频次较低的纳税人也间接享受了文化涵养带来的好处，但调查表明，学历和收入水平是影响艺术消费和文化参与的两大要素，艺术消费和文化活动参与率较高的群体还是以高收入、高文化程度群体为主。在边际消费倾向递减的情况下，商品课税的累退性导致高收入群体的税负随着收入的增加负担变小，而低收入群体本来就由于消费性开支占其收入的比重大而形成税负较重的事实，现在加上还要为不直接消费的文化活动纳税就更加重了社会税负不公趋势。

文化资助有利于艺术消费频次较高的消费者毋庸置疑，但有利于富裕的还是贫穷的艺术消费者却因各国税收制度而异。比如在澳大利亚，"因为富人参加艺术活动要比低收入者频繁得多，所以他们也从补贴中获得更多的收益。……超过了他们为支持补贴而缴纳的税收，而低收入者所获得的收益则不足以弥补其缴纳的税收。"① 因此艺术补贴会使收入分配变得更加不合理。而 "美国对艺术的补贴以及向它们缴税的联合影响略微有利于穷人。那些收入达 50000 美元及以上水平的人所缴纳的税收很显然高于他们所获得的艺术补贴;那些收入在 25000~50000 美元之间的人基本上可以达到收支相等,而那些收入低于 25000 美元的人则是净收益者。"②

中国当前的文化财政支出占总支出的比例较小,因此对文化的公共资助还不足以造成对社会公平的严重威胁。而且在文化行政过程中,政府也常通过向低收入群体较常参加的文化项目倾斜资助、向特定群体公开派发免费票或文化消费券、在官网或微信公众号发布抢票信息、送戏下乡、社区/乡村电影放映队等形式尽可能弥补政府文化资助有可能对艺术消费者造成的社会不公。

尽管文化资助可能先天性地存在上述弊端,而且还处于自相矛盾、复杂吊诡的纠结缠绕状态之中。但我们也必须清醒地意识到,无论是从世界文化发展理论还是从各国文化发展实践来看,没有哪个国家不需要文化资助,无论是来自政府的公共资助,还是来自民间的企业和私人资助。而且,对资助的监管和控制也是必需的、不可避免的。对于公共资助而言,因为政府投入的是国家公帑,是全体纳税人的贡献,它必须为纳税人创造价值,必须代表纳税人的利益并接受纳税人的实时监督;而对于企业和私人资助而言,适度的监管和干预有助于防范经济资本对文化公共性的侵蚀。

评估一项政策,必须考虑其效率及公平,才可以进一步评判其是否应该实施。政策的实施应全面考虑其整体性效果,以求社会效益的最大化。作为文化政策的制定者不仅要兼顾公平,也要考虑效率;既要考虑个人利益,也要考虑国家利益。资助文化,有助于保存民族文化,发展

---

① 〔美〕詹姆斯·海尔布伦、查尔斯·M. 格雷:《艺术文化经济学》,詹正茂等译,中国人民大学出版社,2007,第 241 页。
② 〔美〕詹姆斯·海尔布伦、查尔斯·M. 格雷:《艺术文化经济学》,詹正茂等译,中国人民大学出版社,2007,第 242 页。

民族创造力，提升国家形象；同时，从经济层面考量，文化也能带来巨大的经济效益。只是我们需要在资助的同时，通过制度设计和政策导向保持文化独立自主的发展空间。

多年致力于艺术行政研究和艺术教育的英国伦敦城市大学教授费约翰在其专著《艺术与公共政策——从古希腊到现今政府的"艺术政策"之探讨》中认为："艺术本身决定了其呈现方法自有一套市场推广制度。它的本质已建议我们采用一套如何更有效地资助及推广艺术的管理制度。我们不能够从历史套取，或者从不同的文化中采摘各种制度（例如政府或者私人资助制度），然后把它们放到自己的社会，期望艺术会从此蓬勃发展。有时候我们可以就法律和资助制度与其产生的艺术之间的关系学习到不少东西，但我们永远不能够采纳一种制度，例如陪同津贴制度（Matching Grant System），或者'一臂之距'（Arm's Length）的艺术评议会制度（Art Council System），然后随便把它放到不同文化背景的社会。"[1] 因此，我们要做的只能是既要通过资助履行政府、企业和社会个体的职责，同时又要通过科学的制度设计规避资助可能带来的弊端，寻求帕累托最优效应。要解决中国的现实问题，我们需要借鉴先进国家的文化资助制度，再盘点我国文化资助家底，结合我国国情，运用管理学、经济学、艺术学等跨学科研究方法，在充分考量艺术特质及文化特殊性等因素的基础上，制定出一套科学、合理、有效、适合我国社会发展水平和历史文化传统的文化资助制度。

---

[1] 〔英〕费约翰：《艺术与公共政策——从古希腊到现今政府的"艺术政策"之探讨》，江静玲编译，桂冠图书股份有限公司，1995，第 11 页。

第二章　国外文化资助体系

　　根据文化资助主体在各国文化资助实践中所占比重的不同，有学者将文化资助模式分为三种：以美国和澳大利亚为主的民众主导型；以法国、德国和俄罗斯为主的政府主导型；以英国、芬兰为主的中介主导型。由于美国、法国和英国的文化艺术发展在世界范围内处于领先水平，并且代表着三种不同的资助模式，① 而韩国既承袭着东亚文化传统，又较早学习西方文化治理经验，形成了独具特色的东亚文化治理模式，对中国具有较强的参照性。因此本书将以美、英、法、韩四个国家的文化资助体系和制度设计经验为例，分析先进国家的文化资助模式，以求对我国文化资助体系构建提供参照。

第一节　美国文化资助体系

　　"二战"前，美国的艺术地位相对欧洲来说一直处于二流水平。"二战"后，纽约逐步成为西方当代艺术中心。为什么当代美国艺术能迅速崛起并持续呈蓬勃发展态势？从艺术生态学的角度来看，艺术的繁荣从来都不能脱离它背后的社会政治环境和经济条件，单靠艺术内生性的自然发展显然不够。繁荣的经济、开放的社会、宽松的文化氛围、有力的政策杠杆、健全的法制保障，对推动一个国家或地区文化事业的整体发展发挥着重要作用。本节将研究美国文化资助体系的发展历程、组

---

　　① 刘洋、董峰：《论西方艺术资助的基本模式》，《吉林艺术学院学报》2014 年第 4 期，第 49 页。

织架构、立法保障及运作特点，以期对中国的文化资助制度设计提供借鉴。

一　美国文化资助体系发展历程

关于艺术是否应该被资助以及政府是否应该用纳税人的钱资助艺术在美国曾经有过激烈的争论。美国民众对官方介入文化交流与传播比较反感，因此政府对文化活动的介入比较谨慎，其对外文化交流往往通过宗教组织、教育文化组织及文化艺术类基金会等形式开展。

在 18~19 世纪，政府唯一资助的艺术种类是公共建筑、装置艺术及纪念碑；19 世纪末，私人资助艺术之风日益兴盛；从 20 世纪开始，联邦政府通过减税制度鼓励私人资助艺术，但还是有很多美国人反对将税金花在先锋艺术或者挑战主流文化和传统价值观的艺术作品上；20世纪末 21 世纪初，伴随着对色情、不体面、亵渎艺术等争论的产生，联邦政府对艺术组织和艺术家的资助大幅削减；[①] 美国众议院议员威廉·麦考伊（William McCoy）曾不客气地批评道："如果没有政府的支持艺术不能繁荣，那么就让它衰落吧！"[②] 经过激烈争论，今日联邦政府基本上达成如下共识：政府理应资助艺术，但绝不应成为艺术的独家资助人，企业、第三部门和个人都应分担责任，并在承担责任的过程中找到适合自身的盈利点。

（一）18 世纪晚期至 19 世纪中期：清教徒反对政府资助文化

由于早期的宗教和文化传统，美国政府迟迟没有介入文化事务，更谈不上制定文化政策。早期移民美洲的英国清教徒强烈反对英国皇室和教会在艺术上的过分奢华，因此殖民地时期的美洲基本上没有公共艺

---

①　Victoria D. Alexander. Art and the State—The Visual Arts in Comparative Perspective. 2005：19.

②　Alan Howard Levy. Government and the Arts：Debates over Federal Support of the Arts in America from George Washing ton to Jesse Helms. University Press of America. 1997：13.

术。美国民众对艺术的尊重常常是矛盾的，精英阶层也认为资助艺术可能导致艺术的政治化倾向，这种矛盾导致的后果是政府对艺术的作用十分有限。正如第二任总统约翰·亚当斯（John Adams，1797~1801 年在位）曾说过的："我必须研究战争，这样我的孩子才可以研究政治学；而他们的孩子将来才可以研究艺术……"① 当时的美国国家领导人认为在建国初期，政府的当务之急是实现经济、政治和社会的发展，至于发展艺术事业则是下一步的事情。

（二）19 世纪晚期至 20 世纪初：政府启动文化资助

19 世纪晚期至 20 世纪初，美国在国际事务中扮演了日益重要的角色并开始努力树立国家形象，提升国际地位，一些国会议员因此号召政府支持文化事业。但大多数人认为对文化事业提供财政支持是不现实的；20 世纪初，联邦政府初步显示文化资助意愿，西奥多·罗斯福（Theodore Roosevelt，1901~1909 年在位）成为公认的艺术拥护者。他曾在白宫款待艺术家并资助艺术表演；1909 年，他发布了建立美术理事会（Council on the Fine Arts）的命令，他的继任者威廉·霍华德·塔夫脱（William Howard Taft，1909~1913 年在位）令国会批准成立艺术委员会（Commission on the Arts），给予每年拨款 10000 美元的预算。②

（三）罗斯福新政时期：规模最大的政府文化资助工程

富兰克林·德拉诺·罗斯福（Franklin Delano Roosevelt，1933~1945 年在位）新政时期的联邦艺术计划是美国有史以来规模最大的政府支持艺术的工程。1929~1933 年，美国处于经济大萧条时期，罗斯福上台伊始便开始推行新政。政府在大力恢复经济的同时，也采取了系列艺术扶持计划，具体措施为建立公共艺术工程计划（Public Works of

---

① Alan Howard Levy. Government and the Arts: Debates over Federal Support of the Arts in America from George Washing ton to Jesse Helms. University Press of America. 1997: 5.

② 参见陈佳桦《美国联邦政府与艺术资助模式》，厦门大学硕士学位论文，2008，第 12~14 页。

Art Project）。1934 年 10 月，美国财政部成立了一个绘画和雕塑组，为全国的公共建筑提供雕塑和绘画，艺术家需要通过竞争的方式获得委托。在新政第二阶段的 1935 年 8 月，在为解决失业问题而成立的工程振兴局（the Works Progress Administration）之下设立了联邦艺术计划（Federal Art Project）。该计划对艺术自由的强调在无意中成为纽约画派——抽象表现主义诞生的孵化器，对美国文化的发展和民族精神的塑造起到了非常重要的作用。①

（四）1950 年代后：逐步重视文化资助

罗斯福新政对文化大规模的资助并没有立即促成文化与政府的持续结合。1940 年代末至 1960 年代初美国文化事务主要还是靠私人资助，但随着美国逐步涉入国际事务，政府对文化的发展日益关注。

德怀特·D. 艾森豪威尔（Dwight D. Eisenhower，1953～1961 年在位）总统个人坚信有限政府权力，反对联邦政府对文化资助进行干预。后来当他意识到文化具有政治外交作用、美国政府在文化资助上远远落后于其他发达国家时，才开始适度向文化倾斜。②

约翰·F. 肯尼迪（John F. Kennedy，1961～1963 年在位）政府为国家给予文化更大资助做出了较大贡献。肯尼迪总统对总统艺术顾问提议建立"国家艺术基金会"报告的回应是："在美国社会中，政府是绝对不能取代私人或私人组织赞助的角色和功能的。但是政府却应该帮助创立艺术繁荣发展的环境。"③

林登·约翰逊（Lyndon Johnson，1963～1969 年在位）总统将文化政策纳入其"伟大社会"的福利计划中。在其任上的 1965 年，国家艺

---

① 参见张敢《罗斯福新政时期的美国艺术》，《中国美术馆》2007 年第 2 期，第 43～47 页。
② 参见陈佳桦《美国联邦政府与艺术资助模式》，厦门大学硕士学位论文，2008，第 19 页。
③ 参见陈佳桦《美国联邦政府与艺术资助模式》，厦门大学硕士学位论文，2008，第 22 页。

术基金会和国家人文基金会正式成立，成为美国文化资助史上一件具有
里程碑意义的大事。约翰逊总统认为：正是在我们的艺术作品中，我们
得以对自己、对别人展现内在的愿景，指引我们建成国家。

罗纳德·里根（Ronald Reagan，1981～1989 年在位）政府的"新
起点"计划使国家艺术基金会经历了经费削减的阶段。1989 年，美国
民众向以安德列斯·塞拉诺《尿泡耶稣》和罗伯特·马普列索尔普表
现同性恋的作品为代表的"是非之作"发起进攻，导致乔治·H. W. 布
什（George H. W. Bush，老布什，1989～1993 年在位）政府要求对提交
资助申请的艺术项目进行审查。国会认为决不能用税金资助色情、猥亵
或者挑衅主流价值观的艺术作品。

乔治·沃克·布什（George W. Bush，小布什，2001～2009 年在
位）政府大幅增加了对国家艺术基金会的拨款；2008～2009 财政年度，
国家艺术基金会的拨款达到 1.44 亿，比上年增加了 2000 万，是近 30
年来最大的一次增长。[①]

巴拉克·侯赛因·奥巴马（Barack Hussein Obama，2009～2017 年
在位）十分重视文化政策，制定了史无前例的支持艺术教育和艺术组织
的计划，同时为艺术家改变免税代码。[②] 2009 年 1 月 20 日宣誓就职总
统的前 5 天，奥巴马就将包括舞蹈、音乐、博物馆等知名团体在内的美
国艺术联盟负责人召集到华盛顿临时指挥部，引发媒体的极大关注。在
竞选宣言中奥巴马也表示，艺术必须为了国家而重新振作。在他的就职
典礼上，4 位古典音乐家登台亮相，表现出美国政府多年来一直缺乏对
文化的致敬和对艺术再生的信心。

美国现任总统唐纳德·特朗普（Donald Trump，2017 年 1 月 20 日
上任）上任伊始就实施文化资金削减计划，提议关闭美国国家艺术与人
文基金会等四大联邦文化机构，以实现接下来 10 年内削减联邦预算
10.5 万亿美元的目标。2017 年 3 月 16 日，特朗普政府颁布了 2018 年

---

① http：//www. nea. gov/about/08 Annual/index. php. 2010 – 06 – 29.
② http：//www. artnews. cn/artenws/gjxw/2008/1106/10606. html. 2010 – 09 – 13.

的年度财政预算方案，其中包括取消国家艺术基金会和国家人文基金会的所有财政预算。同时国家博物馆图书馆学会和公共广播公司也未能幸免。① 虽然这一消息此前早已在文化艺术圈疯传，但一经证实和宣布还是犹如一颗炸弹，对无数美国艺术家和艺术组织造成了毁灭性的打击。自特朗普就职以来，文化界以各种方式抗议特朗普政权对艺术的不屑和对文化的漠视。

二 美国文化资助体系的组织架构

（一）联邦政府文化资助机构

美国深受民主政治观念影响的文化传统和高度重视公民主体性的立国精神使美国人深信不能用公共资金资助任何带有个人色彩的活动。他们认为艺术价值与道德观一样具有主观性、武断性，政府对艺术价值的判断常常不准确或者不可避免地带有政治化倾向，而真正民主的社会不应强迫人们接受官方对艺术价值的判断，因此不时有学者发出政府不宜资助艺术的呼声。

因此美国政府在介入艺术及人文事务时格外谨慎。作为一个联邦制国家，美国的公立博物馆、图书馆、广播电视、文化遗产保护等公共文化机构都是分散的、受不同议会监督的。因此，美国没有全国性的文化部，没有专门、权威的中央部门集中管理文化事务，但它有众多全国性的文化中介机构，其中与资助有关的机构主要有国家艺术基金会（the National Endowment for the Arts，NEA）、国家人文基金会（the National Endowment for the Humanities，NEH）、国家博物馆图书馆学会（the Institute of Museum and Library Services，IMLS）、公共广播公司（the Corporation for Public Broadcasting，CPB）等。这些机构接受联邦政府的拨款并代表政府按照各委员会的决议对相应的文化机构和艺术家提供资

---

① https：//hyperallergic.com/365684/trump – budget – calls – for – end – to – national – endowments – for – the – arts – and – humanities/. 2017 – 07 – 01.

金支持和技术援助。这些机构没有制定政策和行政管理的职能，对艺术行为和文化观念也没有"管理权"，其影响力仅在于通过调配手中有限的资金给那些值得支持的项目，在文化管理领域发挥协调和组织作用。

1. 国家艺术基金会（NEA）

国家艺术基金会成立于 1965 年，其成立依据是《国家艺术及人文事业基金法》，其宗旨为发展美国艺术，保护美国文化遗产，孕育优秀的艺术人才和作品。国家艺术基金会每年定期发布年度报告，向公众汇报一年来所取得的成绩、获得的拨款及资金使用情况。其决策小组是国家艺术委员会（National Council on the Arts），1998 年以后由 14 名总统任命的杰出艺术家、学者、艺术资助人和 6 名国会议员组成，该委员会此前由 26 名委员组成。艺术委员会成员评议艺术家和艺术机构的资助申请，并向 NEA 的主席做出推荐，由主席审阅并做出最后的资助奖励决定。[①] 2016、2017 财政年度，NEA 从联邦政府获得的财政拨款分别是147949000 美元、149849000 美元。[②] 2018 财政年度，NEA 从联邦政府获得的财政拨款为 148831000 美元；2018 年 2 月，NEA 向联邦政府提交的 2019 财政年度预算请求只有维持到 NEA 关闭为止的 28949000 美元的人员工资。[③]

2. 国家人文基金会（NEH）

国家人文基金会与国家艺术基金会成立的法律依据、成立时间都一样，使命和愿景也都是致力于美国人文艺术的提升和文化资产的保护。但这是两个独立的组织，分别从事艺术与人文资助的组织工作。NEH 通常会拨款给博物馆、档案馆、图书馆、大学、公共电视台和广播电台等

---

① http：//www. nea. gov/about/08 Annual/2008 – NEA – Annual – Report. pdf. 2010 – 06 – 02.

② https：//www. arts. gov/sites/default/files/NEA – FY18 – Appropriations – request. pdf. 2018 – 04 – 13.

③ https：//www. arts. gov/sites/default/files/NEA – FY19 – Appropriations – Request. pdf. 2018 – 04 – 13.

文化教育机构和个人。① 国家人文基金会内部亦设有国家人文委员会（National Council on the Humanities），由 26 名委员组成，其产生方式是由总统提名，经参议院同意。委员们在人文方面均有卓越的成就，但他们结束任期的时限并不一致。2015～2016、2016～2017 财政年度，NEH 获得的联邦财政拨款分别是 146021000 美元和 147942000 美元；2016 年 2 月，NEH 向国会提交的 2016～2017 财政年度预算请求是 149848000 美元。② 在 2017 年 5 月和 2018 年 2 月 NEH 向国会提交的预算请求中，NEH 分别为 2018～2019 财政年度申请了 42307315 美元的终止经费（terminating funding），为 NEH 将可能于 2019 年关门做准备。NEH 副主席 Jon Parrish Peede 先生表示，该机构将继续工作至财政预算案辩论（budget debates）开始。③

3. 国家博物馆图书馆学会（IMLS）

美国国家博物馆图书馆学会是 1996 年依据《博物馆图书馆事业法》合并重组而成的。学会为独立的联邦机构，是全美 123000 个图书馆和 17500 个博物馆最大的联邦财政来源。其具体工作为从国家层面与各州和地区文化机构合作，对各级博物馆（包括动植物园、水族馆及相关科研培训中心）、美术馆和图书馆（包括档案馆、历史研究学会和高等教育机构）提供技术援助和资金支持。博物馆图书馆学会的资助在美国庞大的博物馆图书馆系统中发挥了杠杆作用，带动着其他公共和私人资金投入博物馆图书馆事业。④ 2016～2017、2017～2018 财政年度，联邦政府对国家博物馆图书馆学会的财政拨款分别是 231000000 美元、240000000 美元。⑤

4. 公共广播公司（CPB）

公共广播公司是美国根据 1967 年《公共广播法案》（*the Public*

---

① http：//www. neh. gov/whoweare/index. html. 2010 - 06 - 24.

② https：//www. neh. gov/files/2018_ appropriations_ request. pdf. 2018 - 04 - 13.

③ https：//www. neh. gov/files/full_ budget. final_ . fy19. pdf. 2018 - 04 - 13.

④ http：//www. imls. gov/pdf/2011_ Guide. pdf. 2010 - 06 - 24.

⑤ https：//www. imls. gov/sites/default/files/imls - appropriations - table - 2016 - 2018. pdf. 2018 - 04 - 13.

Broadcasting Act）成立的非营利性组织，用于统一管理全国的公共广播电视机构。其使命为支持公共广播电视机构的发展，为公民确保非商业、高质量的广电通信服务，鼓励有创新风险的节目，致力于满足那些得不到或很少得到媒体服务的群体尤其是儿童和少数民族观众的需求。① 该机构由美国国会直接拨款，具体工作为分配联邦政府的拨款、向社会各界争取捐助、支付全国性节目的制作费、组织各广播电视台之间的联系、实施研究和培训计划、建立影片和胶带资料馆等。

（二）州及地方文化机构

除了国家级的文化机构，美国各州和地方政府一般也设有类似机构。各级文化机构作为州及地方政府的办事机构，负责审批文化拨款项目，建立健全文化资金管理程序，保证艺术家、艺术组织和公众在计划执行过程中的广泛参与。在国家艺术基金会成立以前，就有 7 个州和约 100 个社区建立了自己的艺术机构。犹他州艺术机构建立于 1899 年，是美国的第一个州艺术机构；接下来是 1960 年建立的纽约州艺术机构；在 20 世纪六七十年代，各州陆续建立了自己的艺术机构。如今全美有 50 个州艺术机构和 6 个海外领地艺术机构（State Arts Agencies，SAAs），此外，还有 6 个跨越州际限制的地区性艺术组织（Regional Arts Organizations，RAOs），② 均为非营利组织，也是 NEA 等国家艺术机构的合作伙伴。他们的活动经费来自政府拨款、NEA 等公共机构和其他基金会、公司和个人，其中有 20 个州艺术机构直接从州立法机构获取拨款。有些州比如马萨诸塞州发行了艺术彩票。至于地方艺术机构（Local Arts Agencies，LAAs 和 State Arts Agencies，SAAs），全美有 3800

---

① http：//www.cpb.org/aboutcpb/goals/goalsandobjectives/. 2010 - 06 - 24.

② 这 6 个地区性艺术组织分别是：Arts Midwest，Mid - America Arts Alliance，Mid Atlantic Arts Foundation，New England Foundation for the Arts，South Arts and Western States Arts Federation，该组织 2009 年的经费为 4110 万美元（41.1million）。http：//www.usregionalarts.org/. 2010 - 06 - 02.

个，其中25%的是市或县政府机构，75%的是非营利组织，① 一些机构直接从市政府获得拨款。②

（三）文化以外的政府部门

美国文化部门以外的其他一些政府部门和公共机构也以不同方式为文化提供支持。很多本身与艺术没有直接关系的政府部门承担着资助艺术项目的任务，比如内务部有拯救美国文化遗产项目；总务管理局负责美国的艺术与建筑项目；林务局资助民间艺术和工艺的展示以及在许多国家森林（Nationa Forest）公园举办的艺术表演活动；许多国家公园都收藏艺术品，国家公园管理局通常也会支持艺术家的常驻演出项目；国防部主管的很多军队经常邀请知名艺术家前往演出，政府的一些大型艺术项目也由军方管理，每年军乐队的预算超过1亿美元；美国军队拥有1万多件艺术品。另外有的政府部门的工作本身就包含艺术发展部分，比如教育部寓艺术于教育发展项目，直接为艺术事业培养人才和观众，提升人们的艺术素养。

总之，美国的文化资助机构既集中又分散，既有政府部门又有相对独立的非政府部门和私人部门，这自上而下、层层设立的大小不一、性质多样的文化机构组成了一套体系完备、运作灵活、耗费较小的国家文化资助运作机制。

三 美国文化资助的立法保障

美国较早通过文化立法来管理文化、激发人们的文化资助热情。1789年颁布的《美国宪法》第一条就规定了文化条款。经过历届政府

---

① 〔美〕凯文·文森特·马尔卡希：《正在撤资的联邦文化政策——从特朗普政府取消国家艺术基金会说起》，李凤亮主编《文化科技创新发展报告（2017）》，社会科学文献出版社，2017，第279页。

② J. Mark Davidson Schuster. Supporting the Arts: An International Comparative Study. U. S. Government Printing Office: 1985 - 527 - 861/30581. 13.

建设、数次修改完善，美国逐渐形成了较为完善的支持文化事业的法律和税收政策体系。

（一）《国内收入法》等法律对美国文化的繁荣起到了决定性的作用

一个世纪以来，美国以社会整体利益最大化为目标，不断修正慈善捐赠法律条文，逐渐形成了一套完整的法律体系来保障和推进慈善事业的健康发展。1917 年的《联邦收入法案》极大地鼓励了私人资助文化事业；1922 年，美国海关条例第 1704 条规定，凡进入美国境内的艺术品一律免税。此举大大提高了民众从世界各地搜罗艺术精品的热情；1996 年修改的《国内收入法》规定：在一个纳税年度内，个人慈善捐款的扣除额最高可达该捐赠人应纳税所得额的 50%，企业捐赠的最高扣除额为在不考虑慈善捐赠扣除、净经营亏损结转、资本利亏结转或收受股息的扣除时所计算的应税所得的 10%。① 2004 年，作为对《国内收入法》的补充，美国议会还通过了一项旨在鼓励艺术家向艺术机构捐赠艺术品的法律，规定艺术家向艺术机构捐赠的艺术品包括文学、音乐、艺术作品和学术论文等可以按照市场价格获得税收减免。

（二）《基金法》等法律保证政府资金的投入

1965 年，美国国会通过了自大萧条以来第一部支持文化艺术事业的法规《国家艺术及人文事业基金法》。依据此法，美国创立了国家艺术基金会与国家人文基金会，并设立了联邦艺术与人文事业委员会。这一立法，保证了美国每年对文化事业的投入资金保持在一定比例。

（三）《文物法》等法律保护国家文化遗产

美国 1906 年《文物法》规定，为禁止故意破坏文物的行为，在联

---

① 周浩：《〈美国国内收入法典〉对于慈善捐赠的规定》，人民法院网，http://www.chinacourt.org/html/article/200806/05/305889.shtml，2010 年 7 月 2 日

邦土地上进行任何文物发掘都必须事先取得许可。① 为有效控制文物走
私，美国 1979 年又出台了《考古资源保护法》；1976 年通过的《民俗
保护法案》为美国民俗文化遗产的保护尤其是无形民俗文化遗产的保护提供了
法律保障；1990 年通过的《美国原住民墓葬保护与赔偿法案》，将墓地
艺术和艺术作品列入"不可剥夺的公共财产"。

（四）《版权法》等法律保护艺术家权益

艺术家是优秀艺术作品的来源，保护艺术家权益对激发他们的创造
热情至关重要。美国在这方面建立了完备的法规体系。其中，《版权
法》是对艺术家最大的支持。1790 年《版权法》是美国国会发布的第
一部版权法，此后为适应录音等新技术的出现被多次修改，同时也延长
了创作者受保护的时间，目前在美国，作者去世后 70 年内拥有版权。

此外，美国还通过立法鼓励民众做义工，而文化义工因其特殊的工
作环境和行政尤其令人青睐。比如 1997 年美国国会通过的《联邦志愿
者保护法》意在减少志愿者在参与志愿活动时所承担的责任风险，保护
志愿者因疏忽而导致的物质和精神方面的损失，从而鼓励志愿工作的开
展。此类法律使得争做"文化义工""文化志愿者"的现象在美国蔚然
成风，减轻了文化机构的运营成本，也调动了民众的参与热情。

四 美国文化资助体系的运作特点

（一）政府直接资助比例小，资助重心下移

美国文化资助方式除少部分是政府直接资助外，主要方式仍是间接
资助。政府直接资助文化事业的总量仅占 13%，而其中又只有 9% 来自
联邦政府（其中不到 1% 的资金来自国家艺术基金会），这些政府资金
不包括为非营利艺术机构提供的大量减免税措施而带来的间接资助。②

---

① 〔美〕伦纳德·D. 杜博夫：《艺术法概要》，周林等译，中国社会科学出版社，1995，
第 15 页。
② 参见陈佳桦《美国联邦政府与艺术资助模式》，厦门大学硕士学位论文，2008，第 65 页。

以 2015 财政年度美国政府对公共广播电视的资助情况为例，当年美国公共广播电视系统收入来源如表 2 - 1 所示。

表 2 - 1　2015 财政年度美国公共广播电视机构收入来源情况

单位:%，美元

项目	收入来源	占总收入百分比	数额
1	捐赠	31	946282000
2	CPB 拨款	14.6	444750000
3	商业	15.2	464287000
4	基金会	9.5	290445000
5	州政府	8.9	270582000
6	州立学院和大学	7.4	227048000
7	投资与不缴税收入	1.9	58957000
8	地方政府	2.5	76195000
9	私立学院和大学	1.9	58040000
10	联邦资助与合同授权	1.2	35069000
11	其他学院和大学	0.4	12482000
12	其他	5.4	163850000
13	总计	100	3047987000

资料来源：CPB 官网，http://www.cpb.org/files/reports/revenue/2015Publi cBroadcastingRevenue.pdf。

由表 2 - 1 可以看出，联邦政府的总拨款为第 2 项与第 10 项之和，占公共广播机构总收入的 15.8%；政府资助为联邦政府与州政府、地方政府资助之和，占总收入的 31.6%。由此可见，对于运营举步维艰的公共广播电视机构，即使为了捍卫神圣的"公共利益"，政府的投入也不会占太大比例。

即使是十分有限的联邦政府拨款，国会也会通过附加条款要求国家级公共文化机构逐步加大向州及地方文化机构拨款的比例，减少国家级文化机构直接向艺术机构和艺术家个人的直接拨款，以此推动更多平时较少接触艺术的民众亲近艺术、享受艺术，避免直接资助有可能造成的片面和武断。比如国家艺术基金会和国家人文基金会每年向各州及地方艺术机构拨款一次，至于拨款金额，1973 年国会要求比例为年总基金额的 20%，这一比例一直维持到 1990 年代。1998 年之后国会要求 NEA 划拨更多资金给州艺术机构，因此拨款比例增加至 40%，近年一直保持着这一比例。① 除了下拨给合作伙伴，NEA 的其余款项则直接用于向各个艺术人文领域内的个人及团体有关项目提供直接资助，也用于优秀艺术成就的奖励。

这种资助重心下移的特点在近年表现得尤其突出。以国家博物馆图书馆学会的经费分配机制为例：2010 年 2 月，奥巴马总统为该学会向国会申请 265869000 美元作为其 2011 财政年度的经费，预计将其中的 213523000 美元拨给图书馆，这笔经费的约 80% 即 172500000 美元被分配给了 50 个州的州图书馆管理机构（the State Library Administrative Agencies，SLAAs）和哥伦比亚特区。② 这些经费的指向十分明确：用于帮助基层图书馆运用新技术扩展新的服务模式，主动加强对较少享受到信息服务人群的对口服务，从而满足大众信息需求。

另外，NEA 近年专门针对平常很少接触到艺术的社区和个人推出艺术项目，弥补过往的 "服务不足"，比如 "挑战美国：到达每一社区" 项目预算也达到 6998000 美元。③ 另外从 NEA 的年度报告亦可看出，针对社区艺术普及的项目往往申报成功率较高。这些有明确指向性的艺术扶持计划在一定程度上促进了公民文化权益的公平实现，推动了多元文化的发展。

（二）陪同资助，风险分散

经费分担、陪同资助是美国文化资助体系的主要模式。政府只负责向文化机构和艺术家个人提供 "种子资金"，其余所需经费则由基金会、企业赞助和慈善家捐助。政府的资助手续比较复杂，从提供资助指

---

① Victoria D. Alexander. Art and the State—The Visual Arts in Comparative Perspective, The American System of Support for the Arts: Artists and Art Museums, Oxford: Palgrave Macmillan in association with St Antony's College, 2005: 36.

② http://www.imls.gov/news/2010/020110.shtm.2010 - 06 - 20.

③ http://www.nea.gov/about/07Annual/AR2007.pdf.144.2010 - 06 - 27.

南，到组织申报、遴选资助对象以及管理项目都有烦琐而严密的程序，只有那些手头有较好文化项目并有较高积极性和一定申请技巧的艺术机构和个人才可以得到。一旦获得政府资金，还必须为项目寻找"陪同伙伴"即政府以外的资金来源。而且，即使是政府部门和它们的合作伙伴之间的经费划拨也要"陪同"，比如 NEA40% 的预算直接拨给州艺术机构，各州也必须按至少1：1的比例陪同资助。① 这种"陪同"也叫联合融资，美国政府通过这样一种制度设计调动起社会各方面的力量和热情共同完成文化项目计划，并在资助文化事业的过程中找到了自身价值，而政府也实现了孕育卓越艺术、为大众提供文化福利的愿景。

国家艺术与人文基金会规定对任何具体项目的资助总额都不超过所需经费的50%。因此各艺术团体或艺术家若有意获得政府补贴，必先从企业或其他途径筹集到至少与政府资助数额相当的资金。比如美国国家交响乐团每年得到的国家艺术基金会的拨款只占其总费用的10%，其余款项需由地方、企业及社会予以资助。因此，美国艺术团体的一些演出节目单上总是密密麻麻地印满资助者的名字。显然这种陪同资助的资金匹配方式有效地调动了各州、各地方乃至全社会资助文化事业的积极性，也调动了各艺术团体、艺术家的积极性。同时，通过多方考察，既确认了该项目的社会与艺术意义，又提高了项目的可实施度，避免了无效或低效投入。

大多数非营利性的表演艺术团体凭借民间资助减少了对政府资助的依赖。而且即使是政府资助也主要由州与地方政府负责，联邦层级的国家艺术基金会则负责资助全国性的优秀表演艺术和视觉艺术活动，因此联邦层级的国家艺术基金会业务范围不大，即使其1996年开始面临经费削减危机，也不至于严重影响资助业务的执行。分散策略较好地减少了集中资助可能带来的风险。另外，各州、地方文化机构以及其他非营

---

① Victoria D. Alexander, Art and the State—The Visual Arts in Comparative Perspective, The American System of Support for the Arts: Artists and Art Museums, Oxford: Palgrave Macmillan in association with St Antony's College, 2005: 20.

利组织对文化资金都没有直接使用权，而且每一笔分散的资金相对于总额来说数量较小，不会对任何文化项目造成大的影响，更不会形成对某些项目的干涉或操控，一定程度上保证了艺术的民主性和文化的独立性。

五　美国文化资助体系对我国的启示

（一）文化需求在经济和社会发展到一定阶段之后凸显

通过追溯美国政府介入文化资助的发展历程，我们很容易发现：无论是来自政府还是个人的文化需求都建立在经济和社会发展到一定阶段的基础上。美国建国之初，首脑们往往认为政府首先要发展经济，前述约翰·亚当斯总统的名言具有一定的代表性，当时私人资助也还未发展起来。后来，由于钢铁、铁路、汽车、石油、煤矿等工业的兴起造就了众多富豪，之后出现了大量私人资助的美术馆、图书馆和文化艺术类基金会，各种艺术活动紧跟着经济的发展而开展起来，带动了艺术消费市场的勃兴和民众参与文化活动的积极性，政府的文化资助活动也由此进入公众视野。由此可见，一个健全的社会发展到一定阶段后自然而然会产生文化的诉求，政府应及时回应这一诉求，履行提升公民生活品质的职能。

虽然美国建国历史不长，也没有深厚的文化传统，而且商业氛围浓厚，但特朗普政府之前的美国从政府部门到民间社会都尊崇文化，并且为文化的繁荣身体力行，出钱出力，这一风气"二战"后尤盛。正如NEA的理念"伟大的民族需要伟大的艺术"所昭示的，又如 1965 年詹姆逊总统所言：正是在我们的艺术作品中，我们得以对自己、对别人展现内在的愿景，指引了我们成为国家。① 可以说美国最先领悟如何使一个文化资源小国变成文化产业大国，并使文化有力地服务于其全球扩张

---

① 转引自〔美〕Toby Miller、George Yudice《文化政策》，蒋淑贞、冯建三译，巨流图书有限公司等，2002，第 79 页。

战略。他们想通过丰富的艺术创造显示自己不仅自然资源丰富，而且"文化矿藏"同样丰富，不仅在物质文化的创造上具有绝对优势，而且在精神文化上也雄踞全球之首。

随着经济的迅猛发展和国力的强劲增长，中国的文化地位与其经济大国地位越来越不相称，民间社会也亟需文化的提升和精神的指引。当前，"文化大发展大繁荣"目标的确立适逢其时，政府应意识到发展文化事业的紧迫性，在全社会营造尊重文化、鼓励文化创新的氛围，为民众提供更多文化参与和文化创造的机会。对于目前有些地区以经济实力达不到为由把文化政策当作软指标、执行时打折扣的现象，我们应通过加大财政转移支付力度等措施，助其实现文化建设目标。

（二）文化需要政府资助

关于文化是否需要政府资助，在美国曾引起激烈争议，国家一直回避建立官方文化以免联邦政府成为公共事业的美第奇家族。但美国政府还是施行了文化资助政策，其从无到有、从小到大的过程说明，虽然文化资源的积累和艺术形式的发展是一个内生性过程，但文化的发展不能完全依赖各种社会力量的自然平衡，尤其不能单纯依靠市场的力量。有些无法走市场化路线、市场也没有动力保护、但社会确实需要的公益性文化事业必须由政府出面保护。文化的"自律"一定程度上仍需政策的"他律"来制约，正确的引导、适度的资助，往往能使文化事业获得更健康更迅速的发展。

当然，政府资助也是一柄双刃剑。政府在资助文化的同时，很有可能将其征用为治理工具，将之作为政治领域或者道德行为领域的干预手段，即便是一直宣扬艺术民主的美国也未能例外。20世纪后期美国政府逐步介入文化资助的过程某种程度上可以看作利用了文化的这一附加属性。在美苏冷战的特定政治气候中，艺术曾被当作美国庞大的文化武器库中的一种美丽而尖锐的兵器。

"工具论"决定了艺术的不确定地位。当经济不景气时，首当其冲被削减的财政预算中一定有艺术。美国政府对 NEA 的年度拨款金额的波动曲线可以从特定角度反映出美国经济的兴衰走势以及总统对文化的重视程度。经济缩水的年份文化得到的资助一般也缩水甚至跳水。

"工具论"体现了政府治理的理性选择。文化发展需要政府资助，政府管理需要文化配合，二者若能在博弈中各取所需、完美合作则皆大欢喜。美国确立的"不干预不管制，但提供协助并鼓励发展"的原则目前看来还只是一种理想愿景。

（三）间接支持文化产业发展

美国的文化政策看似无为而治，实则是间接的干预和引导。其文化产业虽然完全交由私人进行市场化运作，政府从不直接资助，但其发展壮大以及文化商品在国际市场上的扩张与政府创造的良好的外部环境不无关系。政府通过国际政治、经济优势支持其文化市场的海外拓展，通过税收优惠鼓励对文化产业的多元化投资，通过法律对文化产业进行约束和规范，同时加大高科技的研发运用，为文化产业提供智力和技术支持。发达的文化产业既是"摇钱树"，也是"传声筒"，在为国家创造巨大的物质财富的同时也创造了巨大的社会效益，为民众提供了丰富的文化产品，不仅创造了社会财富，增加了就业机会，还提升了全民美学素养，提高了社会智识。因此，政府的文化投入可以大幅度向关系公民切身文化权益的公共文化服务倾斜，可以大力资助有潜力的艺术家和社会效益好的群众文化项目，从而实现"卓越艺术家、艺术观众和新的艺术创造形式"的可持续发展。

中国的文化产业目前仍处于培育期，无论是内部的资金、技术、人才还是外部环境和配套政策都需要政府支持。但我们必须明白，在此过程中，政府的角色不应是完全直接参与管理，而应集中在监管和服务方面，致力于营造宽松自由的环境、维护文化市场的竞争秩序以及促进文化产业结构的优化等方向性问题，其余事务则应放手交由市场，而将主要财力、精力用于发展公共文化服务体系，保障公民平等亲近艺术、享受文化权益。

美国是一个非常擅长制度设计的国家，其制度创新精神源于美国文化的实验性，这种实验精神推动其设计出了一套高效运作的文化资助制度体系。通过整合各方资源和力量，美国社会对文化事业的投入是高效的，其产出的能量也是可观的。其完善的公共文化服务体系、发达的文化产业和显赫的国际文化地位与其设计科学、实施得力的资助体系密不可分。我们应合理借鉴其"有限政府"的公共管理理念，将政府的角色设定由文化活动的组织者、实施者转变为文化政策的研究者、制定者和文化事业的监督者、推动者。在大力发展壮大文化中介组织、通过文化资助立法保障社会办文化以及为文化事业拓展多元化资金渠道等方面，美国经验都值得我们借鉴。

但目前特朗普政府大幅削减文化资助的行为使这套资助体系在联邦层面遭受重创，NEA、NEH 已经在做关停准备。成立国家艺术基金会、国家人文基金会的计划形成于约翰·F. 肯尼迪政府时期，实施于林登·约翰逊政府时期，却终结于唐纳德·特朗普政府时期。所幸原本联邦政府的文化资助"仅占联邦预算的 0.002%，人均还不足 0.5 美元"[①]，其资金去向证明了与地方艺术机构相比 NEA 的资助范围和力度非常有限，文化机构得到的联邦政府资助在自身收入中分量较轻，NEA 的资助对于文化机构而言，象征意义远大于经济意义。因此，目前坍塌的只是一小部分力量的象征意义，再次引发了人们对 NEA 作为公共文化机构的性质的讨论和特朗普政府价值取向与政策目标的争议。而且，特朗普政府于 2017 年 12 月通过的以给富人和大公司大幅减税为重要特征的综合分析税法的改革以及逐步取消遗产税的决议给原本处于风雨飘摇中的联邦文化资助政策又添阴霾。"二战"以来，长期由免税政策和慈善事业提供的间接资助对美国文化界至关重要，但综合税改法案对包括文化捐赠在内的整个慈善事业的影响令人担忧。当然，尽管如此也并不代表美国整个文化资助体系运作停摆。如前文所示，还有数量庞大、

---

① 〔美〕凯文·文森特·马尔卡希：《正在撤资的联邦文化政策——从特朗普政府取消国家艺术基金会说起》，李凤亮主编《文化科技创新发展报告（2017）》，社会科学文献出版社，2017，第 274 页。

布局均衡、资助范围广泛的"小型 NEA"——州文化机构、社区文化机构将发挥重要的资助效能。特朗普政府的文化漠视对美国多元化的文化资助体系是一种考验。虽然 1965 年林登·约翰逊总统在签署《国家艺术基金会和国家人文基金会法案》时曾表示：任何先进的文明都应该重视艺术与人文所带来的重要价值，但特朗普总统还是令人遗憾地成了美国历史上第一个从联邦层面停止文化资助的总统，其动议引发的后续效应正在持续发酵。

第二节　法国文化资助体系

法国文化以其令人惊叹的丰富性、创造性和包容性奠定了其世界"文化大国"地位。群星璀璨的启蒙思想家，无与伦比的文学、建筑、绘画、雕塑、时装设计、工业设计等都无不昭示着法兰西对世界文化的独特贡献，某种程度上可以说：法国好比世界思维创造活动的中枢神经。

法国的国家形象和国际地位与其灿烂的文化成就密不可分，而法国文化成就的获得又与其从国家到地方层面健全的资助体系的有效运行密不可分。数百年来，法国始终把发展文化事业作为基本国策，国家大力推动，全民积极参与，企业出钱出力，法律体系健全，高度重视文化传承和创新，文化资源不断由巴黎向全国各地分散，持续的建设终于结出了丰硕的文化之果。

一　法国文化资助发展历程

把文化作为一项全国性的事务，由国家最高统治层进行具体的统一管理和规划，可以追溯到 17 世纪法王路易十三、路易十四统治时期。其时，"中央政府不仅控制着文艺创作审查权，而且是文艺创作最大的资助者。这一时期还成立了全国性的专业艺术机构，承担起文艺人才培养、文艺作品创作的功能，比如音乐学院、美术学院、建筑学院……和皇家手工艺工场（壁毯、瓷器）等。这些措施使当时欧洲国力最强的法国迅速成为欧洲的文艺中心，奠定了法国的文化大国地位。"①

法国强调文化产品不同于其他商品，因此国家应该对文化做出理性规划和严格监管。即使是在动荡的法国大革命时期，中央政府也没有忽视发展文化事业。当时，中央设立了三个重要的文化遗产机构：国家档案馆、国家图书馆和中央艺术馆。法国通过这些公共文化机构，实现了保护民族文化遗产、提升民众文化素养和培养艺术人才的目标。法国王室一开始以艺术资助者的形象出现，在法国大革命时期，卢浮宫被改造成公共博物馆之后，法国提出了"国家遗产"的概念。此后，国家由单纯的"资助者"上升为"国家遗产"的监护者与收藏者。

从拿破仑一世到第二帝国时期，法国政局动荡，但总体上历届政府都坚持了有利于发展文化的政策，并加强了国家对文化事业的控制。19世纪中期，法国政府发起了系列保护古建筑的行动，这就是为什么今天法国能留下众多保存完好的历史建筑的原因；第三共和国时期，法国文化政策经历了自由化思潮的冲击，但最终建立了国家干预的合法性，并且确立了使精英文化走大众化路线的方向；第四共和国时期，法国政府集中精力进行"二战"后重建而无暇顾及文化事业。

法兰西第五共和国时期，夏尔·戴高乐（Charles André Joseph Marie de Gaulle，1959～1969年在位）总统任命著名文学家与政治人物安德烈·马乐侯（Andre Malraux）创立了文化部，并担任法国首任文化部部长前后达10年之久。在他的领导和政府的大力支持下，法国建立了完善的文化政策。马乐侯认为文化部的任务不仅仅要使人民接近艺术，更要让他们真正从心底喜爱艺术。他任内最大的一项文化工程是在全国各地普设"文化之家"，提供民众接触艺术的"可能性"，推动文化活动

---

① 田珊珊：《法国的文化政策：一个基于民族文化视角的研究》，《法国研究》2010年第2期，第77页。

的普及。马乐侯保护传统文化的意识非常强烈。"从 1960 年代开始，保护
文化遗产成为第五共和国首要的文化施政计划。此理念导致 1959～1968
年古迹维护经费为文化部年度预算的 50%"①。

1960 年代，法国的地方政府在去中央化的政策和法令支持下，大
踏步开展文化建设工作。去中央化法令正式实施后，区政府通过与中央
签订地方文化发展协定以及与地方文化业务机构联系，开始拥有较为充
足的文化经费，同时也掌握较大的文化权责。区一级的管弦乐团、戏剧
舞蹈中心和当代艺术基金会在这一时期纷纷成立。

乔治·让·蓬皮杜（Georges Jean Raymond Pompidou, 1969～1974
年在位）总统执政时期，因总统本人酷爱艺术，加之国家急速现代化
的国情，使得这一时期的文化政策出现变化——凡是文化领域的重大
公共政策，皆由总统亲自决策。这一制度使得当时的法国文化政策难
免带上个人偏好色彩。巴黎三大艺术博物馆之一——著名的蓬皮杜艺
术中心就是乔治·蓬皮杜本人亲自主持修建的。

1981 年，弗朗索瓦·密特朗（François Mitterrand, 1981～1995 年
在位）当选法国总统，其任上最重大的一项任务就是发展"文化"，其
文化政绩卓然，备受称赞。贾克朗（Jack Lang）时任文化部部长。他
明定文化部的使命为："培养法国人民发明与创造的能力，自由表达才
华和接受艺术教育的机会；为人民保存国家、地方或各种社会团体的文
化遗产；鼓励艺术创作，促进法国艺术文化与世界文化的自由对话。"②
贾克朗认为文化部的主要功能应随时势变化，不断改善和创造有利于文
化活动发展的环境。在密特朗总统的 14 年任期中，文化部陆续推动和
完成了奥赛美术馆、新凯旋门、巴士底歌剧院、大卢浮宫、维列特公园
和阿拉伯世界文化中心等重要文化设施的建设。除了加强硬件设施，法
国政府在这一时期也加强了文化制度建设。比如在造型艺术领域，政府

---

① 〔法〕杰郝德·莫里耶：《法国文化政策：从法国大革命至今的文化艺术机制》，陈丽
　　如译，台北：五观艺术管理有限公司，2004，第 278 页。
② Pierre Moulinier：《44 个文化部：法国文化政策机制》，陈羚芝译，台北：五观艺术事
　　业有限公司，2010，第 12～13 页。

编列新预算，用相当于一个司的组织规模设置造型艺术评议会，以了解艺术时事和艺术家的需求为要务。政府将艺术家纳入社会保障体系，并且建造艺术家画室，提供艺术家奖学金和游学奖助，补助创作计划，大力改善艺术家和政府之间的关系。政府还通过"混合经济"政策，继续鼓励私人和企业赞助，使企业和公共部门成为艺术创作领域的最佳拍档。

在雅克·希拉克（Jacques René Chirac，1995～2007年在位）总统执政时期，法国一直强调扩大文化的国际影响力，长期以来推行"纯洁法语"运动，通过大力推行《杜蓬法》等措施抵御英语文化的入侵和知识精英界、商界乃至全社会的"亲美"倾向，导致全球讲法语的人数不断增长。2006年3月，希拉克在出席欧盟首脑会议期间，以离席来抗议欧盟下属雇主联盟负责人、法国人塞埃在欧盟首脑面前发言时用英语而不用法语的行为，以实际行动保卫法国的民族利益。在2003年联合国教科文组织第32届大会上，法国和加拿大共同提议，要求通过《文化多样性国际公约》，为保护法国文化和世界文化的多样性争取到了良好的国际发展空间。

尼古拉·萨科齐（Nicolas Sarkozy，2007～2012年在位）总统执政期间大力捍卫文化民主化理念，致力于为公民提供更好的文化服务。他着力推进文化部与教育部合作促进公民艺术教育，于2008年提出所有博物馆向公众免费开放，并尝试取消国有电视台的广告节目，目的在于使国有电视台区别于私立电视台，在节目编排上更注重文化思想内涵。

二　法国文化资助体系的组织架构

作为典型的中央集权制国家，法国文化资助以国家干预为主要特征，政府是文化领域的主要资助者，各大文化机构的绝大部分经费来自政府预算内补贴。1982年，法国的《市镇、省、大区权力和自由法案》颁布后，其行政区划分为大区、省和市镇三个层次，使其行政管理体制由中央集权向地方分权转型，文化活动、资金和设施从过去集中在巴黎的做法改为分散到全国各地，从而扩大了地方政府在文化事务方面的参与范围。但除了国会的宪法、法律和法令的规范性监控外，法国的地方文化自治体制总体上还是在中央政府和文化部的行政指令下展开。

法国中央政府创立的国家文化机构主要分为以下三类：①国家级文化事业机构，如巴黎歌剧院、国家剧院、法国国家图书馆、蓬皮杜艺术中心、法兰西喜剧院和一些国立博物馆、大部分的"文化之家"等。②国家级艺术教育研究机构，如国立戏剧艺术学院、国立高等美术学校和国立古迹学校等。③国家级文化行政机构，如国家电影中心、国家文物中心、国家博物馆联合会等。在中央层面，文化部扮演着资源分配者和艺术指导者的角色，负有资助和指导地方政府与民间文化机构的责任，而资助活动主要通过文化部的各个司局和一些具有"分配"职能的国家级文化行政机构进行。比如法国对图书的创作、翻译、出版和推广是通过国立图书中心进行的；国立造型艺术中心承担着购买当代艺术品、资助艺术家、管理国家级工坊等职责；而国立电影中心则指导和帮助法国发展电影艺术。

由于去中央化法令的指导思想，文化部对地方政府的补助常通过地方文化业务司管理，行政事务则由地方首长管辖。接受资助的对象主要有：地方政府、文化协会和机构及艺术家个人。其中艺术家接受的资助主要是奖学金或者政府购买作品以使艺术家个人获得资助等形式。

法国地方政府辖下的文化机构种类最多，第一类为跨地域的文化机构，如大型戏剧或舞蹈机构、管弦乐团、博物馆、图书馆等，一般都具有国际知名度。它们由中央直接监督，或由中央和地方政府共同管理；第二类为地方性的文化机构，规模较小，基本上靠地方政府支持。这类协会又分为三种：一为管理型协会，通常拥有充足预算和固定行政人员、专业人士，从事博物馆、剧团等文艺机构的管理；二为专业型协会，由一些趣味相仿人士组成；三为意见型协会，活跃于古迹或生态环境的保护，常通过法律手段达到目标。各类文化协会的工作兼具官方与民间、工作与娱乐、义工与专业的性质。

除了中央、大区、省、市镇各级政府及其辖下的文化机构之外，法国的民间文化机构和非受薪文化从业人员在文化政策制定和实施过程中也扮演着重要角色。此外，个人对文化事业的资助除了直接出资以外，更多的是通过当志愿者、免费为文化机构工作等形式做贡献。法国国家统计及经济研究所的调查数据显示，"2010 年全法有超过 576300 名的职业文化工作者，占法国各行业从业人员总数的 2%，其中 32% 的工作人员是非受薪阶级的独立人员"。[①] 在劳务费高昂的法国，文化志愿者的大量存在，其能量不容小觑。他们是中央、大区、省、市镇各级政府及其辖下的文化机构的活跃分子，更是民间文化机构的中坚力量，在文化资助体系中扮演着重要角色。许多新的资助政策往往由他们酝酿推出，随后才为政府部门重视并逐步制度化。

三　法国文化资助的立法保障

法律、法规、规章、制度在文化资助过程中所起的作用至关重要。为改善文化环境，促进文化发展，法国相继出台了多项资助、保障文化事业发展的法律法规和规章制度。在保护知识产权方面，主要有《法国文学艺术产权法》和《法国著作权法》，后者明确规定了作者人格权利的内容，强调"人格价值观"，这一提法体现了法国文化立法者对创作者和创作活动的充分尊重，对激励艺术家的原创意识起到了重要作用，这是从源头上发力的文化资助；鼓励企业和私人赞助方面的法律除了《预算法》《企业参与文化赞助税收法》《文化赞助税制》《共同赞助法》等系列文化法规外，还有《梅塞纳斯》政策体系和《艾尔贡法》，近 30 年来更是一直在完善。综合来看，法国主要通过法律、法令和行政法规激励原创，带动资助，保护文化遗产，促进文化合作，具体体现如下。

---

① Ministère de la Culturel et de la Communication，Statistiques de la culture – Chiffres Clés 2014，Paris，2014.

（一）保护作者权益

1789 年法国的《人权宣言》明确地向世人宣布："自由交流思想和意见是最珍贵的人格权之一，因此所有公民除了在法律规定的情况下对自由滥用应当负责外，作者可以自由地发表言论、写作和出版。""1791 年的《法国文学艺术产权法》明确将作者置于法律保护的第一主体地位。此后的《法国著作权法》可以说是欧洲最古老、最完善的知识产权法，法国本土作者在个别领域享受着优越于其他欧美国家作者的法律保护。另外，法国演艺业领域、造型艺术领域、视听艺术领域内的文化工作者都享受着特殊的社会保险制度，这使他们在医疗、养老等方面能享受同其他劳动者同等的条件。"①

（二）鼓励企业和私人赞助

在吸收英国、德国和西班牙的改革措施基础上，法国文化部一直在寻求切实有效的方式推进艺术赞助人及企业的艺术赞助活动。法国 1982 年、1985 年和 1987 年的《预算法》皆明定，个人和企业赞助艺术享有优惠节税，以此激励社会各界赞助文化事业。尽管法国较早开展政策文化赞助的相关立法工作，在其 1954 年颁布的《税制总法典》中就写进了关于文化赞助减税规定的条文，以后又陆续出台了单独的《企业参与文化赞助税收法》《文化赞助税制》《共同赞助法》等系列文化法规。但较长时间以来，法国企业和个人赞助文化活动一直开展得不如以美国为代表的英语国家。因此，从 20 世纪末开始，法国政府试图通过更具激励性的法律税收政策体系改变这一情形。该政策统称《梅塞纳斯》（Mécénat）体系，其宗旨在于以更加合理的文化税制改革促进文化繁荣。自 1987 年 7 月 23 日开始，激励政策陆续出台，并在实施过程中不断加以完善。2003 年 8 月 1 日，法国政府颁布《艾尔贡法》（la loi

---

① 侯聿瑶：《法国文化产业》，外语教学与研究出版社，2007，第 18 页。

Aillagon），该法案可看作《梅塞纳斯》的完善版。[1] 由这两部法案的具体内容可见，鼓励企业和个人赞助文化已成为法国文化政策的重要面向。除了享受税收优惠，企业还可以获得其他方面的收益，如由受捐赠方提供的价值相当于捐赠总额 25% 的等价回赠。也就是说如果企业捐赠 10000 欧元，那么当年最高可以获得相当于 2500 欧元的回赠。回赠方式包括：活动的冠名权、入场券、出版物或者展位等。[2] 经过近 30 年的发展，《梅塞纳斯》政策体系成就了 25 万名赞助人连续 15 年资助 6000 余项公共文化项目，总资助额达到 7000 万欧元，间接创造了 8.2 亿欧元的社会价值，以及每年 1600 个工作岗位。截至 2014 年，共有 15.9 万家企业参与了符合 "梅塞纳斯" 标准的捐赠活动，数量占法国境内企业总数的 12%，其中 125610 家企业为 10 人以下的小微企业，共捐赠约 7 亿欧元。[3]

自 2014 年 1 月 1 日起，法国境内一般商品增值税为 20%，但大多数文化行业的税率只有 5.5% 左右。"文化领域中艺术品交易税率为 5.5%；博物馆、动物园、遗迹、展出展览等为 10%；纸质书籍为 5.5%；戏剧类演出、电影门票为 5.5% 或 2.1%，体育赛事为 5.5%，报纸杂志为 2.1%"[4]。以演艺行业为例，除了综艺性演出以外，法国其他演出的增值税税率均为 5.5%，而且对于新编创的演出，前 140 场可以享受 2.1% 的税率。另外，法国对赞助文化事业的企业和个人减税力度大，且可操作性强。比如《艾尔贡法》规定：在法国的企业向符合公共利益的相关公共文化活动捐赠，可以享有减免 "公司税" 或 "所

---

① 参见法国文化部《梅塞纳斯宪章》，http：//www. culturecommunication. gouv. fr/Poli-tiques – ministerielles/Mecenat/Mecenat – articles – a – la – une/Lancement – de – la – charte – du – mecenat – culturel，2015 年 4 月 20 日。

② 参见《文化税法》（Article2004 – 185 du CGI 和 BOI 4 C – 5 – 04，n. 112 du 13 juillet 2004），法国政府网，http：//www. legifrance. gouv. fr/，2015 年 4 月 20 日。

③ 参见法国 CSA 协会报告，《关于法国 "梅塞纳斯" 企业》，http：//www. admical. org/sites/default/files/uploads/basedocu/barometre_ mecenat_ entreprise_ admical_ 2014. pdf，2015 年 4 月 2 日。

④ 参见《欧盟与法国税收政策》，法国经济部门网站，http：// www. economie. gouv. fr/cedef/taux – tva – france – et – union – europeenne，2015 年 4 月 2 日。

得税"的优惠政策,最高可以获得等值于捐赠总额60%的优惠,并且可以选择货币、政策或实物兑现等优惠形式。但是减免额度不能超过企业当年销售总额的0.5%。如超出这个额度,超出部分可以延续到接下来的5个财务年度继续享有。《梅塞纳斯》政策体系还规定:企业用于购买流失海外或者进入法国境内50年以上的国家珍宝、珍贵文化财产总投资额的90%可用于减免税收;对基金会减免1.5万~3万欧元;对个人减免个人所得税的50%~60%。切实的税收减免措施一定程度上激发了企业和个人资助文化事业的热情。

(三)资助社会效益好的文化产业

法国政府重视通过政策杠杆保护和扶持社会效益好的文化产业和艺术资源。他们列出了电影、音像、设计、演艺、图书等重要的文化产业门类,通过税收优惠、立法限价和限额等政策工具对之给予资助和扶持。

由于电影艺术的巨大社会影响力,各国政府都高度重视电影产业。法国是电影的故乡,对电影更是"厚爱三分"。为扶持、奖励电影创作,除了国家拨款以外,还有专门的"电影产业扶持账户",资金主要通过以下四种方式获得:特别增值税、电视转播税、发行税和电信税。同时还通过降低增值税税率,创造有利于电影发展的环境。

法国音像产业有两家主要的公共资助机构,其中一家是资助唱片产业的法国高等当代音乐协会(CSMA)。其主要职能是提出相关政策,协调各相关领域,以促进当代音乐的发展。经费主要来源于1989年成立的摇滚音乐活动与创作基金会"FAIR"和私人众筹。对唱片业的资助还有"信贷税"。法国本土的唱片企业,如果其最后发行的两个音乐专辑没有超过10万张的发行量,那么"信贷税"将其用于开发和数字化的花费总额的20%用于该企业的税收抵免,最多不超过50万欧元。另一家音像产业的公共资助机构是国家电影中心名下的录像出版资助委员会,该委员会对法国录像业的资助分自动资助和选择性资助两种形式,有效地调动了出版商的经营热情。

　　由于有强大的国家资助力量，法国很多演艺机构实行"公平票价"，这一价格是在衡量国家资助、剧目质量和制作成本后制定出来的。同时，为了保证实行"公平票价"的演出质量，法国文化部规定所有公共演出机构每年必须花费至少 50% 的国家资助到艺术预算中。这一做法既保证了公民平等接近艺术的机会，又为演艺业的发展壮大培育了市场。

　　法国政府主管部门认为，图书杂志是特殊的精神文化产品，不能将之看作一般的商品，因此通过国家图书中心对出版业进行扶持。该机构主任由文化部图书阅览司司长担任，资金主要来自政府对图书销售和复制的税收。这一扶持政策的出台基于如下历史背景：20 世纪七八十年代，法国大型连锁书店和超市以规模优势，不断挤压中小型独立书店的生存空间，由此带来图书行业各链条的系列问题，与当今中国图书行业情况类似。起初法国出版商能平静地看待图书零售市场的结构变化，但很快出版人意识到大型卖场对市场的垄断将不仅获得图书销售的主动权，甚至会影响图书创作环节。为保护图书产品质量，维护行业生态，法国于 1981 年 8 月 10 日颁布了《图书统一价格法》（又称《朗法》）。正如在中国"图书限折令"遭到抵制一样，该法的实施也曾引起较大争议。一些大型书店、超市强烈反对，认为政府此举干涉了图书市场的自由竞争，而中小型独立书店则奉之若宝。如今，"法国大型图书零售商场占图书零售市场 23% 的份额，中小型独立书店还拥有 23% 的市场份额"[①]。应该说这一局面与《朗法》的实施息息相关。此举不仅保证了中小型书店的生存，而且有利于地区之间文化发展的平衡，更重要的是对抗了来自美国图书网络销售巨头的冲击，有效地保护了民族文化产业。而英国没有类似法律，大书店以价格优势挤垮了小书店，如今英国的图书发行业正被几家连锁店垄断，小而言之不利于阅读普及，大而言

---

　　① 　数据来源：法国民意调查机构 TNS－Sofres 对 3000 名受访者做了 15 年以上的跟踪调研得出的结果。TNS－Sofres.《书籍购买力调查》，http：//www.tns－sofres.com/etudes－et－points－de－vue/barometre－achat－de－livres，2015 年 4 月 28 日。

之危及文化生态健康。

（四）保护文化遗产

在保护文化遗产方面，法国第一部文化遗产保护法梅里美《历史性建筑法案》颁布于1840年，是世界上最早的一部关于文物保护的法律；此后又颁布了《纪念物保护法》（1887）、《历史文物建筑及具有艺术价值的自然景区保护法》（1906）、《历史古迹法》（1913）、《景观保护法》（1930）、《考古发掘法》（1941）等法律。1962年颁布的《马尔罗法》和在此基础上制定出来的1973年颁布的《城市规划法》一同构成了法国文化遗产保护工作中最主要的法律依据。这些法律虽历经数次修改，但其影响力一直辐射至今。此外，对法国文化遗产保护发挥作用较大的还有1983年出台的《建筑和城市保护区域外省化法》和2002年出台的《法国博物馆法》。

（五）保障文化合作

此处讨论的文化合作既包括中央和地方的文化合作，也包括城市间尤其是大城市与乡镇之间的合作。文化合作有效地加强了文化治理的协同性，提高了文化设施的利用率，提升了文化活动的品质，保证了民众文化权益的普惠性。

法国是一个长期实行高度中央集权的国家，其自1982年以来推行的地方分权改革成功地解决了中央与地方的关系问题。同样在文化管理领域，法国也通过法律保障中央和地方的文化合作关系，使地方政府更好地服务于社会，更好地满足社会公众多元化的文化需求。"1983年1月通过的《法国去中央化法》涵括了建筑与古迹的重大项目，将建造的责任从中央下发给区、省、市镇的首长。……根据这项法律，虽然许多文化机构都接受国家赞助，但实际仍由省、市、乡镇或协会管理。"[1]

---

[1] Pierre Moulinier：《44个文化部：法国文化政策机制》，陈羚芝译，五观艺术事业有限公司，2010，第26页。

中央图书馆也已交由省政府管理，市镇（包括县、乡）、省、区资助文化活动的金额超过中央。

法国 1992 年 1 月 6 日法令及 1999 年 7 月 12 日关于城市间相互合作的《舍分蒙法》试图推进大都市与县和乡镇在文化设施上的跨区合作。"2002 年 1 月 4 日，法国制定了有关'文化合作公共机构'（établissement public de cooperation culturelle，EPCC）的法令，赋予中央和地方政府共同经营全国性文化机构的权责。"① 还有一些依法成立的评议会促使有共同利益的城市一起赞助同一个文化活动或者合作经营管理某个艺术团体。

四　法国文化资助体系的运作特点

（一）政府文化经费投入巨大

总体而言，法国在文化上的重力投入举世公认。自 1959 年起，文化部的预算比重逐年增长，文化投资绝对额逐年加大，文化预算在国家总开支中所占比例从 1960 年的 0.38% 发展到今天稳定的 1% 之上。而且，事实上政府的文化总投入可能达到了 2%。因为"法国其他国家部门在文化方面的支出占文化总预算的比例为 28%，超过文化部的 19.6%。1993 年，其他国家部委加总起来的文化支出，约占国家总预算的 1.2%。加上文化部的部分，法国政府在文化方面的支出则达到国家预算的 2%。"② 因为在法国，"所有部长都是文化部长"③，资助文化不仅是文化部的责任，同时也是其他国家部门的责任。有中国学者通过实地调研和访谈发现，法国政府对文化的重视程度之高、投入之大超乎想象。"政府在文化遗产保护、艺术创造、艺术教育、对外文化交流领域的开支以及非文

① Pierre Moulinier：《44 个文化部：法国文化政策机制》，陈羚芝译，五观艺术事业有限公司，2010，第 60 页。
② Pierre Moulinier：《44 个文化部：法国文化政策机制》，陈羚芝译，五观艺术事业有限公司，2010，第 28 页。
③ 谢武军：《法国公共文化一瞥》，《学习时报》2009 年 4 月 27 日，第 6 版。

化部门政府机构的文化事务开支、对支持文化事业的企业给予的税收优惠等各项相加，大约占中央财政预算的 4%。"① 1959~1969 年马尔罗任法国文化部长期间文化预算占国家预算的比例为 0.38%~0.5%，远不能满足各项文化政策的资金需求，马尔罗之后的历届文化部长都在努力将文化预算比例提高至 1%，这一目标在 1993 年杰克·朗任文化部长时得以实现。2012~2014 年，法国的文化总预算在国家总预算中所占比例分别为 2.7%、2.3% 和 2.4%。② 而且，近年来法国其他国家部门在文化方面的支出占文化总预算的比例也已经达到了 50% 左右。③

法国明文规定 "公共建设预算的 1% 必须用来采购公共艺术品"④。国家通过国立当代艺术基金会、公共订购补助基金会和一些特殊程序，公开订购当代艺术品，展示于各地美术馆、当代艺术中心等文化机构。

法国的文化预算之所以如此之高，一方面跟法国热爱文化、重视文化的传统有关。早在 1789 年法国大革命后，政府就创造性地提出了 "国家遗产" 和 "劳动者享有文化" "文化应该发挥公民教育作用" 等先进的文化理念，此后历届政府都高度重视文化建设并有具体建树。另一方面跟他们较早意识到文化的经济和政治效能有关。法国人笃信今天的文化就是明天的经济，文化对于法国来说既是经济战略又是外交手段。"法国文化产业的就业人数与汽车业相等，比保险业多一倍，还不包括搞文艺创作的人，也不包括间接就业，比如旅游、餐饮、奢侈品、建筑、美食等。"⑤ 法国创造性地将文化作为外交手段，在世界大国外

① 谢武军：《法国的公共文化服务》，李景源等主编《中国公共文化服务发展报告 (2009)》，社会科学文献出版社，2009，第 250~251 页。
② 2014 年法国国家文化总预算 72.6 亿欧元，占国家总预算的 2.4%；2013 年 74 亿欧元，占 2.3%；2012 年 79 亿欧元，占 2.7%。
③ 2014 年法国文化部预算为 35 亿欧元，占国家文化总预算的 48%；2013 年为 37 亿欧元，占 50%；2012 年为 41 亿欧元，占 51%。参见法国文化部和财政部历年文化预算资料：《文化税收》，http://www.culturecommunication. gouv.fr/Ministere/Budget，2015 年 4 月 20 日。
④ Pierre Moulinier：《44 个文化部：法国文化政策机制》，陈羚芝译，台北：五观艺术事业有限公司，2010，第 45 页。
⑤ 谢武军：《法国的公共文化服务》，李景源等主编《中国公共文化服务发展报告 (2009)》，社会科学文献出版社，2009，第 248 页。

交中独树一帜。为应对美国的文化霸权，法国提出了著名的"文化例外"主张，政府为了提高本国文化竞争力，鼓励并加强法国的多元化价值取向。2001 年，希拉克总统在联合国教科文组织大会上，正式将"文化例外"的提法改为"文化多样性"。从"文化例外"到"文化多样性"，从文化管理手段到文化建设目标，法国追求通过保护本国文化产品来弘扬多种文明和文化共存的价值观。

法国高比例的文化预算还跟文化部直接管理着庞大的文化产业，控制着众多国有文化部门的格局有关。法国政府切实感受到文化投资对经济复苏、社会稳定的拉动作用，因此多年来乐此不疲。

（二）以分权制和合同制为主要合作机制

虽然作为典型的中央集权制国家，法国文化政策以国家干预为主要特征，但在文化资助领域，国家看似独掌大权，其实并非主要资助者，更非唯一资助方。跟英国类似，法国文化管理领域也存在中央政府和地方政府的分权问题，分权制保证了公共文化服务均等化，而合同制则较好地调动起地方及民间文化机构的积极性。

法国人较早意识到文化要全面发展，单靠文化部的力量不够，也不是文化部可以独力实现的。无论是中央还是地方政府都无法独立承担起资助文化的巨额经费，中央也无法对各地文化采取一刀切政策。杰克·朗曾说，法国有"44 个文化部"①。而且，资助文化不仅是文化部的责任，也是法国其他国家部门、私人企业乃至全民的责任。同时，法国政府确立文化政策的目标是实现三个平衡，即巴黎与外省的平衡、城市与农村的平衡、市区与郊区的平衡，从而使各地公民都有平等享受文化生活的权利。这一目标促使法国文化管理部门不断向基层分权。

21 世纪以来，法国加快实施文化分权制，把职责和经费分散到大区中的地方部门，加强与各级地方政府间的合作，从而使地方政府管理

---

① Pierre Moulinier：《44 个文化部：法国文化政策机制》，陈羚芝译，五观艺术事业有限公司，2010，第 28 页。

着 2/3 的文化投资，展开了新一轮权力下放的热潮。2014 年，中央政府下放 28 项权力到地方，统称为《关于城市建设、治理、维护和文化设施运营》一揽子政策。根据中央政府 2010－633 号政令，从 2010 年 6 月 8 日起，法国各大区、文化事务局和建筑与遗产服务局合并成立"地区文化局"（DRAC）。强有力的机构整合增强了地方文化行政部门的执行能力。分权制实施以来，国家文化资源不断由巴黎向全国各地分散。现在并非所有国家级文化机构都坐落在巴黎市或大巴黎地区。希拉克总统上任后甚至承诺任期内不在巴黎兴建文化设施，政府 2/3 的文化投资用于外省，重要的文化设施大部分建在外省。为改善农村地区的文化生活状况，保存乡村文化基因，法国对人口稀少的或者农业地区文化建设有专门补贴。为了解决人口在 1 万人以下的乡镇和农村居民的借书难问题，法国政府专门成立了"省外借中心图书馆"，覆盖全国 97.75% 的村镇，平均 1500 名乡村居民便有一个图书馆服务点或借阅点。由此可见法国公共文化服务的覆盖范围之广和均等化程度之高。

　　法国中央和地方政府辖下的文化机构及代表少数特殊群体利益的非营利民间文化组织种类繁多，政府通过合同制对其进行资助以发挥他们的能动性。以文化遗产保护为例，此项工作尽管由文化部牵头，许多重大决定均由文化部拍板决定，但具体措施的落实，则基本是由文化部所属的历史纪念物基金会、文化艺术遗产委员会和考古调查委员会等民间组织完成。他们以自己的专业知识和公益热情向政府提出抢救和保护文物的中长期计划，负责具体项目的实施，普查结束后负责文物鉴定，参与立法、宣教、资料信息库建设等工作，极大地减轻了政府的负担。他们在开展活动前直接向文化部和地方财政申请资金，申请过程需要经过政府部门严格的财税审计。一旦资助申请获批，政府与其签订合同，按合同对其拨款，同时也通过合同制对财政经费的投入绩效进行监督。另外，今日法国被称为"设计师大国"，其设计艺术之所以领先全球，与民间机构的大力支持不无关系。法国企业国际发展局（UBIFRANCE）和法国家居促进协会（VIA）都是非常典型的、完全由政府支持的民间机构，他们对设计艺术领域的推动促进法国的设计业走向全球。通过文化合同制，法国有效地调动起地方文化机构及民间文化组织的积极性。

（三）重视通过艺术教育培养艺术观众

法国政府非常重视艺术观众的培养。以电影艺术为例，从 1983 年以来，法国政府便积极鼓励对少年儿童进行有关电影艺术的教育。国家电影中心与法国教育部合作，规定法国高中文科课程必须包括"电影和视听"，还推出了"初中生在电影院""高中生在电影院"和"学校及电影院"等活动，经费则由文化部负责。

2006 年法国曾以法令的形式要求文化部与教育部加强合作，增加初高中学生的艺术教育课程。萨科齐强令教育部在所有初高中教材中必须增加艺术史内容，并通过促进艺术学校和普通学校建立姊妹关系来完成艺术教育课程，目的是"使学生在 16 岁初中毕业时就具备区别大众文化消费产品和艺术品的能力，形象地说就是知道迪斯尼与卢浮宫的区别"①。

（四）国家最高领导亲自推动文化建设

法国文化自发展之初就得到了国家最高领导的鼓励与扶持，无论是王国、帝国还是共和国时期，也无论是左派还是右派执政，历届政府都继承和发扬着这一传统。17 世纪国王路易十四大力扶持文化艺术和科学事业的发展，形成了国王向艺术家订购作品的传统，这一时期成为法国建筑、绘画、戏剧、舞蹈等艺术发展的高峰期。他在位时修建完工的凡尔赛宫成为欧洲最大、最雄伟、最豪华的宫殿建筑，巴黎成为欧洲的贵族活动中心、艺术中心和文化时尚的发源地。可以说没有路易十四就没有凡尔赛宫。尽管当时是以私人利益为主促成了这座宫殿的建造，但今天看来，建造凡尔赛宫完全符合公众和民族利益；路易十六也热爱艺术并追求完美，他收藏的艺术品布满了卢浮宫；"戴高乐之后的历任总

---

① 谢武军：《法国的公共文化服务》，李景源等主编《中国公共文化服务发展报告（2009）》，社会科学文献出版社，2009，第 249 页。

统都注重政府对文化发展的行政庇护与大力扶持，都力求在自己任期内完成一项公共文化工程，前文述及蓬皮杜修建了现代艺术中心，还有德斯坦修建了近代艺术博物馆，密特朗修建了巴士底歌剧院和国家图书馆，希拉克修建了原始艺术博物馆。"① 尽管这些文化设施带有鲜明的总统个人偏好的印记，有的甚至就是以总统名字命名的，比如蓬皮杜艺术中心，但它们不是一座纪念建筑，而是一处公共文化设施。

五 法国文化资助体系对我国的启示

（一）加强文化立法，落实文化预算

法国文化资助体系最大的特色在于法制健全，且修正及时，这是中国文化资助制度设计中最为欠缺的。中国的文化立法欠账太多，立法进程缓慢。之所以各级文化行政部门和事业机构能长期拥有令国外同行吃惊的自由裁量权，就在于法律约束中没有问责机制，没有负责人为"空头支票"和"业绩清单"承担追诉责任。但 2011 年以来，我国逐步加快了文化立法进程。随着《非物质文化遗产法》《公共文化服务保障法》《电影产业促进法》《公共图书馆法》和新修订的《预算法》的付诸实施，"全面依法治国"背景下，我国文化资助运作模式及运行效果都将逐步处于契约化法律条文的规范之下。

只有充足的文化预算才能保证文化机构的运作、文化活动的开展和文化政策的实施。尽管各级文化行政部门一直在呼吁：加大财政投入力度，建立健全文化事业费的稳定增长机制。《国家"十二五"时期文化改革发展规划纲要》强调要"加大政府投入力度，建立健全同国力相匹配、同人民群众文化需求相适应的政府投入保障机制。保证公共财政对文化建设投入的增长幅度高于财政经常性收入增长幅度，提高文化支出占财政支出比例。"《国家"十三五"时期文化改革发展规划纲要》

---

① 谢武军：《法国的公共文化服务》，李景源等主编《中国公共文化服务发展报告（2009）》，社会科学文献出版社，2009，第250页。

则强调"要完善公共财政文化投入机制，多渠道筹措资金支持文化发展改革。合理划分各级政府在文化领域的财政事权和支出责任，明确地方主体责任"①。但各级财政部门实际执行起来难度不小。大多数文化行政部门不是真正统管全系统的预算主体，文化事业费往往由同级财政部门根据财力先行给定。近年来，各级政府对教育、科技、农业的投入一直在稳步增长，最直接的动力在于相关法律法规对这些类目的投入做出了明文规定：各级预算安排的教育、科技、农业支出的增长幅度，应高于财政经常性收入的增长幅度。强有力的法律较好地保证了这些领域预算内经费的依法增长。《公共文化服务保障法》的出台正逐步促进我国文化财政投入的实际增量后果。

就我国目前经济和社会发展水平而言，法国高比例的文化投入我们无法赶超，但现行制度下我国文化财政领域的部分问题是可以立即得到改善的。尽管近年来从中央到地方文化投入总量激增，文化基础设施明显改善，但相对迅猛增长的财政总量，文化投入占比不管是与发达国家横向比还是本国纵向比，比例依然偏低，甚至出现了倒退。2014 年全国文化事业费 583.44 亿元，占财政总支出的比重为 0.38%，与上年基本持平；② 2015 年全国文化事业费 682.97 亿元，占财政总支出的比重为 0.39%；③ 2016 年全国文化事业费 770.69 亿元，占财政总支出的比重为 0.41%。④ 这一比例在 1990 年代初期曾达到过 0.52%。当然这一统计口径的文化事业费专指文化部系统经费，没有包含广播影视、新闻出版等事业费。尽管目前文化投入总量测值的技术问题没有突破，但还是有一些比较成熟的国际通用标准可资借鉴：比如各级预算公共文化财政投入增长率、占同级财政支出的比例，与教育、卫生、科技等其他社会事业的横向比较等。

---

① 中共中央办公厅　国务院办公厅：《国家"十三五"时期文化改革发展规划纲要》，http://www.gov.cn/xin wen/2017-05-07/content_5191604.htm。
② 文化部财务司：《2014 年文化发展统计公报》，《中国文化报》2015 年 5 月 19 日。
③ 文化部财务司：《2015 年文化发展统计公报》，《中国文化报》2016 年 4 月 25 日。
④ 文化部财务司：《2016 年文化发展统计公报》，《中国文化报》2017 年 5 月 15 日。

（二）通过资助保障公共文化生活均等化

法国通过分权合作制较好地保障了国民公共文化生活的均等化。中国改革开放四十年来，基本上打破了效率低下的"大锅饭"时代，但也带来了城乡差距大、公共服务资源分布不均、消费水平不均和公民权益不均等问题。具体到公共文化服务领域存在的城乡不均衡、地区不平衡和个人文化消费能力相差悬殊等现象。当大城市豪华的剧院、影院、艺术中心次第而起的时候，偏僻的农村却存在大量的文化盲区。面对这种非均等化现象，我们需要拿出"工业反哺农业"的勇气，继续完善五级公共文化设施网络，从国家层面设计出能对全国进行城乡全覆盖的总体性制度，有效保障全体公民的基本文化权益。

同时，还有一个易被政策设计忽略的弱势群体——城市低收入群体。他们虽然置身文化设施集中的繁华都市，其实却与文化供给存在"最后一公里"的差距，主要原因在于文化消费能力有限。有鉴于此，政府可以通过实施特殊优惠政策，如降低票价、发放文化消费券、设立免费日等形式满足其文化消费需求。此外，为残障人士提供特殊关照是中国的公共文化服务亟需完善的环节。我们需要大力开展受众广泛、群众积极参与、满意度高的公共文化活动，保障广大人民群众的基本文化权益，不断实现公平正义社会的理想目标。

（三）资助民间文化组织，调动群众文化参与热情

法国的文化资助政策导向为政府调动民间文化参与和创造热情提供了良好的条件。近年来我国发达地区出现了大量的文化民间组织和志愿者，目前正处于蓬勃发展阶段。众多活跃在公共图书馆、美术馆、博物馆和文化站等场所的文化志愿者正发挥着巨大能量。这种文化服务的志愿供给所带来的组织化和文化共识弥补了政府文化供给的不足，其民间性使得他们能更敏锐地捕捉到群众真实的文化需求，促进了文化供给和需求的有效对接。但从全国范围来看，目前这类民间文化机构、志愿组织力量仍然弱小，没有形成能够参与博弈的独立力量。这一方面与中国

的政治制度有关，另一方面与中国第三方组织发展的历史阶段有关。政府应克服现有制度障碍，大力资助扶持，助其提高运转效率。必要的经济资助和科学的制度保障对民间文化组织的培育和壮大十分重要。此举将有效激发民间文化创造、文化参与和文化服务热情，既能提升公共文化服务的数量和质量，又能保证文化"公共性"的实现。

（四）资助重点文化产业，增强文化话语权

无论在国家、地区还是企业层面，只要是把"文化产业"当作"产业"经营，就要考虑市场需求和产业链经营。在此基础上，企业可能更注重其盈利能力和整体价值，而国家则应将之纳入总体战略规划，作为产业结构调整的重要对象，重新建构国家和社会的文化秩序及精神空间。具体来讲，中国在发展文化产业的大潮中不应平均用力，而应从国家整体利益出发，经过周密的论证和部署，确定重点产业、优势产业和需要优先发展的产业，根据其不同特点出台资助制度，实现文化产业社会效益和经济效益的双丰收，在激烈的国际较量中保护我们的文化话语权。确定重点文化产业固然要考虑关联度、成长性和就业吸纳力等产业要素，也要考虑弘扬民族文化，保护本国文化产品的市场占有率和增强文化话语权等文化要素。

法国将文化资助制度设计当作重要的国家政策工具，文化资助已成为他们民族文化认同的一部分。尽管当前在文化成为经济发展动力的语境下，强大的经济力量正日益操控着艺术家的创作和艺术市场的走向，但法国继续以政府干预的强势作风推动文化事业的发展，通过不断修正文化政策弥补市场机制和政府干预机制的不足，不断迈向文化民主的理想状态，树立了一座人类文化的理想标杆。但法国文化资助体系也存在政府干预太多影响文化市场活力、文化管理队伍庞大导致文化财政负担较重等问题。中国与法国在历史文化背景和行政管理体制方面具有较大相似性，合理借鉴其精华、规避其弊端将一定程度上促进中国文化资助制度设计的科学化和规范化进程。

第三节　英国文化资助体系

英国是世界著名的老牌资本主义国家，尽管其在 1980 年代失去了世界第一制造大国的地位，但其文化和意识形态影响力至今依然保持着强势。她不仅是世界上最先提出文化创意产业概念并对其进行分类的国家，而且其文化创意产业发展在国际上也具有标杆作用。其先进的文化管理理念和完备的制度建设使其得以始终保持"文化大国"地位。在文化资助方面，英国也建立了一套从国家到地方、从政府部门到非政府组织广泛参与的健全制度，为其文化事业的蓬勃发展提供了坚实后盾。

一　英国文化资助的发展历程

英国文化资助体系经历了一个由放任、消极管理，鼓励艺术商品化、私有化到加大国家干预力度的政策转变过程。"二战"前，英国政府对文化基本上是持放任自流的态度，没有专门的文化管理机构，也没有系统的文化管理体系，文化管理职能分散在众多经济管理部门中。但在这一时期，民间出现了许多维护行业利益的组织，如英国皇家合唱协会（1871）、英国出版商协会（1896）、英国出版权协会（1921）、英国民间歌舞协会（1932）和英国全国音乐协会联合会（1935）等。1939年经英国议会批准和皇家特许，建立了两个半官方的文化管理机构：英国音乐艺术促进委员会和国家娱乐服务联合会，此举可看作臂距模式的肇始。英国音乐艺术促进委员会是世界上第一个扶持艺术的国家组织，发展到 1964 年，逐渐演变为著名的大英艺术理事会，被认为是"世界上第一个政治家直接支持的分配政府资金的艺术机构"[①]。

---

① 刘悦笛：《"英国文化创意十年"对文化产业的启示》，《现代传播》2008 年第 4 期，第 107 页。

"'二战'以后，国家培育民族文化的责任不再受到争议。英联邦对艺术大力度的公共支持随着民族工业化运动的兴起而发展。"[1] 1946 年，英国成立了"大不列颠艺术理事会"（the Arts Council of Great Britain），在政府文化管理工作中发挥了重要作用。此后陆续有英国国家广播公司、国家剧院等国家级艺术机构的设立，都强调英国国家文化遗产保护和弘扬民族文化的重要性，艺术资助的目的在于提升与推广（raising and spreading），"提升"强调要不断提高艺术的美学标准，强调高雅艺术的品位；"推广"则强调为更多民众提供接近高雅艺术的可能性，特别要服务于非伦敦地区的居民。

1965 年，英国政府成立了艺术和图书馆部（the Ministry of Art and Library），威尔逊政府提出制定通过教育、保护和资助三种形式支持文化的公共政策，并大幅增加政府文化投入；1967 年 2 月，英国女王向"大不列颠艺术理事会"颁发新的特许证，明确该机构的宗旨和职责：与政府及相关部门合作，向民众普及艺术，同时代表政府向文化机构分配拨款。

1980 年代，撒切尔政府使整个英国文化政策走向了私有化，对英国的文化资助政策冲击较大。撒切尔政府的主要做法有：削减政府的文化资助经费；改变部分国家级博物馆、剧院结构，并引进民间资金；将一些国有文化机构私有化。撒切尔政府鼓励民营企业增加文化赞助经费以降低政府的文化经费支出；而且对于有限的政府文化投入，撒切尔政府强调经费的使用效率，通过演出场次、参与人数等量化评估指标来考核文艺单位。这些做法导致英国文化资助活动由早期重视美学价值转向更注重市场价值、经济效益，文化经济的理念在这一时期逐步建立起来。

1992 年，梅杰政府首次整合与文化相关的部门，成立国家遗产部，负责艺术、文化遗产、体育、传播与观光等事务。梅杰政府设立了国家

---

[1] Victoria D. Alexander. Art and the State: The Visual Arts in Comparative Perspective. New-york: Palgrave Macmillan, 2002: 65.

彩票基金（National Lottery），规定将彩票收入的 20% 作为文化资助经费，此举对英国文化资助政策有较大影响。

1994 年，澳大利亚以"创意的国度"为目标，公布了第一份国家文化政策报告。英国政府闻讯后立即组团赴澳考察，后又相继建立组织管理机制，成立专门的研究指导小组；1997 年，布莱尔当选首相后将国家遗产部更名为文化、媒体和体育部，增加了文化补助与预算，但同时也加强了对艺术的管理，开始将投资概念引入文化政策，支持创意与创新活动，大力推动创意产业的发展。投资与资助成为这一时期英国重要的文化政策工具。布莱尔主张成立创意产业特别工作组，并亲任主席；1998 年，英国出台了《英国创意产业路径文件》，确立了通过发展文化创意产业提升国家发展和竞争能力的战略。其具体推进方式主要有出口推广、教育培训、协助融资、税收减免、保护知识产权、保留地区文化发展自主权等。英国文化部于 2002 年提出了"创意伙伴"（creative partnership）计划，旨在使学校和艺术创意机构之间建立良好的长期合作关系，培养青年创意人才。2005 年 6 月 16 日，英国政府提出要把英国建设成为"世界创意中心"，目前政府正有步骤地推进该项计划。

政府对文化的资助常随着财政紧缩而减少是世界各国的普遍现象，作为"文化大国"的英国也概莫能外。2010 年底，"英国政府公布了'二战'后规模最大的削减开支计划，预计未来 4 年将减少 900 亿英镑的政府开支。这意味着英国众多文化机构将失去 3% 的政府资助款：泰特美术馆将失去 210 万英镑，大英博物馆将失去 180 万英镑，英国文化遗产协会将失去 480 万英镑，英国艺术委员会将失去 1900 万英镑……"[①]。自 2010 年以来，英国文化艺术事业获拨的中央财政预算逐年减少。面对紧缩局面，文化部采取增加国家彩票基金对艺术的补贴力度、鼓励并支持艺术机构收入多元化等措施，使文化艺术机构获得的资

---

① 《英国艺术文化向慈善界求助》，http：//www. lovegogo. org/news/2010/12/122809095
3. html，2011 年 6 月 19 日。

助与预算削减前总体持平。① 近年来，英国政府在政策上极为重视文化资助的多样性，英国文化、媒体和体育部（DCMS，以下简称文化部）2016 年出台的《文化白皮书》坚信多样性的投资方式具有极大的优势，能够促进文化事业的蓬勃发展。因此，英国文化界将目光投向了慈善资金，政府通过出台政策促进慈善资金注入文化领域、修改彩票法案增加国家彩票收入用于文化事业的比例等手段保证文化投入。"文化部为促进慈善资金注入文化领域制定了 10 项计划，包括在英国建立奖励慈善事业的工作机制、增强人们对慈善事业的认同感等。"② 同时，为了跟文化部门的私人捐助资金配套，文化部和英格兰艺术理事会将投资8000 万英镑③用于支持陪同资助方案。此举在于为文化事业的发展提供切实的长期经济支持，以此促进文化资助社会化参与程度的提高。

二 英国文化资助体系的组织架构

1992 年以来，英国建立了较为完善的从中央一级经中间一级到基层管理机构的三级文化管理体制，④ 其文化资助工作主要通过这三级组织机构执行。三级文化管理体制较好地发挥了政府和非政府组织以及专业团体优势互补的协同作用。

（一）中央一级的文化资助机构

1992 年以前，英国的文化管理由"教育和科学部"主管，另有一些事务则由艺术和图书馆部、贸工部、环境部、就业部和内政部管理。多部门管理不利于文化政策的整体协调，因此，梅杰政府于 1992 年整合相关的 6 个部门，第一次建立了专门主管文化的部门——国家遗产

---

① 郑苒：《英国：文化艺术有潜力创造更大收益》，《中国文化报》2015 年 5 月 25 日。
② 《英国艺术文化向慈善界求助》，http：//www.lovegogo. org/news/2010/12/1228090953. html，2011 年 6 月 19 日。
③ http：//www.culture. gov. uk/news/news_ stories/7640. aspx. 2011 – 01 – 06。
④ 此处的"三级文化管理体制"参见范中汇《英国文化》，文化艺术出版社，2003。

部，且把文化遗产大臣列为内阁核心成员，表明政府对文化事业的重视。1997 年，上台执政的工党政府建立了统管全国文化事业的中央政府主管部门，所有与文化沾边的事情，均由文化部统管，工作职责包括文化艺术、文化遗产、图书出版、新闻广播、电影电视、录音录像、体育、旅游、娱乐、工艺美术、建筑、园林和服装设计、国家彩票基金和千年（2000 年）基金等。2002 年，工党政府又将赛马、博彩、饮酒和英国女王伊丽莎白二世登基 50 周年庆典等事务交由文化、媒体和体育部（DCMS）管理。由"国家文化遗产部"更名为"文化部"不仅有利于政府从整体上推进文化事业的发展，而且标志着政府关注的重点已经从国家遗产的保护、传统艺术价值的弘扬扩展到对新兴艺术形式的扶持以及对多元化的公民文化需求的满足。在 DCMS 与财政部签订的《2008 ~ 2011 年公共服务协议》中明确指出，英国文化政策的目标应主要集中于支持优秀文化创作，促进文化普及，以文化解决社会和经济问题。2017 年，为适应数字化趋势，英国文化、媒体和体育部更名为"数字、文化、媒体和体育部"（Department for Digital, Culture, Media and Sport），其意在致力于将英国建设成"最易连接、技术友好、创新驱动和网络安全"的国家。①

中央政府对文化的资助主要通过文化部执行，其中英格兰由 DCMS 直接拨款；苏格兰、威尔士、北爱尔兰由 DCMS 驻三地的办事处拨发。除中央和地方政府文化部门外，英国国防部、教育部、外交部、卫生部等政府部门也向文化事务拨款。国防部的拨款用于军事博物馆和军乐团；教育部的拨款用于同艺术有关的学术研究；外交部的拨款则基本上用于英国广播公司制作的对外节目。英国政府征收的"电视接收许可费"全部拨给英国广播公司以保证节目质量、限制广告数量。

---

① https：//assets. publishing. service. gov. uk/government/uploads/system/uploads/attachment_ data/file/727557/Department_ for_ Digital_ Culture_ Media_ Sport_ Annual_ Report_ 2017 – 18_ Web_ Accessible. pdf.

（二）中间一级的文化资助机构——非政府公共文化管理机构及地方政府

英国中间一级的非政府公共文化管理机构主要包括英格兰艺术理事会、英国电影协会、英国遗产委员会、体育理事会、博物馆和美术馆委员会、图书馆和信息委员会等。他们主要负责执行 DCMS 制定的文化政策和具体分配文化经费，直接管理艺术、体育、电影、文化遗产、博物馆、图书馆等文化机构。除通过 DCMS 获得政府资助外，他们还通过有偿服务和从事其他商业活动获得收入。政府文化行政主管部门对这类机构不存在行政领导关系。非政府公共文化机构奉行与政府保持"一臂之距"的原则，独立运行，但他们的领导班子则由政府任命，可以看作政府的一种非正式干预方式。至于如何分配资助则由相对中立的专家决定，但必须向政府、议会和公众解释他们做出的决定。可以说它是代理政府具体管理文化的准政府组织，被称为"官歌"（Quango），意为"准自治非政府组织"。在这类组织中起主要作用的是各级艺术理事会（Arts Council，又译为"艺术委员会"），他们是英国文化活动的主导机构，其中英格兰艺术理事会负责全国范围内的文化活动。

英格兰艺术理事会（Arts Council England）成立于 1946 年 8 月，主要负责将文化部的拨款分配给各文化管理部门和国家级艺术组织的决策和实施工作。其总部设在威斯敏斯特，支持中心在曼彻斯特。理事会"致力于通过倡导、发展和投资艺术活动，为民众创造接近伟大艺术的机会，丰富他们的生活。作为国家级文化机构，其资助的文化活动范围包括剧院、音乐、文学、舞蹈、摄影、数字艺术、文化节庆和工艺活动等。其资助来源于政府和国家彩票基金会。2008~2011 年，它投入超过 16 亿英镑的公共资金使全国范围内尽可能多的人接近艺术、享受艺术。"① 2015~2018 年，英格兰艺术理事会将陆续从国家彩票收入中投入 7 亿

---

① http：//www.artscouncil.org.uk/about - us/. 2011 - 02 - 07.

英镑以及从 DCMS 的政府拨款中投入 11 亿英镑用于资助全英各地区艺术家和艺术机构申请者的文化与艺术创作项目。除了资助,理事会的另一个重要职能是向政府有关部门和其他文化机构提供建议,并建立合作伙伴关系,帮助艺术组织争取更多的资金来源,评估他们的经营状况,帮助他们培养和发展观众。

在英国,非政府公共文化管理机构还包括众多行业协会,它们对英国的文化资助发挥着重要作用。比如英国设计领域的权威非政府组织——英国设计理事会就为有效地提高设计的价值而与商界、教育界和政府部门的合作伙伴展开积极的合作。他们向设计师提供赞助,并通过宣传提升他们的国际声誉。又如英国的工艺品理事会则向陶瓷、玻璃制品等行业的设计师提供赞助和支持。

除中央政府以外,英国政府文化资助机构还包括地方政府及所属文化行政管理部门。作为世界上第一个工业化国家,经过 100 多年的发展,英国步入后工业化时代,其制造业绝大多数已转移到发展中国家,英国人也因此而拥有大量闲暇时间。出于满足居民闲暇时间增多带来的文化消费需求、发展地方文化和拉动文化经济发展等多方面因素考虑,英国地方政府在文化建设方面显示出较大的热情,组织开展了丰富多彩的文化活动,满足人们的文化需求,同时提升城市和地区的文化品位。

（三）地方文化机构

英国的地方文化机构主要包括英格兰的 9 个地方艺术理事会及苏格兰艺术理事会、威尔士艺术理事会和北爱尔兰艺术理事会。它们直接面对分散于各地的各类艺术组织及艺术家,接受他们的经费资助申请并公开、透明地决定资助对象及金额。

英格兰的 9 个地方艺术理事会分布在东米德兰兹、东北、东南、西米德兰兹、东部、伦敦、西北、西南和约克郡。[①] 它们从英格兰艺术理

---

① http：//www. artscouncil. org. uk/regions/head - office/. 2011 - 02 - 07.

事会、地方政府处接受资金，也接受工商企业的赞助及国家彩票的收入，然后向辖区内艺术机构和艺术家提供资助。

苏格兰艺术理事会直接向苏格兰政府负责，并接受苏格兰政府的拨款。该理事会设有咨询热线，并出版有关文化资助的信息刊物。

威尔士艺术理事会是一个独立的慈善机构，1994 年根据《皇家宪章》创立。它受威尔士议会和国家彩票基金会资助，[①] 致力于高质量艺术的发展和繁荣，主要职能是资助文化事业、为艺术的发展提供权威的专业建议，使人们认可并珍视国家艺术的重要价值。

北爱尔兰艺术理事会是北爱尔兰最重要的艺术发展机构，它通过国库资金和国家彩票基金为广大艺术家和艺术组织提供广泛资助。[②]

三 英国文化资助的立法保障

用文化立法促进文化事业的发展是国际上行之有效的通用做法，英国在该领域的工作开展得较早，经过几个世纪的发展逐步形成了健全的文化法规体系，其主要特点为：通过立法加强知识产权保护、建立完善的行业法规、通过法律指引人们的捐赠行为。

（一）通过知识产权等相关法律保护创意

英国是世界上最早保护知识产权的国家，也是知识产权制度最完善的国家之一。英国 1710 年的《安娜法令》是世界上第一部版权法。虽然该法案并不是一个典范的立法文件，但由于该法案的出现导致了当时以及后世的人们对"Copyright"的认识和研究有了一个新视角，因此该法案成为世界著作权历史上独一无二的大事。"英国画派最具代表性的画家荷加斯 1735 年在创作了《浪子生涯》后提出了对他绘画版权的保护，标志着英国艺术家地位的一个进步，这大概也是历史上最早提出艺

---

① http：//www. artswales. org/about－us. 2011－02－07.

② http：//www. artscouncil－ni. org/subpages/aboutus. htm. 2011－02－07.

术版权问题的事件。"① 1852 年，英国推出了《专利法修正案》，并成立了国家专利局，隶属国家贸易与工业部；2007 年，英国专利局更名为英国知识产权局（UKIPO），其职责不仅包括专利、设计、商标和版权等方面的申报、审核和批准，还负责协调政府决策者、执法部门、企业等各方面的工作，共同对付知识产权领域的犯罪行为。② 除了职能强大的机构，相关法律法规也十分健全。英国的知识产权相关法包括：《专利法》、《外观设计注册法》、《商标法》和《著作权法》等。此外，英国加入了众多的保护知识产权的国际公约，并通过相应的国内法保障其实施。

（二）制定针对性强的行业法规促进行业发展

英国的广告、设计、音乐、电影、出版和广播电视业等众多文化创意产业都居世界领先地位。伦敦是全球第三大电影摄制中心，其电影多次角逐奥斯卡奖；英国的音乐产业占全球市场份额的 15%；视频游戏销售额占全球 16%；英国的作曲、动画、歌剧等无论是艺术水准还是市场份额都处于全球领先地位。其行业国际地位的确立与英国成熟的产业基础环境、配套的行业法规密不可分。

英国电影业实力雄厚，制作过许多经典影片，自 1990 年以来，英国电影、演员、制片人赢得了超过 20% 的奥斯卡主要奖项。"1927 年，英国国会通过了《电影法》，规定电影院上映的影片中必须有 5% ~ 20% 的国产片。"③ 此"定额制"一定程度上保证了英国民族电影业的发展。

作为世界第二大电视节目出口国，英国 1990 年颁布了《广播电视法》和《电视新闻法》，分别管理广播电视行业、卫星电视及有线电视新闻。2003 年出台的《通信法案》则消除了控制电视产业的所有权障

---

① 夏学理、凌公山、陈媛编著《文化行政》，五南图书出版有限公司，2005，第 98 页。
② 参见王如君《创新需有力保护英国为知识产权保驾护航》，《人民日报》2007 年 4 月 27 日，第 7 版。
③ 毕佳、龙志超等编著《英国文化产业》，外语教学与研究出版社，2007，第 87 页。

碍，使英国广播电视市场成为世界上最自由的市场之一。2012 年出台实施的《现代音乐法案》，对现场演出的审核流程做出了简化，减免和修订了部分的许可程序，为现场演出开绿灯。①

英国虽没有专门的《出版法》，但涉及出版的法律很多，几乎涵盖了出版活动的各个环节，包括《版权法》《淫秽出版物法》《数据保护法》《儿童保护法》《官方机密法》《图书贸易制法》《竞争法》等。

（三）修改完善《国家彩票法》保证文化经费投入

英国是公认的赛马彩票发源地，其彩票运营有着悠久的历史，如今彩票已成为英国人生活中的重要内容。"1993 年 10 月 21 日，英国国会通过了《国家彩票法》"②，明确了彩票发行的目的主要是为公益事业筹集资金。法律的国家强制力使得国家彩票收入成为英国文化事业的主要资金来源。如今，"英国彩民每花一英镑购买彩票，就有 28% 的花费用于慈善、艺术、体育、文化遗产等公益事业"③。英国很多重要的文体活动、文化设施都得益于彩票基金，比如英国中部小镇威尔梭尔新艺术馆可看作彩票基金资助建设的示范工程，自 2000 年 2 月建成开放以来，不仅吸引了数万参观者，而且使威尔梭尔成为英国旅游景观之一。"目前有权分配彩票基金的有英格兰艺术理事会、威尔士艺术理事会、北爱尔兰艺术理事会、创意苏格兰、英国电影委员会等 13 家机构。艺术、体育和遗产机构所得拨款占彩票收入的 16.66%。"④ 2010 年 11 月，新彩票法案（The Lottery Shares Order）获得通过，该法案将国家彩票收入资助艺术、体育和遗产机构的资金比例修正为 20%。此举提高了国家用于资助文化事业的经费。通过发行彩票来募集文化发展经费，鼓励公民自愿支持文化事业，是一种非常规的利用社会集资进行文化资助的方法。由于彩票的"双刃剑"特征使得这种集资方式具有一定的负面效应，但英国政府

---

① 郑苒：《英国：文化艺术有潜力创造更大收益》，《中国文化报》2015 年 5 月 25 日。
② http：//www. camelotgroup. co. uk/KeyLandmarks. pdf. 2011 – 02 – 11.
③ http：//www. culture. gov. uk/what_ we_ do/national_ lottery/3393. aspx. 2011 – 02 – 12.
④ http：//www. culture. gov. uk/what_ we_ do/national_ lottery/3393. aspx. 2011 – 02 – 12.

通过有效管理和调控，依然让它释放出巨大的正能量。从 2012 年 4 月起，DCMS 提高了国家彩票基金对艺术的补贴力度，英格兰艺术理事会从中获得的拨款也相应增加，2010～2011 财政年度获得 1.51 亿英镑国家彩票基金，2014～2015 财政年度增加至 2.62 亿英镑。① 2014 年，为纪念国家彩票（the National Lottery）发行 20 周年，DCMS 梳理了 2010～2014 年在保守党和自由民主党联合政府共同推动下国家彩票资助的系列文化艺术项目，从巨石阵到谢菲尔德的植物园等文化遗址、旅游胜地到儿童博物馆、剧院、电影院、艺术工作室等文化艺术场馆，都从国家彩票基金中受益良多。②

（四）注重文化遗产保护

英国既是文化遗产大国，也是文化遗产保护强国。"早在 1877 年，面对全国范围内的大规模建造，威廉·莫里斯和约翰·拉斯全创立了英国最早的民间保护组织——古建筑保护协会，并促使国家将古建筑保护纳入立法范围，国家于 1882 年颁布了《古迹保护法》"③；又于 1990 年出台《城乡规划法》，建立了登录建筑选定制度，此举不仅扩大了古建筑保护的范围，而且更注重群体价值保护和等级划分。2017 年，英国政府批准了《关于保护文化财产的海牙公约》，《公约》的批准建立在政府 3000 万英镑的文化保护基金之上，该基金有助于保护和恢复全球冲突地区的文化遗产。

另外，作为海洋大国，英国拥有大量水下文化遗产。因此，英国政府在做好陆地文物保护的同时，较早涉足水下文化遗产保护的立法工作。1973 年，英国通过了《海难保护法》，规定凡英国水域内具有重要考古价值的船体残骸遗址和其他水下考古事宜必须经由海难遗址咨询委

---

① 郑荫：《英国：文化艺术有潜力创造更大收益》，《中国文化报》2015 年 5 月 25 日。
② https：//www.gov.uk/government/news/marking－the－national－lotterys－20th－anniversary. 2017－10－22.
③ 郝士艳：《国外文化遗产保护的经验与启示》，《昆明理工大学学报》（社会科学版）2010 年第 4 期，第 105 页。

员会决定，以防水下文物的损失；还有 1979 年通过的《古迹与考古区域法》、1986 年的《军事遗存保护法》、1996 年的《商船法》等法律都对英国水域内的水下文化遗产的所有权、使用权做出了明确规定，通过立法严密地保护了英国的国家文化权益。

（五）激励企业和个人资助

英国注重通过法律激励企业和个人资助文化事业。比如 1984 年，英国国会批准了《关于刺激企业赞助艺术的办法》，并拨专款成立专门组织实施，大大激发了企业赞助艺术的积极性。为激发私人资助热情，英国财政部对《慈善税法案》进行完善，对私人捐赠程序做了简化和改进，确认了很多文化机构的慈善组织身份，使他们可从慈善税法中受益。此举大大促进了私人资助的增长。2011 年，文化部宣布了一项税收优惠政策，旨在鼓励个人把遗产捐献给文化及慈善机构。从 2012 年 4 月起，捐出 10% 遗产的个人将有资格减免 10% 的遗产税。2013 年 3 月，文化部启动了一项文化捐赠计划，鼓励纳税人把收藏的重要艺术作品或其他文物捐给公立文化机构，作为回报，捐赠者将根据藏品的价值获得一定比例的减税。[①] 2012 ~ 2014 年三年间，英国纳税人（含法人和自然人）为英国的创意产业和高雅文化艺术的赞助或捐赠金额达到 14 亿英镑，一定程度上起到了与政府的财政扶持和资助互补的作用，促进了英国文化的繁荣和发展。[②]

四　英国文化资助体系的运作特点

（一）通过分权形成广泛的文化管理网络

"一臂间隔"管理模式是英国人的首创，英国的文化资助模式就

---

① 郑莽：《英国：文化艺术有潜力创造更大收益》，《中国文化报》2015 年 5 月 25 日。
② 李丽萍、杨京钟：《英国文化创意产业税收激励政策对中国的启示》，《山东财经大学学报》2016 年第 2 期，第 28 页。

是"一臂间隔"原则的具体运用：从对文化的集中管理到分权管理，中央政府与其所属行政部门不断向各种全国性的非政府公共文化机构分权，由他们负责政府文化资金的开支、文化项目的分配，此乃水平分权；同时也不断向各级地方政府分权，要求各级地方政府行使相应的权力或承担相关的责任，此乃垂直分权，从而形成了纵横交错、群策群力的管理格局。在英国，政府只管文化而不办文化，只有政府资助的艺术团，没有政府办的艺术团；只有国家级的艺术团，没有国家所有的艺术团。文化部作为中央政府行政主管部门，只负责制定政策和财政拨款，没有直接管辖的文化艺术团体和文化事业机构，包括国家级的大型文艺团体，如皇家歌剧院、皇家芭蕾舞团等；国家所有的大型文化单位，如大名鼎鼎的大英博物馆、国家美术馆、大英图书馆等，都是独立运作，不直接隶属于文化部。具体评估和拨款事务由非政府公共文化机构执行，他们通过具体分配拨款的形式，负责资助和联系全国各个文化领域的艺术团体、机构和个人，形成全社会文化事业管理的网络体系。这种管理方式能使文化事业的发展保持相对连续性，避免过多受政府的行政干预和党派纷争的不良影响。而且减轻了政府机构的行政事务，保证了政府工作的高效运作，减少了腐败滋生的机会。

英国地方性公共文化机构的建立和运营同样也贯彻了分权的原则，如面积最大的英格兰地区，在英格兰艺术理事会之下又按地域分布设立了9个郡的地区艺术理事会，原属英格兰艺术理事会的苏格兰和威尔士艺术理事会也分别让他们独立，此举有利于使各地区根据自身的区域特点管理并发展文化事业。

（二）资助条件严格

在英国，只有非营利机构才能接受资助。如果登记为非营利机构，一般可得到占其全部收入30%的财政资助，但也会受到较多限制，如提供一定数量的低价甚至免费门票以帮助那些较少有机会接近艺术的弱势群体等。比如苏格兰芭蕾舞团驻扎在格拉斯哥，接受苏格兰艺术委员会的拨款，每年必须在苏格兰各地巡回演出 28 周，这是接受拨款的前提条件，并且总拨款只占艺术团体全年支出的 60%，至于到国外演出，则有额外补贴。因此艺术团体必须创作出高水平的节目以吸引观众和赞助商，获得向外拓展的机会。

并不是所有非营利艺术机构都能得到政府资助，只有那些能体现政府对文化的管理目标和支持重点的项目才有望获得资助。"英国政府对文化事业的资助重点一般有三个领域：①严肃艺术，如戏剧、古典音乐、歌剧、芭蕾等，对商业性艺术如音乐剧、流行歌舞则不予资助；②国家级的重点文艺团体和机构，如皇家歌剧院、皇家芭蕾舞团、大英博物馆、大英图书馆、国家美术馆等；③高质量的艺术节目。"① 即使享受政府长期资助的团体或机构，资助一般也只能占其收入的 30% 左右，其余部分仍需自筹解决。

为保证政府资助取得良好效果，艺术理事会通过各种方式对享受长期资助的艺术团体进行监督。政府每年与享受政府资助的艺术团体签订资助协议，规定签约艺术团体需达到的水准并设立具体指标，包括观众人数、演出场次、售票额、筹款数额等。此外，还对受助团体采取年度评审、派出评审员跟踪持续评审、五年评审等方式进行评估，以此作为政府未来提供资助的依据。接受拨款的艺术院团每年都要上交年度报告、财政收支情况和年度计划，由艺术理事会的专家组进行审查，其艺术水准则由专门委员进行评估。艺术理事会全面审核评估报告，决定下一个财政年度资助计划。因此，即使接受政府长期拨款的艺术团体也不能一劳永逸。首先拨款不是固定的，如果当年成绩不佳、次年规划不力都不能继续获得资助；其次，拨款只占艺术团体支出的一部分，艺术团体必须不断拓展市场，增加票房收入，同时吸引商业赞助，多渠道自创收入。政府对拨款和资助的申请和批准的透明度很高，对经费的管理也很严格，无论是分配还是接受拨款和资助的机构都要向社会公布年度收支状况和工作业绩，接受纳税人的严格监督。正是因为这样严格的资助

---

① 毕佳、龙志超：《英国文化产业》，外语教学与研究出版社，2007，第 13 页。

条件，英国的艺术团体总是十分努力，在国际国内市场都创出了自己的艺术品牌。

（三）通过税收优惠促进文化发展

在税收政策方面，英国政府不仅对私人和企业资助文化事业提供税收优惠，还对一些文化行业实行减免税款的优惠。比如英国政府从未对图书、杂志、报纸征收过增值税，从而使英国的出版物始终处于零税状态。英国出版大国地位的奠定，与此资助政策不无关系。"英国软件和计算机服务市场是欧洲最大的市场，其产出占英国国内生产总值的3%。英国政府通过长远规划、为企业提供减税政策和附加基金等措施，为软件业的发展奠定了牢固的基础。"[①] 为鼓励和促进电影工业的发展，"英国政府规定制作成本在2000万英镑以下的英国电影，电影公司至少可以获得在英国花费成本20%的税收优惠；成本高于2000万英镑的，至少可以获得在英国花费成本16%的税收优惠"[②]。这些措施降低了投资电影的风险，有利于促进英国本土电影的制作。撒切尔政府执政时期废除了"定额制""伊迪税"等有利于电影发展的政策，主张将电影推向自由市场，此举使英国电影事业的发展曾一度停滞不前。1995年，梅杰领导的保守党政府开始将国家彩票的一部分收入作为艺术理事会主管的电影基金，从而改变了电影业的不景气状况。"1997年，布莱尔政府规定制作成本在1500万英镑以下的英国电影，其制片及申请许可的费用，可在当年享受100%的税收扣除政策。成本高于1500万英镑的英国电影，可分三年享受税收扣除。编写剧本的费用也可享受100%的税收扣除。"[③] 不仅大电影厂能得到国家资助，独立电影制作公司也能得到国家电影基金的资助。除了从艺术理事会获得资助外，还能通过英国电影学院制片公司、英国银幕制作公司获得支持。同时电视台和电视公

---

① 毕佳、龙志超：《英国文化产业》，外语教学与研究出版社，2007，第10页。
② 毕佳、龙志超：《英国文化产业》，外语教学与研究出版社，2007，第96页。
③ 毕佳、龙志超：《英国文化产业》，外语教学与研究出版社，2007，第99页。

司也成为英国电影的资助来源。系列税收优惠和资助政策使当前英国影坛呈现一片繁荣景象。2014～2016 年的官方数据显示，英国通过对视频游戏实施超过 4500 万英镑的税收减免，支持了超过 4 亿英镑的投资产出，推广提升了英国文化内涵，同时创造了可观的经济收益。①

2001 年 3 月，英国议会通过了 DCMS 关于推行博物馆免费开放的预算报告，并修改《增值税税法》，使国有博物馆最终全面实行了馆藏展览免费开放。在新的增值税体制下，对于实行免费开放的博物馆，政府返还其与免费开放活动有关的全部消费增值税。除此以外，DCMS 也制定专门财政预算予以支持。以 2007～2008 财政年度为例，DCMS 共向博物馆拨付 3.99 亿英镑，用于博物馆免费开放政策的实施以及博物馆的日常维护，其中专门用于补贴门票损失的预算为 4300 万英镑。在财政预算的大力支持下，英国博物馆免费开放政策成效显著。2007～2008 财政年度，DCMS 直接拨款的 21 家博物馆和美术馆共吸引观众 4000 万人次，间接资助的 45 家地区性中心博物馆共吸引观众 1400 余万人次。2007 年 6 月 21 日，包括大英博物馆、国家画廊、泰特现代美术馆等在内的英国最著名的 17 家博物馆和画廊负责人联名致信《卫报》，称博物馆免费开放政策是一个"巨大成功"。

2015～2016 财政年度，DCMS 资助了 15 家博物馆对其永久收藏品提供免费参观服务（包括：British Museum，Geffrye Museum，Horniman Museum，Imperial War Museums，National Gallery 等）。免费开放的博物馆让儿童群体也获益匪浅。官方统计报告 Sponsored Museums Performance Indicators 2015/16 显示，相较于 2014～2015 财政年度，儿童群体②对免费开放的博物馆的访问次数虽然有 1.8% 的下降，但年度总访问量也达到了 790 万次。最受儿童欢迎的两种类型的博物馆分别为：科学博物馆集团（the Science Museum Group）和自然历史博物馆（the Natural

① https：//www. gov. uk/government/speeches/matt – hancocks – speech – at – the – london – games – festival. 2017 – 10 – 26.
② 英国文化部对儿童"Child"的定义是：年龄在 15 岁及以下的小孩。

History Museum）。① 英国前首相布莱尔认为，随着此项政策的实施，"英国的博物馆变得不同了，英国的文化也变得不同了，它更加自信、鲜活和富有创意"，英国正迎来文化的"黄金时代"②。

（四）彰显艺术节庆的品牌效应

大不列颠及北爱尔兰联合王国的各成员国英格兰、威尔士和苏格兰以及北爱尔兰政府都不惜重金投入文化事业。由于较早意识到文化艺术不仅能愉悦身心，增进社会和谐，而且能改善旅游和投资环境，创造良好的经济效益，英国的 4 个大行政区十分重视文化资助事业。地方政府不仅投资改善公共文化设施，而且以其独特理念和运作模式，打造了一系列高规格的著名国际文化节庆品牌。比如有"世界最大的艺术节"之美誉的一年一度的爱丁堡国际艺术节，其宗旨是"举办世界表演艺术领域最令人兴奋的、创新的、接近大众的节日"，为最广泛的观众群提供最高水平的艺术作品，并以此增进爱丁堡和苏格兰人民的文化、教育和经济福祉。自 1947 年为恢复战争的创伤而设立以来，爱丁堡艺术节经过 71 年的历练已发展成享誉世界的艺术盛会，由最初强调音乐主题，走向如今涵盖戏剧、音乐、舞蹈、电影、绘画、摄影、文学、出版等多个领域的多元主题，包括爱丁堡国际艺术节、边缘艺术节、军乐节、电影节、儿童艺术节等 12 个子艺术节。2016 年 8 月，中国多家艺术院团参加爱丁堡艺术节，演出剧目包括湖南昆剧团的《罗密欧与朱丽叶》、江西赣剧团的《临川四梦》、浙江昆剧团的《牡丹亭》、上海戏剧学院的《无事生非》，对外经贸大学和利兹大学联合演出了《仲夏夜之梦·南柯梦》。演出机构从专业剧团到高校，从成人到儿童，从传统戏剧到创新演出，从经典剧目到边缘艺术，真正体现了多元化的精彩呈现；2017 年 8 月 12～13 日中国文化艺术节入驻爱丁堡艺术节的国际艺术节板块。张艺谋的对话寓

---

① https：//www. gov. uk/government/publications/sponsored – museums – annual – perform-ance – indicators – 2015 – 16/sponsored – museums – performance – indicators – 201516. 2017 – 02 – 22.

② http：//www. gdwh. com. cn/whwnews/2009/0319/article＿ 1049. html. 2011 – 02 – 13.

言和禅茶舞剧《幻茶谜经》、广东现代舞团的《临池舞墨》和武汉京剧院的《国粹生香》等节目在爱丁堡国际会展中心隆重上演。

爱丁堡艺术节是一个典型的文化资助案例。基于爱丁堡优良的文化传统、厚重的人文资源和巨大的品牌效应，艺术节已形成了多元化的资助主体、资助不影响艺术独立性的价值取向和强大的按需调节功能。艺术节的资助方有以 Virgin Money 为代表的金融机构，有以苏格兰政府、爱丁堡议会为代表的政府机构和以英国文化教育协会、创意苏格兰、苏格兰艺术与商业协会等为代表的第三部门，更有大学、住宿、交通、餐饮、超市等众多合作伙伴。艺术节由爱丁堡市长亲自挂帅担任艺术节协会主席，这一象征性的机构设置体现了政府对艺术节的高度重视和支持。"作为一个非营利组织和注册慈善团体，爱丁堡艺术节的预算经过了多方综合平衡，其资金主要来自：票房收入、募款、赞助及公共部门资助。"①2018 年 8 月，英国政府宣布将向爱丁堡艺术节的艺穗节提供 10 万英镑拨款，用于从国家和国际层面推广艺穗节中涌现的艺术人才。②

爱丁堡艺术节的理念是挑战常规，从其诞生起，71 年来从未间断。无论是官方机构还是艺术节的组织者，都十分看重艺术节的独立性。艺穗节和图书节的组织者还特别限制其经费来源中的政府资助比例。"苏格兰官员指出，政府资助经费主要是用于支持苏格兰本地的艺术团体参加艺术节，但不会干预参演节目的创作。"爱丁堡艺术节的节庆要角艺穗节组委会执行总裁 Shona McCarthy 女士自豪地宣称：正是由于这种创造性观念导致爱丁堡成为全球思想、发现和创新的枢纽型平台。尽管政治气候不太稳定，但为了保护创新理念，艺穗节依然不设任何审查机制，全方位开放，确保它能传递最广泛、最深刻的艺术与人性。2017年艺穗节吸引了来自 62 个国家的 3400 部戏在爱丁堡上演。③ 也正是由于这种与生俱来的草根性，艺穗节在 71 年里发展成一场世界性的运动，

---

① http：//www. eif. co. uk/about – festival/about – festival. 2011 – 06 – 19.

② https：//www. gov. uk/government/news/uk – government – announces – edinburgh – fringe – funding – to – promote – new – talent – on – global – stage. 2018 – 08 – 12.

③ http：//www. eif. co. uk/about – festival/about – festival. 2011 – 06 – 19.

如今世界各地已发展了 200 多个姉妹艺穗节。

爱丁堡艺术节旗下的各个艺术节都是应需求而产生，其发展格局一直是自然生长式的，有着强大的自我调节功能。2017 年 8 月，爱丁堡政府部门建议对爱丁堡艺术节进行彻底的改革，比如提前至 7 月举行，与苏格兰的学校假期一致。并且将演出延伸至市中心以外的场地。此举措不仅满足成千上万的游客需求，还会令生活在当地的人们更有归属感。而"爱丁堡国际电影节"将举办日期改到 6 月，避开 8 月的办节高峰，也是灵活调整发展思路的体现。在爱丁堡，艺术节庆活动的品牌效应得到巨大彰显，正引领着城市的文化复兴和经济振兴。

五　英国文化资助体系对我国的启示

（一）资助文化具有良好的社会和经济效益

从社会效益层面来看，资助、发展文化事业能为社会带来不可估量的效益：提供尽可能多的机会让国民亲近艺术，满足人们的精神文化需求，缓解或减少人们的精神焦虑，抚慰人心、规范道德、引领人们积极向上。此举既能提高公民个体生活质量，又有助于国家管理与社会和谐；发展文化事业还能提高民族整体创造力，展示民族文化精髓，弘扬民族风范。爱丁堡国际艺术节的创办缘由便是明证：1947 年，第二次世界大战以后，为鼓舞士气，使人们从战争的创伤中振奋起来，在英国皇室的支持下，由爱丁堡节日协会筹备，举办了第一届国际艺术节。现如今爱丁堡艺术节不仅吸引着世界顶级艺术家，而且也吸引着世界各地的观众，极大地提升了爱丁堡和苏格兰的国际声望，使爱丁堡成为最富有魅力、最吸引人、最让人迷恋的地方，为爱丁堡、苏格兰乃至全英国创造了可观的经济和社会效益。目前，文化、娱乐和体育的重要性在增进英国社会融合、促进国民健康、减少犯罪等方面日益显露出来。

英国的文化资助经验也充分证明了"文化是好生意"这一观念。从经济层面来看，民众对艺术的亲近为文化创意产业培养了消费市场和消费群体，拉动了艺术内需。比如英国的博物馆免费开放政策使得财政每年要补贴博物馆高昂的门票损失，但其产生的巨大经济效益很快消除了政策实施之初受到的质疑，况且还产生了丰厚的社会效益。英国博物馆免费开放已经在全世界享有盛誉，成为英国旅游业的一大特色。英国旅游业的发展与文化建设成就密切相关，去伦敦看博物馆、去爱丁堡参加艺术节已成为各国游客的热门路线，即使是恶劣的气候也阻挡不了人们前往爱丁堡朝圣文学之都、艺术节之都的脚步。每年 8 月，爱丁堡大街上人头攒动，精彩演出一票难求，大小宾馆人满为患。据英国文体部的调查，最受游客欢迎的英国十大旅游景点中，有 7 个是博物馆和美术馆。其中，泰特现代美术馆参观人数超过了纽约现代艺术馆和巴黎蓬皮杜艺术中心，成为全球最受欢迎的现代美术馆。

"失之东隅，收之桑榆"，艺术的"免费午餐"不仅带动了英国旅游业的发展，而且促进英国城市复兴运动和品牌经营的发展。"欧洲文化之都"活动成为利物浦城市复兴的催化剂，通过 5 年的具体规划，将一个原本市民文化素养有限、文化产业不发达的工业老城变成了名副其实的"欧洲文化之都"。据英国旅游局估计，2008 年该活动使利物浦乃至整个英国新增 200 万名游客。另外再以爱丁堡艺术节的经济效益为例：据调查，"全年 12 个子艺术节的爱丁堡艺术节，每年能给爱丁堡带来约 2.5 亿英镑（约合 22.4 亿元人民币）的旅游收入，同时让爱丁堡成了世界闻名的艺术之城"①。"来爱丁堡的旅游者中 65% 的人表示，艺术节是吸引他们来的唯一或重要原因。"② 单是"'世界文学城市'这一头衔每年都可望给爱丁堡带来大约 220 万英镑的收入，给苏格兰其他地区带来 210 万英镑的收入。"③ 据英国文化部网站发布的最新消息，英国蓬勃发展的创意产业的营收到 2030 年可能达到 1284 亿英镑，将为英国创造高达 100 万个新职位。

由此可见，文化资助可谓一箭双雕，难怪越来越多的国家计划把文

---

① 吕品：《爱丁堡艺术节为何如此成功》，http：//www. sohu. com/a/226115050_ 999735 83，2018 年 4 月 15 日。

② http：//news. sina. com. cn/o/2006 – 09 – 22/003910077067s. shtml. 2011 – 06 – 19.

③ http：//www. citure. net/info/20091013/20091013111810. shtml. 2011 – 06 – 19.

化既当"摇钱树",又当"传声筒"。英国通过文化资助促进社会融合,通过发展创意经济获得可观的社会和经济效益的成功经验值得我国借鉴。

(二) 三级文化管理体制的分权模式运作良好

通过对英国文化资助体系组织架构的梳理我们可以发现,在国家文化管理的权力配置上,他们采取制定政策、具体决策和执行环节相分离的分权模式:DCMS 负责政策的制定和执行的监督;由政府主导设立的各文化领域的理事会或委员会——英国文化资助机构中的中间一级负责决策事务,如资助和拨款环节的操作、文化活动的策划主要由他们负责;而具体的文化服务机构则负责执行理事会的决策。这种各司其职的运作模式既减少了政府的直接干预,提高了政府的运作效率,又调动了社会力量和基层组织的文化参与热情。

文艺团体是文化活动的实施主体和重要抓手,但我国现有的两个全国性文艺界人民团体——文联和作协从中央到省、市、区都是类行政建制,其专职工作人员都有相应的行政级别。中国文联、中国作协是国家认可的正部级单位,省文联、省作协则作为厅级单位存在,到市里区里则有相应的局级、处级待遇。这种定性使得它们的运作方式与政府行为界限模糊,它们有独立的财政拨款渠道,收支直接纳入财政预决算,与文化部(局)并无拨款与分配的关系,甚至业务往来都不多。它们各自设立的奖项也让人很难区分哪是政府奖,哪是行业奖。比如即使是文化界人士如果不是当事人恐怕也很难区分"文华奖"和"梅花奖"的奖励对象和颁奖部门。政府文化主管部门与文艺社团组织职能、行为的界限模糊、职能交叉造成了各自的缺位和越位。

我国文化行政部门一直存在条块分割和职能交叉现象,用香港文化学者陈云的话来说叫"文化诸侯""独立王国"比较形象。"发展迅速的文化市场一体化进程与文化行业体制的结构性矛盾已经日益凸显。"[①] 对

---

① 傅才武、纪东东、姜文斌:《文化市场一体化进程与文化行业体制的结构性矛盾及其因应策略》,《江汉论坛》2010 年第 5 期,第 129 页。

此，我们应首先从建制上理顺关系，建立一套既适合中国国情又与国际接轨的科学、合理、高效的文化管理体制。2018 年 3 月 13 日，国务院机构改革方案提请十三届全国人大一次会议审议。根据该方案，改革后，国家旅游局与文化部合并，组建文化和旅游部。旨在顺应文化和旅游重合度越来越高的事实，促进文化事业、文化产业和旅游业融合发展。关系理顺、职能定位清楚后，文化旅游部的主要职能是根据国家法律和文化发展需要，研究制定文化政策，并做好资金保障和监督指导工作；文联、作协这类社团组织更应作为一个行业组织存在，应广泛联系和团结更多的一线艺术家，在行业维权、行业自律、业务提高方面发挥切实作用。这一理念指导下的文化行政体制建构尽管让政府的权力变小了，却有可能达到文化发展目标，实现"和谐社会"愿景。

（三）通过设立文化指标提高文化行政的科学性

由于政府公共资金问责制和领导干部终身追责制的实施以及提高文化行政科学性的要求，建立科学、系统的文化评估标准，通过定量的文化指标监测、考察文化机构工作逐步被提上议事日程，英国早在 2004 年就在文化指标领域做出了有力的探索。他们主要通过"地区文化数据框架"（Regional Cultural Data Framework）后来发展为"文化媒体与体育部政策依据工具包"（DCMS Evidence Toolkit）这一政策工具用于实现文化发展监测。该项目于 2004～2005 年首次将文化领域界定为七个部门：视觉艺术、表演艺术、视听、书籍出版、文化遗产、体育及旅游，并把它们放置于价值产业链或"文化循环"分析法引导下的数据矩阵中。它对于地区及国家文化政策的监测与实施发挥了重要作用，同时也对联合国教科文组织文化统计框架的重新修订起到了积极作用。[①]在英国中央政府对地方政府最优价值绩效指标（Best Value Performance Indicator，BVPI）体系中，具体文化指标为：平均每千人参观/使用博物馆与美术馆的人次、平均每千人到馆参观/使用博物馆与美术馆的人

---

① 任珺：《跨域视角下的文化政策研究》，社会科学文献出版社，2014，第 144 页。

次、学校组织团体参观/使用博物馆与美术馆的学生数、保有特色的保护区所占比例和"公共图书馆服务标准"达标情况；在"全面绩效评估"（Comprehensive Performance Assessment，CPA）体系中，"文化及相关服务"绩效指标为：可及性（Access）、参与度（Participation）、质量（Quality）、投资效益（Value for money）。英国自2008年4月1日起实施的国民指标体系（National Indicators，NI）中的文化绩效指标则为：成人对于体育运动及活动的参与度、公共图书馆的使用情况、博物馆/美术馆参观人次、艺术融入。① 这些指标体系有专门的全国性的独立公共机构作为执行者，这些机构同时负有收集信息反馈、研究、设计、制定、修正和发布相关绩效评估体系的使命，为中央政府跟踪监测地方政府及地方合作机构的公共文化服务绩效提供了参照，同时也为地方政府提高公共文化服务水平提供了抓手。

具体到不同的文化部门，英国也建立了相应的考核标准。从1988年开始，英国政府大力推进博物馆登记制度，以此来检验博物馆建设是否达到了专业水准。此登记制度的执行机构为博物馆、档案馆和图书馆委员会，分四个阶段运作：自我评估、登记委员会评议、定期每年复查、5年重新登记。该制度为英国2000多座博物馆树立了行业标准，为博物馆的资助机构提供了客观依据，帮助博物馆解决了一些重要的业务问题，全面促进了博物馆业务的完善与提升。

此外英国的古建筑登录制度建立起了由地方规划部门、地方文明团体、公众法定保护团体、环境部门组成的严密的保护体系，在保护历史文化遗产方面发挥了硬杠杆作用。他们将选定为法定保护的古建筑称为"登录建筑"，自1944年开始，根据英格兰遗产委员会的建议，国家遗产部大臣将符合"有特殊建筑艺术或历史价值，其特征和面貌值得保存的建筑物"定义的建筑编纂成一个目录，迄今在英格兰、威尔士已有50万个登录建筑。其选择登录建筑的依据如下：①建筑艺术特征；②历史特征；③群体价值；④年代及稀有程度。登录建筑还按重要性划分等级，

---

① http：//www.istis.sh.cn/list/list.asp? id=5125. 2017-07-03.

最重要的 2% 为I级，接下来的 4% 为II级，余下的 94% 为III级。这种等级
划分帮助指导政府处理那些影响建筑的提案。① 登录制度为各类政府和非
政府部门的文化遗产保护组织提供了尚方宝剑。任何登录建筑的拆毁、
改建和扩建都必须由业主向地方规划部门提出申请，获得许可证后方可
执行，规划部门在做出决定之前必须发布公告并通知相关机构，于 21 天
内听取公众意见后做出决定；若为II级以上建筑，则需 28 天；拆毁则需
30 天的公示期；至于登录建筑的修缮和维护，规划部门也有相当的权力，
可以随时停止可能对建筑有害的工程。如果建筑维护得不好，规划部门
会向业主或建筑使用者发出"修缮通知"，两个月后不执行者当局可按市
场价收购；任何未经许可而对登录建筑进行拆毁、改建、扩建的行为都
被视为刑事犯罪。严苛的制度和严格的标准留住了大量重要的和当前还
不太重要的古建筑，较好地保存了英伦三岛的历史文化风貌。

近年来，我国也将文化指标的建立与运营当作推进文化行政科学化
的重要抓手。文化政策学术界从我国公共文化服务体系建设的实际需求
出发，全面介绍了国际上的文化指标研究概况和实施经验。2011 年，
江苏省首次将文化指标——"公共文化设施网络覆盖率"列为"十二
五"经济社会发展主要指标。② 同年，文化部也首次出版了《2011 文化
发展统计分析报告》，以后每年出版一部，从文化投入情况、全国公共
图书馆事业发展状况、文化馆（站）发展情况、贫困地区公共文化发
展情况、公共文化设施利用率评价等角度对我国文化发展态势进行量化
研究。另外，文化部自 2002 年开始启动全国群艺馆、文化馆的评估定
级工作，该项工作每 4 年进行一次，促使各级政府采取各种措施加大对
文化馆等基层文化设施的投入，同时也提高了各级政府及社会各界对基
层文化建设重要性的认识。同时国内学者也致力于结合国内外现有公共
文化服务绩效评估实践及理论研究成果，以新公共服务为理论基础，尝

---

① 〔英〕大卫·沃伦：《历史名城的保护规划：政策与法规》，《国外城市规划》1995 年
第 1 期，第 18 ~ 19 页。

② http：//www. chinadaily. com. cn/hqpl/zggc/2011 – 02 – 12/content_ 1755012. html. 2011 –
02 – 16.

试设计符合中国国情的文化指标体系。其中有代表性的主要有以下几种：任珺（2014）从政府投入、发展规模、产品及服务、社会参与、人才队伍及公众满意度等维度来考虑指标体系的设定；[①] 苏祥、周长城等（2016）则从公共文化服务设施、公共文化活动、公共文化服务管理等 3 个维度 13 个基本指标制定了"以公众为导向"的公共文化服务绩效评估指标体系。[②]

类似的文化标准化建设工作是中国文化行政部门面对"文化是不可测量的"现实困境的突围，体现了对政府提供的公共文化服务实施绩效管理的新公共管理理念。在此理念指导下，我们应以政府所提供的公共文化产品和服务对接受者产生的实际影响、接受者的满意度为主要评估指标，运用"以服务对象为中心""以结果为本"的评价理念，促进我国公共文化服务从规模扩张式发展向质量内涵式发展的优化升级。

第四节　韩国文化资助体系

韩国自 1998 年确立"文化立国"国家战略以来，文化事业在短短二十年实现了迅速崛起，以"韩流"为代表的韩国文化已经成为其开展国际经济文化交流的名片。文化的发展不仅促进了韩国国内经济文化的复兴，而且助其树立了良好的国家形象、提升了国际地位。韩国相比我国虽然地域狭小，文化资源匮乏，但整个国家，从政府、企业到普通民众都十分重视文化发展。韩国政府对文化事业的扶持与资助力度较大，一方面实施资金扶持和立法保障，为文化发展提供充足资金、创造良好环境；另一方面以税收优惠激励政策动员广大民众和企业参与文化资助。

---

① 任珺：《跨域视角下的文化政策研究》，社会科学文献出版社，2014，第 160 页。
② 苏祥、周长城、张含雪：《"以公众为导向"的公共文化服务绩效评估：理论基础与指标体系》，《黑龙江社会科学》2016 年第 5 期，第 90 页。

一 韩国文化资助体系发展历程

韩国自建国以来，经过历届政府努力，用了 60 多年时间建立起健全的文化资助体系。20 世纪 60 年代以前，韩国国内贫困，文化需求不强，文化政策主要侧重于文化审查；70 年代的朴正熙政府开始意识到文化的重要性，制定了《文化艺术振兴法》和《文艺振兴五年计划》，并设立了韩国文化艺术振兴院和文化振兴基金。当时文化政策主要聚焦于对艺术创作者的扶持，支援艺术家和艺术团体的创作活动，以及保护文化遗产、进行广播电视宣传等方面。

1980 年代后韩国经济持续增长，文化需求也随之激增，韩国政府因势利导提出了"文化立国"方案以文化促进国家的发展。80 年代后半期韩国政府重视"文化福利"问题，制定了《文化发展十年计划（1990～1999）》，文化政策走向了对文化艺术的参与和扶持。这一时期韩国美术馆体系开始建立和发展，政府在其中发挥着主导作用，出台了《博物馆美术馆振兴法》等，通过立法保障公众的艺术权益。其时，韩国对文化的投资大幅增加，达到政府总预算的 0.6%～0.7%。[①] 韩国不仅新设了独立的文化部负责文化领域的行政业务，而且成立了国语研究院和韩国艺术综合学校等机构来培养文化类人才。

1990 年代后期的金泳三政府注重保障民众的文化参与权，并制定《文化畅达五年计划（1993～1997）》，文化政策不再是单纯的对传统文化和艺术的保护，也注重提升民众的文化生活质量。[②] 1996 年之后，国家确立了均衡发展的战略之后，在文化基础设施领域加大国家层面的资助力度，进行了大量的直接资助，特别是加大了对美术馆文化资助活动。

1997 年上台的金大中总统宣布废除针对文化艺术的审查制度，最

[①] 詹德斌：《韩国文化战略与文化外交》，《国际研究参考》2013 年第 11 期，第 20～30 页。

[②] 曹德明：《亚非文化政策研究》，时事出版社，2015，第 12 页。

大限度地保障创作和表达自由。金大中上任当年政府就出台了《国民政府的新文化政策》，正式提出文化立国方针，韩国文化迎来一个新的发展时期。韩国政府的文化预算在 2000 年首次突破政府总预算的 1%，2001 年又上调 9.1%，进入"1 兆韩元时代"，2003 年达 1 兆 1673 亿韩元。[1] 韩国政府在随后的《文化产业白皮书 2001》中明确规定确保 1% 的政府预算用于支援文化基础设施建设，实现文化的地方分权化、扩大国民享受文化的机会，通过文化福祉提高国民生活质量，同时支援文化产业和观光产业实现经济增长。[2] 卢武铉政府的文化政策基调与金大中政府一样，但更强调文化需求的多样化，产业与艺术的均衡发展，先后推出了《创意韩国》《新艺术政策》《文化强国（C – KOREA）2010》《文化愿景中长期基本计划》和《未来文化战略 2020》等。卢武铉政府和李明博政府还采取了修改相关法律、设立基金、改善投资环境等政策措施，鼓励文化发展。进入 2000 年以后，韩国政府在文化政策方面做出了一些转向，开始鼓励各类社会组织和民间资本进入公共文化服务领域，并在 2004 年以后开始尝试以彩票基金来资助地方私立美术馆。

朴槿惠政府打出"文化隆盛"的旗帜，目标就是把韩国打造成真正的文化强国，让韩国的文化遗产和民族精神与全人类共享。朴槿惠在执政两年左右的时间里，于 2015 年将韩国文化财政预算提高到了 1.3%，并计划在未来将其提升到总预算的 2%，可见政府对于文化发展的高度重视；不仅如此，朴槿惠还对 20 部文化类法律进行了修订，并出台了《文化基本法》《文化多样性保护和增进相关法律》等四部文化类法律。[3] 除此之外，朴槿惠政府还提高了"文化外交"的地位，要求驻外机构根据所属国的具体情况开展文化外交以促进文化隆盛目标的实现。为推进韩国文化事业的发展，韩国在文化事业方面的财政预算不断增加，2017 年韩国文化、体育和旅游预算增长 6.9%，首次突破 7 万

---

① 永春：《韩国发展文化产业的战略和措施》，《中国文化报》2003 年 8 月 15 日，第 3 版。
② 〔韩〕文化观光部：《文化产业白皮书 2001》，http：//www. mcst. go. kr/chinese/index. jsp，2018 年 4 月 15 日。
③ 李祗辉：《韩国"文化隆盛"政策解读》，《青年记者》2015 年第 35 期，第 86～87 页。

亿韩元大关，达到了 7.1 万亿韩元（约合 404.7 亿元人民币）。其中 2017 年首尔市政府给出了 6291 亿韩元（约合 36.66 亿元人民币）的财政预算支持文化旅游发展，在 12 项经费支出中仅次于社会保障、交通和教育领域。

二　韩国文化资助体系的组织架构

（一）文化体育观光部

文化体育观光部（文体部）是中央行政机关，最初为文化部，2008 年被确立为文化体育观光部，该部是国家文化、体育、观光、宗教、媒体、宣传等领域的行政管理部门，负责制定相关事业中长期发展战略和规划，也研究拟定并监督实施相关方针政策、法律法规，同时设立宣传政策科等促进国民沟通。文体部格外重视对外文化宣传，担任了"文化外交"的伟大使命，例如 2001 年文化体育观光部特别制定了"培养韩流文化方案"，在首尔建立"韩流发祥园地"，在北京、上海等地建设"韩流体验馆"，由民间专家学者组建"亚洲文化交流协会"等，① 以期促进韩国文化的国际影响力。文体部始终以普及全民文化、体育与旅游事业，实现国民幸福为目标，积极扩大文化基础设施的建设、提高民众文化活动的参与度等。

（二）韩国文化艺术委员会

韩国文化艺术委员会前身为 1973 年根据《文化艺术振兴法》成立的韩国文化艺术振兴院，主要负责文学、美术、音乐、舞蹈、话剧、摄影、语文、出版、大众文学等事业和日常活动的组织和管理、资金支持和文化设施管理及运营，文化艺术振兴基金等资金的使用分配等。② 韩国文化艺术委员会是以推动文化艺术事业发展为目标的国家级、非营利

---

① 王众一、朴光海：《日本韩国国家形象的塑造与形成》，外文出版社，2007。
② http://www.arko.or.kr/home2005/chi2007/aboutus/history.jsp. 2018 – 01 – 02.

机构。近年来，文化艺术委员会通过推出一系列政策、项目，大力吸引文化艺术民间捐赠。2012 年末，韩国文化艺术委员会面向社会推出了"艺术树运动"，旨在动员普通民众通过捐款支援弱势文化艺术活动、扶持新晋艺术家和地方文化艺术事业发展；动员企业通过与艺术团体结对子，参与企业教育项目等一系列活动，实现企业和文化艺术事业的双赢。据统计，自 2012 年 11 月 1 日至 2013 年 12 月 31 日，参与这项活动的韩国民众超过 1.7 万人，参与企业 6 家，种下 7.9 万棵"艺术树"，募集金额 2.37 亿韩元。① 此外，为了推动文化艺术民间捐赠事业的不断发展，韩国政府于 2013 年 12 月末通过了《文化艺术后援盘活法》，韩国文化艺术委员会负责对"文化艺术优秀后援机关"的认证基准和程序进行规范；韩国文化艺术委员会下属的艺术分享部转型为"文化艺术后援中心"，强化其文化艺术综合支援的功能。通过"文化艺术后援优秀案例发表会"等活动，实现优秀案例共享，逐步建立韩国文化艺术委员会、地方文化财团、民间文化财团、企业艺术捐赠协会、中小企业中央会等机构间的"文化艺术后援连接网"。

（三）其他文化资助机构

与法国"所有部长都是文化部长"② 情况类似，在韩国，除了文化体育观光部以外的政府部门也为韩国文化产业的发展提供积极支持，产业资源部向文化产业界进军海外提供资金支持，教育部提供人才培育支持，财务经济部提供税金优惠方面的支持；韩国政府还在釜山、光州等地投资建立"文化产业支援中心"，形成中央与地方的文化产业管理运行机制。在韩国，文化产业协会和文化基金会也是相当重要的中介协调机构，协会依行业而立，文化基金会则分为中央政府设立的基金、地方市政府设立的财团和大企业设立的财团，中央层面的如文化振兴基金，地方层

① 宋佳烜：《韩国盘活文化艺术民间捐赠》，《中国文化报》2014 年 2 月 27 日。
② 谢武军：《所有部长都是文化部长——法国公共文化一瞥》，《学习时报》2009 年 4 月 27 日，第 10 版。

面的如首尔文化财团、仁川文化财团等，企业的则有 CJ 文化财团、NHN 文化财团等，这些协会和财团也力所能及地资助文化。

三　韩国文化资助的立法保障

(一) 保护历史文化遗产

韩国同许多工业化国家一样，经历过只注重经济增长而忽视发展文化的阶段，尤其忽视了对传统文化资源和文化遗产的保护。据资料记载，韩国在被日本强占时，很多具有历史文化价值的物质和非物质文化遗产都遭到了破坏，如一些古建筑、重要的史书和非物质文化遗产等。进入 20 世纪 60 年代，韩国开始重视对文化遗产实施制度和法律上的保护，于 1962 年 3 月成立了文化遗产委员会 (隶属于韩国文化遗产厅，相当于我国的国家文物局)。委员会下设有形文化、无形文化遗产等 8 个分课，各分课均由各文化遗产保护团体、大学、研究机构的专家组成。除专职专家外，韩国政府还聘请了 180 名各界文化遗产专门委员。[1] 同年韩国颁布了《文化财保护法》，开始着力于对传统的、民间文化资源进行搜集和整理；该法根据价值大小对非物质文化遗产进行分级，国家级的给予 100% 的经费保障，省市级的给予 50% 的保护经费，剩下的由所在地区资助。关于文化遗产保护的法令还有《古都保存法》《乡校财产管理法》《建筑法》《国土利用管理法》《城市计划法》及《自然公园法》等。文化遗产厅行政指南中有《国家指定文化遗产周边现状及变更基准指南》《石雕文化遗产保存处理工事指南》《埋藏文化遗产调查业务处理指南》《寺庙遗物展示馆建立运营管理指南》《文化遗产地域水土保存管理指南》《国家指定文化遗产管理团体业务指南》，以及《关于遗迹展示馆等的管理运营的指南》等。地方政府文化遗产的

---

① 马驰：《文化遗产的保护与历史文脉的传承——对韩国文化遗产保护经验的思考》，《广西师范大学学报》(哲学社会科学版) 2009 年第 1 期，第 13 ~ 17 页。

管理遵循各地方政府制定的文化遗产保护条例来运营。① 总之，法律的
制定和具体制度的实施为韩国历史文化遗产保护提供了重要保障。

（二）保障文化发展资金

1972 年《韩国文化艺术振兴法》颁布，韩国成立了文艺振兴基金。此
基金由韩国文化艺术委员会管理，主要负责为相关文化事业和活动的发展
提供支援。文艺振兴基金的资金来源多样，既有由政府拨款、企业法人和
民众的捐赠，也有基金会运营获得的收益，同时还有从公共文化机构入场
费当中按一定比例扣除的基金。文学、舞蹈、视觉艺术、音乐、戏剧、传
统艺术等是基金会主要援助的艺术门类，其中的文化艺术从业人员也会受
到资助；基金会每年也会通过开展一些具体的文化项目实施文化艺术资助。
文艺振兴基金的推行提高了民众对于文化艺术的参与度，也促进弱势群众
参与文艺创作，还强化了民众对于国家、民族的身份认同。2014 年基金会
推出了与文学、视觉艺术、音乐、戏剧、舞蹈、传统艺术等相关的公益活
动，旨在面向社会福利机构、农村、临时租住区、劳教机构、军队等地，
为他们送去文化福利。2005 年韩国政府推出名为"韩国母胎基金"（Korea
Fund of Funds）的基金项目，运营期限为 30 年，专门设立文化账户。截至
2011 年 12 月，文化账户拥有资金 8144 亿韩元，其中有 2889 亿韩元来自政
府注资，投资项目多达 1056 项，其中电影领域占 50.9%、游戏占 15.3%、
公演占 12.1%。②

（三）营造良好制度和法律环境

韩国政府迄今共颁布《文化基本法》《著作权法》《知识财产基本
法》《观光基本法》《图书馆法》《国语基本法》《文化产业振兴基本
法》《体育产业振兴法》《艺人福利法》等涉及文化、体育、观光、旅

---

① 郑立菲、樊晓娜、王雅萱、刘婷婷：《韩国文化遗产保护政策及其对我国的启示》，
《文教资料》2010 年第 10 期，第 87～89 页。
② 《多国文化艺术基金：扶持文化事业资助文化产业》，《中国文化报》2014 年 1 月 16
日，第 9 版。

游等领域的法律法规 224 部。众多具有鲜明行业特色的法律法规的颁布不仅规范了文化市场的运行秩序，而且为文化发展创造了良好的制度和法律环境。譬如，韩国《著作权法》在 1957 年出台时就包含了对侵权的刑事处罚规定，侵犯著作权可处 1 年有期徒刑或 50 万韩元罚款，2000 年修订时进一步加大了刑事处罚力度，侵犯著作权可处 5 年有期徒刑或 5000 万韩元罚金。① 韩国《著作权法》的修订和完善促进了版权产业的规范运营，为创作提供了良好的环境。

（四）激励社会资助

韩国政府自 1999 年至今，先后颁布了《税收减免管理法》《特别税收待遇管理法》等税收法律，通过一系列国家和地方的税收优惠政策鼓励和扶持文化发展。例如韩国《公司所得税》规定，法人公司、社会民间机构通过非营利第三方机构捐赠给文化、教育部门的款项，按10% 的限额比例税前计算扣除；② 同时规定非营利文化活动、图书馆、博物馆等文化场馆的门票均免征增值税等，实施了众多促进文化产业和文化事业发展的税收优惠政策，这些规定同时也促进了企业和社会组织从事文化资助活动。为了推动文化艺术民间捐赠事业的不断发展，韩国政府于 2013 年 12 月末通过了《文化艺术后援盘活法》，该法案关注文化艺术发展，努力为众多文化艺术项目吸收社会资金提供法律和制度上的保障，调动了企业资助文化事业的积极性。按照法案规定，韩国文化体育观光部主管"文化艺术后援媒介团体"的资格审查，从事文化艺术领域的非营利法人或团体可以寻求帮助，一旦审查通过，就能获得相应的资金支持以及从国家、地方税务部门获得税额减免的机会。这一认证政策刺激了文化艺术领域社会资金的注入，使文化艺术团体可以获得来源广泛的资金支援。此外，文体部还为捐赠的企业提供"文化艺术后

---

① 罗涛：《韩国版权制度助推"韩流"涌动》，《中国知识产权报》2009 年 12 月 25 日，第 10 版。
② 杨京钟：《文化产业财税政策：韩国的经验与启示》，《学习与实践》2013 年第 8 期，第 123～129 页。

援优秀机构"的认证制度，有力地提高了文化资助方的社会地位，提升
了企业的知名度和影响力，因此众多企业也乐于投身文化资助，与文化
机构一起寻求彼此合作和共同发展。

四　韩国文化资助体系的运作特点

（一）政府杜绝微观上办文化

"政府主导、民间参与"是韩国文化管理的主要模式，即政府主要
从宏观层面进行管理，为文化发展制定相关规划，不在具体事务上主导
文化走向。政府合理的"管与放"为文化创造了自由发展的环境，促
进了文化的繁荣与多元化发展。韩国政府坚持以弘扬民族的优秀传统文
化、以"文化外交"促进文化输出并由文化带动国家经济实力的增强
为主要目标，再以适当的政策、法律和财税手段等方式宏观调控文化发
展。政府杜绝微观上办文化，也不干涉具体文化项目的执行，通过完善
的法律法规制度为文化发展提供良好的市场环境，努力扮演好"监督
者"角色。

（二）政府资助力度大、范围广

韩国在亚洲经济危机爆发后财政紧张的情况下，依然不放松文化资
助，文化预算反而逐年增加。1998年文化预算占国家财政预算0.62%，
2000年首次突破1%，2003年猛增为1.17万亿韩元，比1999年增长
140%。① 2014年，韩国政府文化相关预算为5.3万亿韩元，约占国家财
政总预算的1.49%。2013年朴槿惠政府提出，按年均增长率11.7%计算，
争取到2017年实现文化财政占国家财政总预算2%的目标。除了直接的
中央和地方财政预算之外，韩国还设置了众多的文化基金，其中文体部
财政专项基金主要包括文化艺术振兴基金、地域新闻发展基金等，这些

---

① 曹世功：《韩国：综合政策扶持，提高竞争实力》，《经济日报》2007年12月26日，第
11版。

基金分别由韩国文化艺术委员会、舆论振兴财团等根据文化体育观光部年度预算运营企划案进行分配、管理和使用。例如，2014 年，国家财政拨付文化艺术振兴基金 1875 亿韩元，比 2013 年增加 53%，用于资助团体和个人的文艺创作、优秀期刊发行、演出活动、文学调研、文艺批评、国际文化交流和文艺工作者创作安全网建设等，由文化艺术委员会分类、列出细则，通过公告和受理申请。① 政府除了预算和资金投入以外，还构建了一套完整的文化产业奖励激励机制，设置了总统奖、总理奖等奖励为文化事业做出突出贡献的企业和个人。伴随着韩国文化蓬勃发展的是政府的大力扶持，无论遭遇经济危机财政紧缩，还是在文化产业已经稳健发展的形势下，政府都不放松对文化事业的关注，采取多元措施开展文化资助。

韩国政府在文化建设方面，资助力度大、涉及面广，特别重视对于传统文化的保护以及社会公共文化服务机构的投入；对于公立和私立博物馆，韩国政府都会进行投入和引导，除了资金支持以外，还会主导拍摄关于博物馆和文化设施的宣传片、导游图等，在公共场所进行投放以帮助宣传和推广文化事业。

（三）资金来源广泛

政府的各项财政、项目基金的多方位扶持以及调动多方投资主体的积极性共同促进了韩国文化的发展。韩国文化财政来源多元化，国家层面有中央政府的直接补助和奖金，地方层面有地方政府为扶持地方文化事业的财政预算，社会层面有企业及民间资本组成的基金会，通过文化登记制度、税收减免制度鼓励企业和个人的文化投入。很多文化艺术院团的经费来源主要仰仗众多企业、公司、基金会和个人的商业赞助和公益捐助。来自社会的非政府资金远高于政府提供的援助，比如为鼓励企业为文化产业发展提供赞助，政府规定相关企业可

---

① 韩文：《韩国政府全方位提升文化治理能力》，《中国文化报》2014 年 11 月 13 日，第 10 版。

以享受 3% 左右的税收优惠。① 在政府的引导和推动下，韩国众多的企业都加入文化资助行列，其中韩国最大的三星集团便是"模范代表"，不仅大力支持韩国艺术界优秀人才出国交流，而且在国内打造了三星儿童博物馆和三星美术馆。韩国企业能够积极参与文化发展，一方面源自企业的社会责任感，另一方面则离不开政府所付出的努力，例如对企业的税收优惠和奖励等。同时政府以"投资组合"的形式实施官民合作、以政府和社会共同融资的方式支持文化发展。2001年和 2002 年，韩国文化产业振兴院成功运作的"投资组合"有 17项，共融资 2073 亿韩元，其中政府 350 亿韩元，民间 1723 亿韩元。2002 年韩国共为文化产业融资 5000 亿韩元，随之在文化创作和基础设施建设、营销和出口、人才培养等方面各投入了 1700 亿、1870 亿、1430 亿韩元。②

五　韩国文化资助体系对我国的启示

（一）文化资助促进国家文化经济发展

韩国完备而健全的文化资助体系有力地促进了文化的繁荣与国家经济的发展。在韩国政府推行的文化政策当中，除了重视推行文化产业振兴政策，开发文化的经济属性以外，还特别强调大力发展文化事业，培育健全的公共文化服务体系，诸如设立国家图书馆和博物馆，建设国立剧院、组建国立国乐院、制定文化保护措施等。韩国目前有近 300 家博物馆，其中 10 家由中央政府出资创办和管理，而众多的地方博物馆则是由地方政府支持和管理。同时文化资助也为韩国文化产业的发展创造了良好的社会环境，使韩国借助对传统文化资源的开发与利用丰富了文化产品和服务的内容与质量，借助"文化外交"战略一跃进入世界文化强国

① 张国涛、郑世明、崔玮：《影像的冲击力——新世纪中韩电视剧流变研究》，中国传媒大学出版社，2014，第 1 页。
② 张胜冰、徐向昱、马树华：《世界文化产业导论》，北京大学出版社，2014，第 7 页。

前列。特别是 1998 年的亚洲金融危机使韩国经济遭受重创，于是他们根据市场的发展变化，迅速调整国内产业结构，开始向文化产业进军。通过文化资助，韩国以文化发展带动了经济的复苏与繁荣，以"韩流"打开了国际市场，促进了韩国文化软实力和综合国力的提升。在新的时代背景下，文化发展依然需要政府推动，通过制定具体的文化发展战略和规划、落实对文化建设的资助和扶持，不断完善我国文化服务基础设施的建设，为文化产业的发展创造自由、宽松和公平的发展空间，以实现文化强国的伟大目标。

（二）注重文化发展规划和资金保障

在实施文化资助时政府制定了合理的发展规划，几乎每一步文化战略都有配套的发展规划；同时注重完善法律法规和健全产业政策体系，为文化建设提供充足的扶持资金。韩国政府重视通过资助专门的文化艺术项目以促进地方文化艺术振兴，例如釜山甘川洞文化村项目，中央和地方政府不仅提供持续的财政支援，而且还不断出台相应的改善措施及促进政策。政府一方面直接资助文化，另一方面带动全社会关注文化建设，形成良好的文化氛围。以文化遗产的保护与开发为例，韩国政府重视立法、能够为重要的文化资源保护项目提供 50% ~ 100% 的财政资金预算，而我国目前所做的与之还相差甚远，我们所面临的不仅仅是资金的短缺和立法环境的不健全，还包括整个国家文化遗产保护意识淡薄，一些地方政府在经济挂帅的政绩思维主导下，依然忽视文化资源保护的重大价值和意义。

（三）调动全社会的文化资助热情

韩国政府在发展文化的过程中构建起完备的文化资助体系，不仅依靠中央和地方的财政预算支持文化事业发展，还积极动员民间力量，通过对普通民众和企业实施精神和物质的双重奖励调动他们参与文化资助的积极性。他们的加入一方面可以为支持文化艺术提供多元化的资金来源，另一方面也可以让大众了解并逐步参与到文化艺术中来。韩国政府还通过设立多种专项基金来扶持文化产业发展，以政府注资作为引导资金，充分调动社会力量和民间资本的投资，为韩国文化建设提供持续的资金扶持。当前我国还未建立起多元化的文化资助体系，文化事业的建设和完善主要依靠政府力量，但"有限政府"背景下国家对文化领域的投入不可能无限增长，而众多的企业、基金会和广大人民群众的力量却是无限的，因此我们应通过搭建文化资助平台，吸引大众关注和加入，并通过税收优惠和奖励等措施畅通企业和民众的资助渠道，借助民间的源头活水不断加大文化资助力度。

韩国始终奉行"文化就是国力"的治国理念，国家将发展文化提升至战略地位，借助不断健全的文化资助体系促进国家文化建设和经济发展。其格外重视调动社会力量的参与，吸收民间资本促进国家文化事业的繁荣。党的十八大以来我国提出了到 2020 年基本建成公共文化服务体系的伟大目标，但伟大目标的实现不仅需要政府的大力投入，还需要广泛调动社会力量的参与。2017 年 3 月 1 日正式实施的《公共文化服务保障法》虽然明确提出了"国家鼓励和支持公民、法人和其他组织参与公共文化服务"的政策方向，但对于如何吸引社会资本投资文化事业还缺乏具体的行动方案。而韩国政府制定大量保障文化资助法律法规和经济政策的举动则启示我们如何鼓励企业和个人的文化投入。除此之外，韩国政府专项基金和文化产业专门投资组合项目的设立则启示我们重视实施创新性举措来募集社会资金，多渠道筹措文化发展资金，保障文化创作和基础设施建设、营销和出口、人才培养的发展经费。

第三章　中国文化资助制度设计

第一节　顶层设计

制度设计是指"规则和规格的创建"①，是规范和约束人类行为的准则，作为一种政治规划行为，广泛存在于社会生活中，满足人们期望生活在美好的制度环境中、在享受制度福利的过程中安居乐业的诉求。尽管制度有自我演化过程，但制度设计是行为主体理性配置资源的结果，其结构包括宏观层面的"顶层设计"、中观层面的"中层设计"和微观层面的"底层设计"，前者是方向，后者是支撑。

自 2010 年 10 月党的十七届五中全会在《中共中央关于制定国民经济和社会发展第十二个五年规划的建议》中提出"顶层设计"概念以来，政界、学界高度关注这一概念。"顶层设计"是指"就深化改革的目标模式、框架结构、重点领域、方式方法、运行机制和成本收益等方面的问题，在国家最高决策层主导下，做出战略性和系统化的总体安排与部署"②，是自高层开始的总体规划和构想，是具有历史性重大变革的复杂系统工程，但并不是只有高层才是顶层设计的主体，更不是只有国家领导人和中央才能做、才需要做顶层设计。顶层不是行政级别的最

---

① 〔美〕戴维·L. 韦默主编《制度设计》，费方域、朱宝钦译，上海财政大学出版社，2004，第 2 页。
② 王建民、狄增如：《顶层设计的内涵、逻辑与方法》，《改革》2013 年第 8 期，第 140 页。

高层，而是战略系统的最高层。因此，"顶层设计是一个系统概念"①、一种系统设计，综合考虑系统中各要素之间的关系，平衡各要素之间的利益，保证所设计的制度和制定的政策能兼顾公平与效率，保障社会成员的共同权益，保证他们共享发展成果。简而言之，顶层设计就是总体设计、系统设计。它是不同制度圈层所有涉身制度设计情境者的责任。比如中央是全国的顶层，但是省、市、部门，也是一个系统，也需要做系统设计和顶层设计。我们无法等中央研究出一套顶层设计方案之后再在全国推广照做，更不能照搬发达国家和地区先行者的顶层设计方案，因为制度的移植比技术的移植更难，制度的有效性和可行性不仅取决于制度设计本身的科学性和合理性，还取决于其嵌入的政治、经济、社会、文化背景。

一　中国文化资助制度设计的目标模式

具体到中国文化资助制度的顶层设计问题情境，我们需要将之置放于国家文化体制改革的宏观背景之下，从外部边界和内部边界、功能层面和技术层面对之做出清晰的职能划分，确定资助原则，划分资助范围，设置资助类目。不同政体国体和处于不同历史阶段的政府在顶层设计环节往往会对文化资助的范围做出不同的取舍，对政府资助的规模、结构和边界做出不同的谋划。"一般说来，公共文化预算的外部边界形态可以粗略地切分为大文化模式、中文化模式和小文化模式。"② 大文化模式指将艺术、教育、体育和旅游等事项都包括在资助范围之内，其典型案例当推北欧模式，其政府文化预算不仅实现了文化与教育的合账，而且还包括青年、体育和旅游等类目；小文化模式指在文化发达国家，政府从顶层设计维度前置性地将大部分公共文化生活内容推向市

---

① 王长江：《制度顶层设计是系统设计》，http：//dangjian. people. com. cn/n/2013/0703/c117092 - 22066791. html，2013 年 7 月 13 日。

② 王列生：《文化制度创新论稿》，中国电影出版社，2011，第 202 页。

场，政府需要履行的文化资助职责范围就只剩下公共文化设施兴建、面向低收入群体的公益性文化活动等有限几项；中文化模式介于前述二者之间，资助典型的公共文化部门开展公共文化服务、弘扬民族文化、开展国际文化交流。世界各国都会根据自身国情、文化传统和社情民意选择务实的文化资助模式。就本书第二章介绍的发达国家代表的文化资助现状而言，法国属于大文化模式，其对文化的"大包大揽"基于国家充裕的财力；英美属于小文化模式，其对文化的有限干预基于发达的文化产业基础和成熟的文化市场运作机制；韩国属于中文化模式，其对文化的张弛有度体现了文化治理的东亚传统。考虑到社会历史发展阶段、文化传统和文化生存状况等因素，中国的文化资助顶层设计应以中文化模式为宜。

二 中国文化资助制度设计的框架结构

（一） 落实文化预算监督制度

尽管"十一五"以来，我国文化事业费逐年增长，但总体来看，其增长速度远远低于经济发展和财政能力的增长速度。改革开放 40 年以来，我国文化事业费占国家财政支出的比例一直徘徊在 0.3% ~ 0.5%（见图 3 - 1），远远低于西方发达国家的 1% 和部分北欧国家 2% ~ 3% 的水平。而从理论上来讲，随着经济社会的全面发展，文化事业的投入增长速度应该高于经济发展的增长速度。另一方面，社会的发展、物质的充裕催生了人们不断增长的精神文化需求。随着国人对于文化公民权的日益重视，文化生活已成为衡量现代人生活质量的重要标尺。

为什么长期以来文化建设处于"说起来重要，做起来次要，忙起来不要"的状态？原因在于没有健全的法律和体制保障。构建优质公共文化服务体系，大力发展文化事业需要有较大的财政投入力度和科学的财政投入机制、可观的财政投入效益。要实现这一目标，政府应依法确立文化投入增量的科学比例，通过建立完善的文化预算监督制度使文化投入获得稳定的体制保障，改变文化财政的非预算性和个人意志，提高文

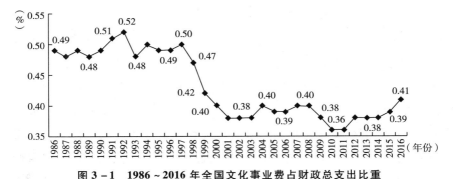

图 3 - 1　1986~2016 年全国文化事业费占财政总支出比重

资料来源：文化部财务司《中华人民共和国文化部 2016 年文化发展统计公报》，《中国文化报》2017 年 5 月 15 日，第 4 版。

化财政投入的产出绩效和群众满意度。我们应改变建设型财政模式，建立基于市场导向的资助文化事业的现代公共财政模式。资助模式应逐步从直接拨款向项目投资、购买服务转变，以向公众提供服务的质量和数量确定财政补贴数额，逐步提高具有激励性质的经费投入比例。

（二）　整合社会力量支持文化事业

文化固然是一项需要政府重力投入的公共事业，但一方面，政府的责任是全面的，而权力又是有限的，任何政府的公共性支出永远都无法完全满足社会的公共性需要。尤其在发展中国家，优先满足人们的教育、医疗等硬性民生需求可能更是当务之急。因此，尽管国家的文化投入总量连年增加，但依然满足不了"人民群众日益增长的精神文化需求"，希望政府供应的文化产品让全国人民满意显然是强人所难，单靠政府投入满足不了人口大国的"文化民生"；另一方面，政府在文化事务领域的"全能经营"，有可能会造成民众文化趣味的单一和文化选择的受限，即所谓"文化垄断"，有些强买强卖的意味。这一后果不仅有违文化产品所应具备的公共性品格，而且有违文化多样性的国际公约。

随着民营企业的壮大和民间财富的增长，当前中国民间社会蓄积了较高的文化资助热情，但苦于找不到释放通道。政府的当务之急是搭建企业、个人资助文化的平台，吸纳社会和个人资金投入文化事业，使民间资助文化的热情和能量得到释放，形成全民支持文化的自下而上的网络。我们应设计科学的激励非公有制经济组织、新社会组织等作为公益文化事业发展的重要力量，调动他们参与公益文化事业建设的积极性，充分发挥社会力量的优势支持文化事业的发展，鼓励企业、社会组织举办公益文化活动。对符合条件的企业、社会组织举办的公益性文化活动，政府在经费或税收等其他方面给予支持和优惠；鼓励企业、社会组织和个人赞助政府主办的公益性文化活动。政府主办的公益性文化活动欢迎其他企业、社会组织和个人在人力、物力、财力上给予大力支持，政府通过冠名或其他方式对赞助单位或个人给予适当回馈。

受传统文化和经济水平影响，国人捐赠意识尚不强烈。为刺激社会向文化事业捐赠，政府应进一步完善当前税收政策中对慈善和捐赠事业的激励机制，制定更加优惠的税收政策，进一步简化优惠程序，正确引导和充分调动企业与民众的积极性，通过制度创新集聚多方之财，真正形成文化事业的多元资助主体与资金保障制度。

（三）发展文化艺术类基金会

政府对文化事业的大包大揽和不当干预不仅让自身不堪重负，而且挤占了文化中介组织的发展空间，对民间力量支持文化事业的积极性有一定的负面抑制作用。而通过中介组织间接管理的方式能提高国家财政投入效益，也能保障民间力量发展文化事业的自主性。政府通过向文化中介组织让渡一部分职能或者购买服务等方式，逐步实现由政府办文化到社会办文化的目标。

从 1984 年文化部设立中国孔子基金会开始，财政部、文化部等相关部门就在积极探索以基金会和基金方式扶持公益性文化事业发展的最佳方式。"基金会中心网"提供的资料显示，截至 2017 年 7 月 4 日，全国已录入系统的基金会共有 5957 家，2015 年末净资产总额达到 1194 亿元。其中关注"文化"领域的基金会有中国艺术节基金会等 502 家，关注"艺术"领域的有 173 家。① 我国目前尚未形成社会捐赠机制和风气，文化艺术类基金会存在资金总量偏小、运作能力有限等问题。因此，可以说当前条件下，以基金会和基金方式扶持文化事业在整个公益性文化领域中的作用仍需探索。有鉴于此，2013 年 12 月 30 日，文化部、财政部共同发起设立"国家艺术基金"（CNAF），并于 2014 年 6 月 1 日开始正式启动资助项目申报。国家艺术基金是由中央财政拨款，同时依法接受自然人、法人或者其他组织捐赠的一项公益性基金。它以政府财政为主导，采用多元化、市场化投资方式，与国际接轨的同时又具有中国特色，资助范围是一切能代表国家水平、体现民族风范、促进民族文化传承和创新的艺术精品的创作生产、宣传推广、征集收藏和人才培养等方面。但"国家艺术基金"（CNAF）虽以基金形式运营，但属于文化部直属事业单位，并非独立法人机构。

（四）建立资助评估体系

当前即使在发达国家和地区，也存在文化政策难以评估和量化的问题。我国文化管理领域还没有实行严格意义上的绩效管理，文化资助领域存在重投入轻产出、重内部考核轻外部评估等弊端。首先，当前的资助监督重点放在文化项目任务执行与否上，而对项目执行的过程、质量和影响基本没有评估和监督途径。其次，评估结果大多数情况下仅以将数据刊登于大型统计年鉴——《中国文化文物统计年鉴》为最终归宿，不仅缺少问责机制，甚至没法将执行得好坏与否作为次年预算或其他竞争性项目获取的基础。最后，目前缺少一个专业、权威的第三方评估机构来开展或授权开展与服务提供有关的政府项目评估。我们不仅应将其功能设定为资助执行机构，还应赋予其相应的决策、咨询和评估职能。

在公共政策成果的评估已成为公共服务现代化必备机制的形势下，在政府的财政预算越来越科学化、专业化、民主化的条件下，文化投入的投资产出率已成为我们必须面对的课题。尤其是当别的政府部门普遍

---

① http://www.foundationcenter.org.cn/#.2017-07-04.

质疑文化机构生产力不高、存在价值不大时，建立一套科学的文化资助政策评估体系的意义尤为重大。建立科学的文化资助政策评估体系，能有效防止决策团体因文化投入的"不可见"而随意减少拨款，也能防止文化投入的低效率和人民群众的低满意度。

这一资助政策评估指标应包括以下几个向度：①效率。鉴于文化类型的发展愈趋多样化，非营利文化机构愈趋壮大，再多的资助经费也不可能平均分配给众多文化机构和艺术家，必须考虑用公共资源的使用效率加以衡量，以求将有限的资助经费效益最大化。②效能。即资助活动的内容与效果是否达到预期目的。③充分性。指资助经费额度及时效性能否满足申请对象的需求，能否解决其经费不足问题。④公平性。决定是否给予资助的标准通常有项目的社会、历史、艺术价值、潜在影响力、项目的预期效果与政府文化建设目标的契合度以及申请者执行项目的能力等因素。尽管要求尽可能公平、公正、公开，但"文无第一、武无第二"以及艺术价值的难以量化等因素导致评审结果最终难免带有评委的个人偏好及主观倾向。在使用公共财政进行文化资助时应考虑纳税人普遍可享用的公平原则，有多少人参加、参加满意度如何理应作为资助所产生的社会效果被考量。⑤回应性。指资助是否促进了文化环境的改善；其金额及类别是否能满足文化团体和艺术家的需求；是否促进了文化受众的增加和艺术市场的增长。

在实际操作过程中，要注意这五个要素之间的协调，力求效益最优化。比如有时为了兼顾公平与效率，不得不砍掉对某些艺术品位较高或者花钱较多、见效较慢的项目的资助。这种短视做法表面上看照顾了文化的公平性和效率性，实际上伤害了文化及文化政策的精粹。试想如果每个项目都分到一点钱却普遍处于营养不良状态，根本谈不上文化的孕育和创造，那么文化的要义何在？文化政策的价值何在？

不同文化背景、不同艺术类型要用同一种标准和程序来进行资助是不可能的。我们在资助政策制定过程中需要照顾到不同地区和艺术类型的文化差异，特别是对于少数民族地区我们需要给予更多的"同情式理解"，考虑其文化特殊性，根据其实际情况设计资助制度，以确保国家对传统文化的保护、对民族艺术形式的活态传承以及对民族文化创新的激励。

文化资助的推广要有长久性目标，为达到最终目标而采取的阶段性政策也应环环相扣，共同向总体目标聚焦。这一特点要求资助政策执行者不仅应具有专业性、权威性，还应具有连续性，这样才能根据长期规划做出通盘考虑，并且能长期跟踪研究，提出切实可行的政策建议。文化资助的执行者除了履行项目评审职责外，还应针对国家的文化生态、艺术发展状况以及文化发展蓝图对具体的文化政策做出规划和建议。

三 中国文化资助制度设计的重点领域

当前，我国文化政策正处于从文化管理走向文化治理并且继续走向文化善治的转型阶段。我们应通过政府资源带动、政策制度驱动两方面来进行顶层设计，制定促进社会力量参与、资助主体多元化的总体路线。任何一个国家的文化资助都很难完全依靠政府来提供，即使是在公共文化预算经费高昂的北欧，政府可以不断提高人均文化拨款，但如果不能促使民众成为文化生产和文化资助主体，其供给的文化产品很有可能是销售不对路。因此，文化资助制度系统必须转变政府在文化治理中的角色，以人民群众的文化需求为导向，在发挥政策杠杆作用的基础上，通过制度设计激发文化事业单位、文化艺术类社会组织、企业和个人参与文化资助的积极性。我们应不断培育壮大文化艺术类社会组织，将社会、市场、个人的主动性纳入文化资助领域，探讨文化资助多元主体形成机制的可行性，全面激发文化领域的创新意识，开创文化共建共享共创新局面。具体而言，我们应合理借鉴发达国家的运作模式和成功经验，结合中国国情，一方面以体制保障文化财政投入总量，创新财政投入方式和管理模式，强化文化财政投入绩效考核，提高财政资金投入效益；另一方面促进文化资助主体和资助方式的多元化，鼓励社会力量兴办各类公益文化活动，激发民间蕴藏的文化活力。遵循这一政策导向，中国文化资助制度设计的重点领域显而易见，我们将在下文以专门章节研究关涉上述政策理念的适配性政策工具——政府资助、基金会资助和企业资助。

　　未来很长一段时间内，我们的资助制度设计重点将聚焦于提高政府资助效能和发挥社会、市场、个人的资助潜能，形成多元共生的资助主体。接下来的问题是资助客体如何确定和划分。学者王列生在研究文化预算规范问题时，打破目前运行的政府职能部门权力分工框架，统一配置文化预算类目下的科目预算目标，编列了 20 项文化预算支出科目，分别是：①文化基础设施；②公共文化服务运行保障；③文化遗产保护；④文化行政运行成本；⑤艺术创造与民族文化精神建构体制激励；⑥文化产业引导与文化市场监管；⑦国际文化交流合作；⑧第三方及志愿者参与补贴；⑨文化多样性与少数民族文化政策；⑩宗教信仰与合法社会活动；⑪人文学术研究与出版补贴；⑫农村文化建设专项支出；⑬公共媒体与公益文化传播；⑭国家与地方政府精品文化收藏；⑮公共文化事件紧急应对专项；⑯青少年校外文化活动；⑰老年人及老龄化社会文化激活；⑱国家与地方文化艺术政府奖励；⑲文化体制改革与制度创新专项；⑳其他文化预算支出。[①] 上述预算支出科目的精细划分基本可以实现既有条件下的文化预算功能全覆盖，同时也可视为政府文化职责的功能细分和文化资助对象的参考编序。

第二节　政府资助

　　经过 40 年的高速发展，中国已成长为世界上最大的经济体之一。近年来政府投资基础设施建设的压力比改革开放之初轻松得多，而且财政实力空前增强，因此公共财政"反哺"公共文化成为理所当然的政策选择。自"十一五"时期以来，我国文化事业获得的政府资助即文化财政投入总量逐年增长，地区差异逐步缩小，文化专项资金资助方向明确，成效显著，但也存在着占财政总支出比例偏低、资助不均衡、不

---

　　① 王列生：《文化制度创新论稿》，中国电影出版社，2011，第 206 页。

连续、执行不规范等突出问题。

一　文化财政投入逐年增长

强大的财政实力和稳健的政治保障为近年来我国政府的文化投入逐年增长创造了条件。下面以"十一五"时期以来我国文化事业费总量①和增长速度为例来说明（见表3-1）。

表 3 - 1　"十一五"时期以来文化事业费总量和增长速度

单位：亿元,%

年份	文化事业费	增长速度
2006	158.03	18.1
2007	198.96	25.9
2008	248.04	24.7
2009	292.32	17.9
2010	323.06	10.5
2011	392.62	21.5
2012	480.10	22.3
2013	530.49	10.5
2014	583.44	10
2015	682.97	17.1
2016	770.69	12.8

资料来源：2006~2016年文化发展统计公报。

"十一五"时期以来，我国文化事业费逐年增加，平均增长速度保持在17%以上的较高水平。2016年，全国文化事业费770.69亿元，比上年增加87.72亿元，增长12.8%，增幅比上年回落4.3个百分点，但仍保持了较快的增长速度。与全国文化事业费总量不断增加

---

① 此处的文化事业费指各级文化行政主管部门和各文化企事业单位在相应年度内实际收到的本级财政拨款（或财政补贴），不含基本建设的财政拨款，不包括政府作为企业所有者投入的资本，也不包括文物经费。

的趋势相应的是，全国人均文化事业费快速提高，2009 年为 21.90
元，比上年增加 3.22 元，同比增长 17.2%。2009 年全国人均文化事
业费约是 2005 年的 2 倍，2000 年的 4 倍，1995 年的 8 倍。[①] 2016 年
全国人均文化事业费 55.74 元，比上年增加 6.06 元，同比增长了
12.2%。2006 ~ 2016 年 10 年间，全国人均文化事业费总体呈现 5 年翻一
番的趋势（见图 3 - 2）。

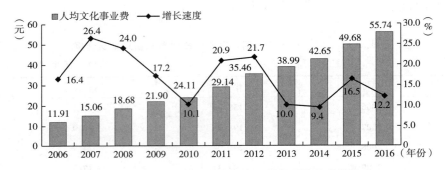

图 3 - 2　2006 ~ 2016 年全国人均文化事业费及增速情况

资料来源：文化部财务司《文化部 2016 年文化发展统计公报》，《中国文化报》
2017 年 5 月 15 日，第 4 版。

二　地区差异逐步缩小

一直以来，我国经济社会发展存在着严重的"二元结构"和东中西
剪刀差现象：东部和中西部之间、城市和乡村之间存在着较大的差距。
公共文化服务领域同样如此，农村、边远贫困地区、边疆民族地区和西
部欠发达地区与东部发达地区存在较大差距。这种差距不仅体现为文化
设施的先进与落后之分、文化产品供应的充足与贫乏之分，在人均文化
事业费之类的硬指标方面也存在较大差别。从文化投入和公共文化发展
程度上看，东部地区最好，西部地区次之，中部地区最差。究其原因，

---

① 参见《"十一五"时期以来我国文化事业费投入情况分析》，http://www.ccnt.gov.cn/
sjzz/jhcws/cswhtj/201101/t20110105_86171.html，2011 年 6 月 30 日。

东部地区主要是由于经济发展水平较高，地方财政投入较多，西部地区
则更多地得益于中央的财政转移支付（见表 3－2）。比如 1995 年人均文
化事业费最高的地区为上海市，为 13.10 元，最低的为河南省，仅为 1.34
元，前者为后者的近 10 倍。但近年来中央财政通过转移支付等手段致力
于公共文化服务均等化目标的实现，使得这一不平衡状况逐步得到缓解。
2015 年，西藏（178.46 元/人，排名第 1）、青海（111.13 元/人，排名第
4）、内蒙古（91.16 元/人，排名第 6）、宁夏（87.76 元/人，排名第 8）、
新疆（67.84 元/人，排名第 9）等西部地区省份人均文化事业费用已经
超过大多数中部地区省份。

表 3－2　1995～2016 年全国文化事业费按城乡和区域分布情况

单位：亿元，%

项目		1995 年	2000 年	2005 年	2010 年	2014 年	2015 年	2016 年
总量	全国	33.39	63.16	133.82	323.06	583.44	682.97	770.69
	县以上	24.44	46.33	98.12	206.65	292.12	352.84	371
	县及县以下	8.95	16.87	35.7	116.41	291.32	330.13	399.68
	东部地区	13.43	28.85	64.37	143.35	242.98	287.87	333.62
	中部地区	9.54	15.05	30.58	78.65	133.46	164.27	184.8
	西部地区	8.3	13.7	27.56	85.78	171.15	193.87	218.17
占财政总支出比重	全国	100	100	100	100	100	100	100
	县以上	73.2	73.4	73.3	64	50.1	51.7	48.1
	县及县以下	26.8	26.7	26.7	36	49.9	48.3	51.9
	东部地区	40.2	45.7	48.1	44.4	41.6	42.1	43.3
	中部地区	28.6	23.8	22.9	24.3	22.9	24.1	24
	西部地区	24.9	21.7	20.6	26.6	29.3	28.4	28.3

资料来源：文化部财务司《文化部 2016 年文化发展统计公报》，《中国文化报》2017 年 5
月 15 日，第 4 版。

如表 3－2 所示，从总体上来看，国家对城乡文化事业费的投入
逐步趋于平衡。1995 年县以上文化事业费投入 24.44 亿元，占财政总
支出比重为 73.2%。2016 年，县以上文化事业费投入 371.00 亿元，
占财政总支出比重为 48.1%；县及县以下文化事业费 399.68 亿元，

占财政总支出比重为 51.9%，文化事业费投入在城乡之间趋于平衡。但是西部地区、少数民族地区和中部地区的文化投入较东部地区和经济发达地区投入比例偏低。2016 年东部地区文化事业费 333.62 亿元，占财政总支出比重为 43.3%；中部地区文化事业费 184.80 亿元，占财政总支出比重为 24.0%；西部地区文化事业费 218.17 亿元，占财政总支出比重为 28.3%。

三 文化投入方式和结构有待完善

近年来虽然国家财政对文化建设的投入总量已有大幅增长，但国家以公共财政资助文化事业发展还存在投入水平仍然偏低、投入方式不够科学、投入结构不合理等问题。文化事业费在整个国家财政总支出中的比重仍然偏低，多年来文化事业费占国家财政总支出的比重一直在 0.3%～0.4% 之间低水平徘徊（见表 3-3）。2016 年全国文化事业费总计 770.69 亿元，仅占国家财政总支出的 0.41%。

表 3-3　2006～2016 年全国文化事业费占财政总支出情况

单位：亿元，%

年份	2006	2007	2008	2009	2010	2011	2012	2013	2014	2015	2016
文化事业费	158.03	198.96	248	292.32	323.06	392.62	480.1	530.49	583.44	682.97	770.69
占财政总支出比重	0.39	0.4	0.4	0.38	0.36	0.36	0.38	0.38	0.38	0.39	0.41

资料来源：2006～2016 年文化发展统计公报。

长期以来，与教育、卫生等行业相比，我国文化财政投入总量明显不足，公益性文化事业的发展没有足够的经费支持。与教育、卫生、科技事业费相比，文化事业费占国家财政总支出的比重仍然较低（见表 3-4）。而欧洲发达国家的文化投入占国家财政总支出的比重一直保持在 1% 以上。

表 3－4　2006～2012 年国家财政文教科学卫生事业费支出情况

单位：亿元，%

项目		2006 年	2007 年	2008 年	2009 年	2010 年	2011 年	2012 年
总量	文化事业费	158.03	198.96	248	292.32	323.06	392.62	480.1
	教育事业费	4780.41	7122.3	8937.9	10523.52	12527.55	16130.14	21276.01
	卫生事业费	1320.23	1990	2722.4	4023.25	4801.03	6380.08	7239.4
	科技事业费	483.36	1783	2108.3	2769.35	3248.55	3806.23	4447.24
占财政总支出比重	文化事业费	0.39	0.4	0.4	0.38	0.36	0.36	0.38
	教育事业费	11.83	14.31	14.32	13.68	13.96	14.79	16.84
	卫生事业费	3.27	4	4.36	5.23	5.35	5.85	5.73
	科技事业费	1.2	3.58	3.38	3.6	3.62	3.49	3.52

资料来源：2006～2012 年文化发展统计公报。

　　除了财政拨款本身不足之外，最大的问题还在于我国财政对于文化的投入是事前拨款，没有详细的科目预算，主要是行政费和人头费。文化事业经费中的人员经费占总支出的 35% 以上，真正能支持文化事业发展的经费被庞大的人员开支占去。长期以来，财政对文化事业单位采用全额或者差额拨款制度，这种事前拨款的财政制度既不能控制资金投入的方向，也不能控制资金使用的质量，无法对资金的投入产出效益做监测评估，存在投资方向不明确、投资效益难评估的管理盲区。

四　文化专项资金资助执行不规范

　　2006 年 6 月 9 日，国务院办公厅转发了财政部、中宣部《关于进一步支持文化事业发展若干经济政策的通知》，该文件要求设立国家电影事业发展专项资金及电影精品专项资金、宣传文化发展专项资金、中央补助地方文体广播事业专项资金等。《国家"十一五"时期文化发展规划纲要》确立了一批国家重大文化设施、重要文化工程项目和重点扶持的社科机构、艺术表演团体、出版单位，其中影响较大的有文化信息资源共享工程、广播影视数字化工程、国家重大出版工程、国家重大历史题材美术创作工程和二十世纪美术作品收藏工程以及新疆、西藏、内蒙古少数民族语言文字出版工程及农村文化建设重点工程等。国家对上述重点文化工程投入了较大的财力。比如至 2007 年底，中央财政共安排农村中央广播电视节目无线覆盖专项资金 30 亿元，文化信息资源共享工程 9.07 亿元，农村电影放映专项资金 2.68 亿元等。[1]

以上公共文化事业"专项资金"专款专用，保障了特定文化项目的运作，方向明确，作用直接，立竿见影，有效地弥补了公共文化产品的"市场失灵"，一定程度上对文化事业发展起到了促进作用。比如文化信息资源共享工程的实施，至少从硬件配置上为改变城乡之间的"数字鸿沟"提供了可能，县级支中心和村基层点的密集网点分布丰富了公共文化服务的方式和手段，改善了公共文化服务质量；再如国家出版基金的设立推动了《中华大典》《中华医学百科全书》等重大资助项目的推进和一大批弘扬中华传统文化精神的优秀出版物面世。

但上述专项资金管理中也存在一些较为突出的问题：①专项资金的覆盖面有限，项目设置有可能交叉重复，预算编制不够规范，资金规模存在一定的随意性；②专项资金的设立与特定时期的政策需求紧密相关，时间限制性强，缺少连续性，容易引发管办不分；③预算编制与执行不一致现象严重，部分项目计划与实际需要脱节；④专项资金分配结构不合理，其资金规模与实际需求有较大出入，部分领域存在浪费现象；⑤专项资金使用违规现象严重，资金监管难度大，难做效益评估。因此从长远角度考虑，"专项资金"应逐步向"常设基金"的管理模式转型，以达到更为长久和稳定的成效。

五 缺乏科学的资助规划

科学的文化资助规划其目的在于从文化发展的实际水平出发，尊重

---

[1] 本组数据来自《财政部教科文司司长赵路在公共财政支持文化发展座谈会上的讲话》，http://www.mof.gov.cn/pub/jiaokewensi/zhengwuxinxi/lingdaojianghua/200807/t20080731_59905.html，2011 年 6 月 3 日。

文化发展规律，确立具有长期性和长效性的总体性文化发展目标，经过科学论证设计出有助于实现文化发展目标的具体文化项目，并通过建立稳定的投入资助机制保证这些项目和内容的实施，保障公民文化权益的正当实现，保障社会文化利益格局的公正和均衡。但目前我国的文化资助规划欠缺科学性、连续性和可操作性，一定程度上造成了文化投入的高耗低效、重投入轻产出等不良现象。

近年来，在中央财政的大力支持下，我国公共文化服务基础设施建设取得重大进展。但往往是政府一次性投资兴建了现代化的基础设施，由于后续经费和规划管理没有跟上，导致很多地方盖了图书馆没钱买书，盖了博物馆没有经费运营，更遑论购买藏品。由于无力引进演出，很多艺术中心沦为商业中心。以大剧院为例，自 2001 年国家大剧院宣布开工以来，各大中城市纷纷斥巨资兴建大剧院，且都是当地的"地标性建筑"。但大多数在亏损经营，有的根本就没有经营，陷入"经营就赔本，经营得越多，赔得越多"的困境。从"六五"时期开始，国家就着手解决地方文化馆站、图书馆不足的问题。以转移支付为经济后盾，通过新建扩建等方式，到"十一五"时期我国基本实现了"县县有文化馆、图书馆，乡乡有综合文化站"的建设目标。但由于后续经费和内容投入不足，导致许多文化基础设施有场馆而无活动，有形式而无内容。一些已经建成的文化馆、图书馆由于经费投入不足而经营困难，公共文化设施被挤占、挪用的现象非常普遍。文化设施"半拉子"工程屡见不鲜，一些地方将公共文化设施出租或挪作他用，开展一些与文化场所不协调的经营活动，有的把博物馆、艺术中心改成商铺，有的把图书馆改成书店、咖啡馆。其中既有一些政府官员在文化建设中存在功利主义思想，把文化建设当成政绩工程的原因，也有文化财政投入不足和不当等原因，更深层的制度因素则在于传统的"重建设轻管理""重硬件轻内容"的建设型财政的惯性思维。

六 缺乏多元化的资助主体

在健全的文化资助体系中，政府并不是唯一的资助主体和权力中心，各种机构包括社会的、私人的，只要经过协商和审核，并得到公众认可，就可以成为不同层面和领域的文化资助主体。但目前我国的现实情况是，政府是最大的公共文化设计师和供给方，社会组织、专业机构、企业和个人的力量尚未很好地发挥作用，公共文化服务的多元化主体建构还处于理想愿景阶段。这一方面与中国的政治制度有关；另一方面也与中国第三方组织发展所处的历史阶段有关，弱小的文化艺术社会组织并没有形成能够参与共建和博弈的独立力量，同时企业资助文化渠道尚不畅通，施受双方信息不对称，有文化赞助和捐赠热情的企业尚未找到便捷的资助渠道和明确的资助目标，个人文化捐赠尚未形成风气。

七 缺乏专业的资助执行机构

目前中国的文化行政权力几乎被各级文化行政部门垄断，最好的文艺资源大部分掌握在国有文艺院团手中。国有文艺院团与文化行政部门的天然血缘关系导致大部分政府资助被优先送达，由此导致了文化资源的分配不公以及系列连锁反应。

文化的公共性不能仅仅体现为国家垄断性和全面代理性。要重构一个既符合文化发展规律又符合现代市场经济规律的公共文化发展体系，就应该让政府适度、适时退出作为公共文化产品垄断性的生产者和提供者的角色，同时也退出作为公共文化资源尤其是文化财政拨款的唯一分配者的角色，通过建立独立于政府和市场之外的第三方——社会中介机构作为资助执行机构，赋予他们为社会提供文化产品和文化服务的职能。

目前我国文化资助执行机构主要分布在中央各相关部委。由于缺乏专业、权威、统一的资助执行机构，导致资助标准的不一致和资助去向的不公正。目前政府文化资助比较强调作品或项目的社会价值而最能体现作品或项目特质的艺术价值、美学价值反倒显得并不是最重要的。这种导向有可能助长急功近利的创作风气，不利于文化精品的孕育和生产。优秀的富有创造力的作品或项目理应得到资助，而实际情况往往并非如此，有些获得国家大奖的作品或项目很可能"领导是基本观众，得奖是基本目的，仓库是最终归宿"。这种错位体现了现行政策的错误导向，必须尽快修改完善，否则就会造成"劣币驱逐良币"。

目前，文化领域的奖励资助项目名目繁多，但资助评审的公开、公正及专业性都有待提高。不少资助评审活动单凭申报方的书面报告及现场陈述，具有较大主观性，没有经过实地评审和比较鉴定做出的决议难免遭人质疑。调查发现，不少资助申请者希望评审记录能够公开，自己不仅希望知道评审结果，而且希望知道获助或者未能获助的原因；还有的受访者希望公开评委名单及资格，以求具有专业性和公正性；有的受访者还希望增加具有实际创作经验的一线艺术工作者和学者担任评委。一个专业、权威的第三方资助执行机构将有望解决上述问题。

第三节　基金会资助

基金会是人类社会发展过程中出现的一种重要的组织制度创新，这一制度肇始于古罗马时代的欧洲，在 19 世纪末 20 世纪初得到快速发展，尤以在美国发展最快。在中国，基金会已经过 37 年①的发展，并且随着经济的高速增长和社会问题的不断出现而成为社会治理的重要工具。在文化领域，通过基金会形式促进文化事业的发展已成为发达国家和地区的成功经验，各种实力雄厚、运作专业的基金会在文化资助领域

_____

① 中国第一个正式成立的基金会是 1981 年创立的中国少年儿童基金会。

发挥着不可替代的作用，已经成为促进文化事业发展的重要新生力量。

随着我国文化体制改革不断推进，政府的行政权力逐步从文化组织微观管理领域退出。文化艺术类基金会作为促进文化事业发展的第三方组织，在文化创新生态中逐步发挥着重要作用。与发达国家和地区相比，我国文化艺术类基金会的发展仅有 34 年历史。在此期间，其关注的领域从单一向细分领域纵深发展，制度建设从无章无序到内部机制和外部政策逐步完善。但与国外基金会成熟的管理模式和运作机制相比，中国文化艺术类基金会无论从规模体量、工作绩效、治理能力、管理水平还是社会影响方面来讲均处于初级阶段，尚未形成成熟的运作机制，在文化治理中未能较好地发挥协调作用。

国内关于文化艺术类基金会的研究从 2004 年开始受到关注。2017 年 10 月笔者在"中国知网"以"文化艺术类基金会"为主题模糊匹配到的论文共有 73 篇，以"文化基金会"为关键词检索到的文献有 59 篇，以"艺术基金会"为关键词检索到的文献有 1667 篇。关于文化艺术类基金会问题的研究视角主要可分为以下几种：①借鉴美国、法国等国家及我国台湾地区的先进经验，为大陆其他地区文化艺术类基金会发展提供参照；②从整体建构、法制建设和政策环境等宏观层面入手探讨基金会发展的内外部环境；③研究基金会运作机制问题；④探讨基金会资助方式和资助项目相关问题；⑤其他与文化艺术类基金会相关的问题，例如：艺术资助政策、国家介入、艺术收藏品等。本节将从我国文化艺术类基金会发展现状入手，在比照和借鉴域外先进经验的基础上，明确其性质，分析其问题，探索其未来发展路径。

一　中国文化艺术类基金会发展路径

（一）性质及管理模式

自 2016 年 9 月 1 日起施行的民政部新修订的《基金会管理条例》对基金会做了如下概念界定：基金会，是指利用自然人、法人或者其他组织捐赠的财产，以开展公益慈善活动为目的，按照规定成立的非营利性法人。[①] 目前，我国基金会不再按照募款性质区分公众募捐的基金会（公募基金会）和不得面向公众募捐的基金会（非公募基金会），而是根据《慈善法》的规定："基金会开展公开募捐，应当依法取得公开募捐资格。未取得公开募捐资格的基金会，可以在发起人、理事会成员等特定对象范围内开展定向募捐。"按照基金会的宗旨和业务范围，文化艺术类基金会主要是为了直接促进文化、艺术事业的发展而成立的、以文化艺术活动为主要工作内容的公益组织。

非业界人士常会混淆"基金会"和"基金"这两个不同的概念。按照《基金会管理条例》的定义，基金会是一种非营利组织，是一个独立注册的独立法人机构。而基金是指为了某种目的而设立的具有一定数量的资金。基金又可以分为公益基金与投资基金两类。公益基金是指基金会、社会团体、民办非企业单位等公益组织根据捐赠人或发起人意愿设立、实行专款专用、在本组织运作框架下有一定独立自主性的专用资金。它具有特定的使用目的、没有法人资格、没有独立账号（只是设立一个科目供其使用）、形成委托人—受托人—受益人三方关系等特点。中国政府于2013年12月30日正式成立的"国家艺术基金"常被外界误认为"国家艺术基金会"，但事实上该机构是由中央财政拨款，同时依法接受自然人、法人或其他组织捐赠的一项公益基金。该基金管理中心是文化部直属事业单位，时任文化部部长蔡武任国家艺术基金理事会首任理事长。因此，类似"国家艺术基金""深圳市宣传文化事业发展专项基金"等基金虽然体量及影响都较大，但由于不是基金会而不属于本节讨论范围。而艺术金融界普遍使用的"艺术基金"则"以投资艺术品为目的，将艺术品视为衍生性金融商品操作，具有收益性功能和增值潜能"[②]。此类基金具有营利性，因此也不属于本节讨论范围。

---

① 《基金会管理条例》（修订草案征求意见稿），http://www.mca.gov.cn/article/zwgk/tzl/201605/20160500000665.shtml，2018年1月26日。
② 姚达：《第三种文化创生力——中国的艺术基金会》，《艺术评论》2013年第1期，第69~74页。

"政府—文化艺术类基金会—市场"新型关系的确立，能有效跨越体制障碍，促使政府与市场的关系由紧密型向松散型演进，摆脱传统"父爱式"管理模式的约束，为我国文化艺术创新提供宽松的多样化发展环境，符合我国文化创新战略目标要求。文化艺术类基金会的管理模式与直接拨款制度相比优势在于：①有利于保障文化多样性和艺术自由发展的空间；②有利于文化艺术的创新创造；③"有利于艺术生产和传播总体机制的稳定"①。同时，文化艺术类基金会不仅作为文化艺术组织和个人的资金来源渠道和激励机制，也为文化艺术创新提供了平台优势，使文化艺术资源得到了有效整合，从而增强了文化艺术资源的流动性和竞争力。

（二）发展概况

1981 年中国出现了第一家基金会，之后各种类型的基金会陆续成立。"到 2003 年，据国家民政部民间组织管理局统计，中国的基金会数量达到了 954 家。这一时期的基金会绝大多数都具有非常强的'政府背景'"②。在此背景下，1984～2003 年，我国文化艺术类基金会发展速度缓慢，共成立了公募基金会 16 家，非公募基金会 20 家。而在 2004～2015 年，共成立了公募基金会 16 家，非公募基金会 91 家。随着 2009 年两会期间"建立公益型文化艺术类基金会"议题的提出及 2010 年"艺术基金会国际论坛"的召开，我国文化艺术类基金会建设逐步兴起。

我国第一家文化艺术类基金会是 1984 年创立的"潘天寿基金会（浙江）"，随后黄胄夫妇于 1989 年成立了"北京市黄胄美术基金会"，同年吴作人先生亲自成立了"吴作人国际美术基金会"。以上三家是中国最早成立的文化艺术类基金会，均在没有政府资金支持的情况下，凭

---

① 杨淼：《第三部门视角下的我国文化艺术类基金会的发展模式探析》，中国音乐学院硕士学位论文，2012。

② 吴作人国际美术基金会：《中国艺术基金会发展报告》，http：//news. artxun. com/zuo－1590－7945279. shtml，2018 年 4 月 5 日。

借艺术家的个人影响力，由其本人或其家属出资成立。基金会中心网已录入系统的数据显示，截至 2017 年 10 月，我国登记注册的基金会共有 5942 家，其中属于"文化"与"艺术"领域的有 580 家，约占基金会总数的 10%。关注"文化"领域的基金会数量为 502 家，关注"艺术"领域的基金会数量为 173 家。以"文化"、"艺术"和"文化艺术"同时为关键词检索出的结果共为 39 家。按照净资产总量排名前 10 的文化艺术类基金会详见表 3 – 5。

表 3 – 5　2017 年 10 月净资产总量排名前 10 的文化艺术类基金会

单位：万元

序号	基金会名称	所在地	净资产
1	南京金陵文化保护发展基金会	江苏	104732
2	上海民生艺术基金会	上海	79849
3	上海文化发展基金会	上海	28713
4	天津市华夏未来文化艺术基金会	天津	27949
5	北京华彬文化基金会	北京	22426
6	中国文学艺术基金会	北京	17652
7	贵州省孔学堂发展基金会	贵州	14215
8	中华艺文基金会	北京	12649
9	北京市搜候中国城市文化基金会	北京	11219
10	广东省繁荣粤剧基金会	广东	10561

资料来源：基金会中心网，http：//www.foundationcenter.org.cn/。

从发起主体来看，我国文化艺术类基金会发起主体主要有三个：①政府及有关部门，如中国艺术节基金会、中国京剧艺术基金会等；②企业或金融机构，如香港 K11 艺术基金会、上海民生公益基金会等；③艺术家名人或其后代，如吴作人国际美术基金会、李可染基金会等；从地域分布来看，我国文化艺术类基金会多集中于发达地区，其中以北京地区居多；从资金来源看，我国文化艺术类基金会的资金来源主要有四种：政府拨款、社会捐赠、基金增值及服务收入。从潘天寿基金会（浙江）、北京市黄胄美术基金会、李可染艺术基金会、北京新世纪当代艺

术基金会2015年的收入情况来看（见表3-6），法人捐赠收入是其主
要收入来源。由于非营利组织被视为政府提供公共服务的合作伙伴，因
此无论是国内还是国外，政府拨款都是非营利组织的收入来源之一，只
是由于各国国情和经济发展程度不同，政府拨款所占的比例不同而已。
一般来说，经济、社会越发达，政府拨款的占比越小。此外，我国法律
没有限制基金会的投资行为。《基金会管理条例》（2016年版）第四十
八条规定"基金会开展保值、增值活动，应当遵守合法、安全、有效的
原则，确立投资风险控制机制"，但是所得利润不得用于成员利益分配，
而应用于与组织宗旨和使命相关的项目"。由于我国文化艺术类基金会
尚未形成成熟的运作机制，普遍缺乏资本运作能力，因此往往对资金保
值持谨慎态度，对于资金增值选择较为保守的投资方式。一般来说，利
息、国债等是他们常用的保值增值手段。

表3-6 2015年主要文化艺术类基金会收入情况对比

单位：元

基金会名称	总收入	捐赠收入	投资收入	政府拨款收入	服务收入	其他收入
天津市华夏未来文化艺术基金会	15305252.48	2160486.64	3511189.14	5600000.00	4000000.00	33576.70
上海民生艺术基金会	546977.15	400142.00	0	0	0	146835.15
李可染艺术基金会	2568918.16	2159520.76	73013.70	0	241218.66	95165.04
北京新世纪当代艺术基金会	2412783.45	2404165.10	0	0	0	8618.35

资料来源：基金会中心网，http://www.foundationcenter.org.cn/。

（三）现存问题

文化艺术类基金会有助于弥补公共文化服务的"政府失灵"。他们
通过资助不同领域的文化艺术项目，满足公众个性化、多元化的公共文
化需求，并借助科技手段持续推动我国文化事业的发展。但由于我国基
金会发展起步较晚，受到重视程度不够，再加上基金会内部管理存在问
题，外部制度环境也还不够完善，因此发展迟缓。其现存问题主要体现

在以下几方面。

1. 捐赠风气和机制尚未形成

目前全社会对于文化艺术领域的关注度不够，良好的捐赠氛围尚未形成，捐赠总量相比其他公益领域也较少，"2016 年我国社会慈善捐赠中'文化、体育、艺术'领域仅占捐赠总额的 3.11%"①。正如北京阳光未来艺术教育基金会的发起者杨澜女士所说："艺术公益这个事对大家没有感情的冲击力，这个孩子快病死了，冬天没衣服穿了，这种事情才能煽动起人们的情绪和感情，大家愿意为这个捐款。文化艺术是非常重要，但是它不紧急，所以我觉得在这个领域工作的人还要完成一个语言的转换。"② 许多企业和机构把艺术当成一种投资或者"生意"，缺乏公益慈善性。长期以来我国的公共文化服务由"行政主导"，社会公益领域活力不足。文化艺术类基金会本该瞄准社会痛点承担公众个性化、多元化的公共文化需求，凝聚社会资本营造资助文化事业的捐赠氛围。但由于我国文化艺术类基金会发展起步较晚，一方面受制于外部"政策环境"；另一方面则受限于内部治理薄弱和技术手段缺乏，且没有形成与公众广泛联系的网络，信息披露机制不健全，没能建立与各界力量互动的紧密社会联系，造成社会对于文化艺术类基金会有陌生感，公众对于文化艺术类资助项目关注度不够、信任感不强。近年来公益组织借助科技赋能在各个领域进行社会创新，大型的互联网公司如腾讯、阿里巴巴、新浪微博等都发挥其技术优势积极建立互联网公益平台，打造新公益品牌，如腾讯公益慈善基金会、阿里巴巴公益基金会、新浪微公益，但是在文化艺术细分领域具有社会影响力和口碑的文化艺术类基金会还未出现。我国文化艺术类基金会亟需在现有政策环境下"修炼内功"，实现"跨越式"内涵发展，面临的核心问题是如何从情感和内容方面丰富公益内涵，发挥"文化""艺术"的传播和教育作用，触动社会的

---

① 中国慈善联合会：《2016 年度中国慈善捐助报告》，http：//www. gongyishibao.com/html/gongyizixun/12735.html，2018 年 4 月 15 日。
② 北京当代艺术基金会：《2015 中国文化艺术基金会峰会》，http：//www.bcaf.com.cn/cn/work/urbanthinktank/79/，2018 年 4 月 15 日。

敏感神经，激活全社会的"艺术细胞"，增加文化艺术类基金会的曝光率吸引社会关注，从而形成社会捐赠常态机制。同时，还要思考在加强机构管理、创新发展思维、提升项目运营的专业性基础上，如何打造具有品牌影响力的公共文化活动，借助大流量平台开拓募捐渠道，利用科技赋能提升捐赠资金使用情况公开的力度和可行度，规范捐赠机制和资金管理机制。

2. 政策法规尚不完善

目前，我国文化艺术类基金会的配套政策法规尚不完善。《基金会管理条例》和《慈善法》是从规范发展整个公益事业角度着眼而颁布的，缺乏对于文化公益事业垂直领域的相关政策规定，例如关于企业赞助艺术项目范围、实施程序等政策法规阙如。而《公益事业捐赠法》、《个人所得税法》和《企业所得税法》中涉及的是不同主体适配的捐赠税收政策。除此之外，缺乏其他配套政策法规。

在《基金会管理条例》中，关于税收方面的优惠政策并未规定具体税收优惠条款，只是原则性申明，缺乏具体的实施细则。虽然国家税务总局在《关于基金会应税收入问题的通知》中明确规定，"对经民政部门登记注册的基金会在金融机构的基金存款所取得的利息收入，暂不作为企业所得税应税收入"[1]。但是基金会的经营性收入与其他经营性企业一样仍需缴纳企业所得税，即投资收益按 25% 征收企业所得税。

目前，依照法规，我国个人、企业、华人华侨、港澳台同胞及国外捐赠者已经享受的税收优惠主要包括以下几方面：按照我国《个人所得税法实施条例》规定，"个人将其所得通过中国境内的社会团体、国家机关向教育和其他社会公益事业以及遭受严重自然灾害地区、贫困地区的捐赠，捐赠额未超过纳税义务人申报的应纳税所得额 30% 的部分，可以从其应纳税所得额中扣除"；2017 年 2 月 24 日新修订的《企业所得税法》规定，"企业发生的公益性捐赠支出，在年度利润总额 12% 以

---

[1] 湖北省国家税务分局：《基金会可依法享有哪些税收优惠?》，中国税务网，http://www.hb-n-tax.gov.cn/art/2013/6/20/art_15419_345776.html，2018 年 4 月 15 日。

内的部分，准予在计算应纳税所得额时扣除；超过年度利润总额 12%
的部分，准予结转以后三年内在计算应纳税所得额时扣除"①；国务院
2001 年批准的《扶贫、慈善性捐赠物资免征进口税收暂行办法》第二
条规定，"对境外捐赠人无偿向受赠人捐赠的直接用于扶贫、慈善事业
的物资，免征进口关税和进口环节增值税"。总的来说，我国法律法规
虽然在一定程度上规范和促进了包括对公益性文化事业在内的公益事业
捐赠的开展，但对公益性文化事业捐赠税收优惠的范围过窄，税收减免
力度不够，使得捐赠者没有足够的动力来为文化事业募款，加之尚未开
征遗产税等因素导致现有的法律法规对于基金会虽已有优惠，但仍未形
成气候。

3. 基金会专业人才缺乏

由于文化艺术类基金会属于非营利性公益组织，再加上我国大部分
基金会仍处于成立初期，存在人手缺乏、机构不完整等问题。因此要考
虑人力资源成本和使用效益问题。"2011 年，我国基金会专职工作人员
8532 人，平均每家基金会拥有专职工作人员 3.6 名，数量明显偏少。
在所有基金会中，17.46% 的基金会无专职工作人员，66.88% 的基金会
拥有 3 名及以下专职工作人员，仅 25% 的基金会拥有 5 人及以上专职工
作人员。这一方面反映了我国基金会行业处于起步期，缺乏专业化、职
业化的人才支持，公益领域的人力资源培养和发展极其滞后；另一方
面，也体现出基金会对专业人才需求巨大"②。目前我国文化艺术类基
金会相对缺乏专职工作人员，基金会的专业性和运作效率亟待提升，而
且在艺术管理实践中往往"懂商业的人不懂艺术，熟悉管理的人又不了
解艺术"。在中国文化艺术类基金会的从业人员中，普遍存在的问题是
不具备文化艺术专业素养，缺乏现代基金会运营管理知识、项目实操能

---

① 《全国人民代表大会常务委员会关于修改〈中华人民共和国企业所得税法〉的决定》，
中国人大网，http://www.npc.gov.cn/npc/xinwen/2017 - 02/ 24/content_ 2008091.
htm，2018 年 4 月 15 日。

② 高一村：《解读未来中国基金会发展三大趋势》，《中国社会组织》2014 年第 4 期，第
20 ~ 22 页。

力和市场经验。目前，基金会迫切需要一专多能、知识渊博、具备项目经营能力的复合型管理人才。例如，基金会中心网招聘公关经理（PR Manager）的岗位要求为：既要有数据分析能力又要懂设计、执行、策划，还要有媒体资源，并且善于传播和开拓外部关系。具备上述规定性素质的复合型人才本来就是社会稀缺资源，愿意到基金会工作的这类人才更是稀少，公益界时常爆出"百万年薪难觅基金会秘书长"之类的新闻。总之，专业人才缺乏成为基金会事业发展的瓶颈。

4. 资助机制有待完善

我国文化艺术类基金会的资助范围及公益活动领域主要集中在以下几个方向：文化艺术研究、出版或促进创建机构的发展；以评奖作为主要资助方式；主办、协办或赞助一些展览、赛事活动，促进文化艺术交流与传播；促进中国文化艺术全局性发展的资助与支持工作；开展一些公益慈善捐助或救灾行动等。基金会在进行资助项目筛选和对象遴选时需确认两个问题：第一，资助对象是否符合；第二，资助是否长期有效，是否有发展潜力。文化艺术界的"测不准原理"使基金会筛选项目成为难题，资助艺术家个人的财务手续问题、资助后产生的艺术品归属问题、知识产权保护问题都亟待科学有效的资助机制去解决。

5. 管理和资金运作效能有待提升

如何建立合理完善的管理模式；如何培养与引进文化艺术、投资、管理相关的专业人才；如何使基金会的资金管理和使用流程更加规范；如何有效募集资金；如何在法律允许的范围内实现资本的保值和增值，是目前我国文化艺术类基金会发展面临的最大问题。以艺术品捐赠为例，目前我国没有对非货币性捐赠及衍生成本能否计入评估价值做出详细规定，单靠慈善组织完成非货币性捐赠的"公允价值"评估并提供证明不仅缺乏公平性，同时如何对此类艺术资产进行系统评估、变现，如何给艺术家开具捐赠票据等都是有待解决的技术问题。

6. 尚未形成具有影响力的品牌

基金会作为一种"舶来品"在我国仅有 36 年的发展历史，美国、英国、法国等地各种文化艺术类基金会发展已相当成熟，很多文化艺类基金会历时数十年，有相对稳定的运营管理策略，并形成了有巨大社会影响力的品牌，对于文化、艺术和地区经济的发展起到了重要的推动和品牌引领作用。例如 1974 年创立于美国的"迪亚艺术基金会"，在纽约文化艺术界人士、纽约州政府和纳贝斯克公司的支持下将纽约近郊比肯镇的废弃厂房，改造成了世界闻名的极简艺术和大地艺术的大本营——迪亚比肯，为比肯这个名不见经传的小镇带来了巨大的文化影响力，推动了该地区经济的发展。[①] 而在我国，由于基金会的发展还处于对现代基金会制度、运营模式以及与其他社会利益团体博弈的探索过程中，无论是文化艺术类基金会本身还是其资助的项目或开展的活动，都还未形成具有较大社会反响和国际影响力的品牌。

（四）解决路径

在科技推动社会转型的背景下，社会力量参与引发了公共文化领域的社会创新。我国文化艺术类基金会面临着创新发展模式的巨大挑战，以公益的理念、商业的运营方式、互联网思维等，在技术环境中构建文化资助的常态化运行机制，提供专业化服务和资源对接平台，使文化艺术类基金会的力量可持续，这需要从内外两个维度进行调整。

1. 创新捐赠机制

基金会应与政府、捐赠者等各方力量建立密切的互动关系，全面发挥基金会的中介力量，营造捐赠氛围，创新捐赠机制。文化艺术类基金会可以在发挥自身所具备的灵活性基础上，通过承接相关文化管理部门转移的部分公共文化服务职能来进行品牌宣传，从而建立各方力量互动的公益新模式，让更多民众理解乃至支持、参与基金会工作。在新公益模式下基金会的定位不再是无偿捐赠，而是试图"把供应与需求、硬件物质与软件服务、资本市场和政府规则结合起来"[②]。在以社会效益、社会服务为根本出发点的前提下，以市场为基础动员各方力量广泛参

---

① 子萱：《艺术基金会：文化发展的助推器》，《中国文化报》2016 年 4 月 2 日，第 8 版。

② 资中筠：《财富的责任和资本的演变》，上海三联书店，2015，第 402 页。

与，达到互惠互利的共赢状态。利用公益信托、公益创投、公益众筹、社会企业、社会影响力债券等新公益模式来加强我国文化艺术类基金会与其他社会力量的关联互动，在服务社会的前提下，通过有力的市场手段来增强社会、企业及个人对于文化艺术类基金会的兴趣，建立合理的回报机制，变捐赠为共赢，给文化艺术捐赠注入新的活力。[①]

2. 完善政策法规

首先，政府有关部门应重点关注和解决当前存在于我国文化捐赠事业中政策法规配套不完善的问题，使主体性、程序性、可操作性更加清晰严密。例如《企业所得税法》对可以税前扣除的捐赠项目进行的界定是："救济性捐赠；科教文化事业捐赠；保护环境、建设社会公共设施捐赠"。其中对于文化艺术项目的界定就不够明确，造成了实际操作中免税资格的判别障碍。其次，理顺文化捐赠政策法规与税收优惠政策等其他相关政策法规的衔接关系。我国《慈善法》《税法》与现行会计准则对于公益性捐赠的规定并非完全一致，这就很有可能造成企业的公益行为增加自身税负的情况。例如公益性捐赠须针对年度会计利润大于零的企业，假如"企业当年发生亏损，其公益性捐赠支出既不能当年税前抵扣，也不能结转下年，由捐赠形成的亏损在以后年度也不允许弥补，不利于降低企业税负"[②]。最后，应该加强对捐赠文化事业的优惠力度。目前我国《企业所得税法》将捐赠支出的税前扣除比例提高到12%，对超过法定扣除限额的允许向后递延3年结转扣除。看似比美国10%的扣除额高，但实际上美国是以直接税为主，而我国企业缴纳的流转税远远高于所得税，并且美国的递延期为5年。因此，我国对于捐赠者的税收优惠力度还有提升空间。同时，对于非资产类捐赠和遗产税可以借鉴英国"替代接受"（Acceptance in Lieu）方案，该方案允许捐赠人把由"韦弗利标准"（Waverley criteria）所定义的"杰出"作品"转

---

① 万笑雪：《新公益视阈下我国艺术基金会互动关系研究》，《美与时代》2016 年第 9 期，第 105～106 页。

② 何颜：《企业税会处理规则解读及纳税筹划探析》，《中国商论》2016 年第 33 期，第 151～152 页。

为公共所有，以替代应缴纳的遗产税。抵税额等于艺术品的公开市场价格减去应为其缴纳的遗产税（目前的税率是 40%）再加上应缴部分的25%（名义税率）作为奖励。作为文化遗产的艺术品还具有进一步的遗产税减免资格，这被称为'有条件的豁免'"①。

3. 加强专业人才培养

人才是决定文化艺术类基金会未来发展的关键力量，文化艺术类基金会作为专业性的第三部门，除了应该加强从业人员的专业技能和文化素养之外，还要在基金会内部建立有竞争力的人才引进、培养计划以及合理的薪酬机制，为组织和项目目标的完成提供良好的综合型人才储备。目前我国基金会员工的薪酬受限于两条政策规定：一是《基金会管理条例》第二十九条规定："基金会工作人员工资福利和行政办公支出不得超过当年总支出的 10%。"二是 2014 年《财政部、国家税务总局关于非营利组织免税资格认定管理有关问题的通知》，其中第七条规定"工作人员工资福利开支控制在规定的比例内，不变相分配该组织的财产，其中：工作人员平均工资薪金水平不得超过上年度税务登记所在地人均工资水平的两倍，工作人员福利按照国家有关规定执行"。面对这样的政策障碍，一方面我们要建立阶梯式的公益人才薪酬体系，另一方面也可以按照 KPI 进行考核奖励，还可以借鉴国外大型基金会的做法，如福特基金会专门针对基金会领导和管理团队设立了培养项目。与此类似，我国南都公益基金会于 2010 年也设立了"银杏伙伴成长计划"，用以资助草根机构的领导人和创始人，给予每人 3 年 30 万～40 万元人民币的资助，包括培训、出国考察和其他活动的管理支出。另外，基金会还要加强与高校及专业机构的合作，在人才培养上与高校形成上下游的合作关系。积极与国内外发展成熟的基金会组织开展合作交流，进行人才交换。在专业问题上借助专业服务机构的力量，有效促进基金会成长。例如南都公益基金会与

---

① 大公画廊：《艺术品如何帮助你削减开支》，艺术新闻中文版，https://mp.weixin.qq.com/s/IopiOqUoeGWUYTnxJNgivg，2018 年 4 月 15 日。

瑞森德 2014 年合作启动的"蓝海计划",以公开招募的方式选择两个公益组织,由瑞森德以低于市场价的优惠为其提供两年的一对一服务,包括的服务项目有:帮助公益组织梳理和规划筹款战略、研发筹款产品、培养筹款专岗人才及一年期的定期辅导和观察,为了保证质量还制定了明确的项目效果衡量指标。[①]

4. 探索长效项目资助机制

在项目资助方面,基金会专业化运作的要求将越来越高。文化艺术类基金会将更加注重项目运作的专业性和信息的公开透明度,通过制定资助项目标准、监督和评估办法,确保透明度以提升社会公信力。正如德国柏林自由大学文化与传媒管理学院院长克劳斯·斯本哈尔教授所说:"我们会主动去决定我们想要做什么样的项目……这个很大程度上就跟基金会的专业程度相关了。"[②] 对于艺术家的资助,也可以设立回报和退出机制。比如在艺术家或艺术项目获得收益之后,把收到资助的资金再返还给基金会,这一方面能够使资金再循环,资助更多艺术家或艺术项目;另一方面,可以摆脱单一的捐赠方式,避免艺术家产生依赖心理或防止其自尊心受挫。同时,若被资助者达到了预期效果,或者找到了接替的资助者,初始的资助人就可以选择退出。如果对方已经盈利,还可以收回之前的投资。此外,还应该关注艺术家的生存境遇,西方的一些艺术基金会致力于改善艺术家的生存环境,提高他们的生活质量,甚至为他们提供养老保险,效果良好。比如:成立于 2003 年的纽约 APT 艺术家养老信托基金就是一个用艺术品投资为艺术家提供养老金的项目。"他们有来自全球的策展人、博物馆、金融策划师等多方面的合作资源,在纽约还为艺术家提供工作室"[③]。目前,该信托基金已

---

① 王会贤:《南都公益基金会:破解公益人才和资源瓶颈》,http://gongyi.china.com.cn/2014-12/30/content_7562065.htm,2018 年 4 月 15 日。

② 《中国艺术领域基金会的现实与困惑》,新浪公益,http://gongyi.sina.com.cn/gyzx/2015-02-06/105651665.html,2018 年 4 月 15 日。

③ 李天元:《美国社会的艺术教育和艺术生态——访问美国麻省艺术学院的一些思考》,《装饰》2012 年第 8 期,第 71 页。

经收集了 5000 多件艺术品，有来自 50 多个国家的 1100 多位艺术家加入这一计划，在北京、伦敦、柏林、洛杉矶等地都开设了分支机构。

5. 建立科学的管理模式

文化艺术类基金会要建立科学的管理模式，提升资金运作效能，保障艺术机构长期高效运营。对内，基金会要着眼于自身内部结构调整，建立起由决策机构、执行机构和监督机构组成的健全的内部结构。对外，要打造特色品牌，提高社会公信力，在把握文化艺术类基金会宗旨的前提下，与国内外同行翘楚建立双向交流、相互代理、交叉资助、委托服务等长期合作关系，以最大限度地汇聚国内外基金会资源。同时拓宽募资渠道，使资金结构多元化，推动相关项目更好地开展。据英国文化教育处程志宏介绍："该机构去年的全年营业额大概是 7 亿英镑，但是这里只有不高于 25% 的资金来自英国外交部，其余都是来自英国文化教育处和全世界公营、私营机构的合作。"① 这说明在法律允许范围内进行合理的投资，与其他机构尝试市场化合作，是实现文化艺术类基金会资本保值和增值的有效方法。国内有些基金会已经做出探索，如陶行知教育基金会与英雄儿女文化有限公司于 2017 年 3 月 28 日签订合作协议，双方将共同开拓英雄文化主题相关的文化产业市场，将一部分经营所得以技术、股权、知识产权等形式回馈英雄文化和英烈属帮扶事业。

6. 提升品牌影响力

由于我国文化艺术类基金会的发展仍处于成长阶段，在内部机制和外部环境双重障碍的制约下，文化艺术类基金会只有优势互补、资源共享、协同合作，才能形成规模效应、构建品牌影响力。近年来，中国民生银行设立企业基金会"北京民生文化艺术基金会""上海民生艺术基金会"，并建立企业艺术机构"上海民生现代美术馆"，逐步实现构建

---

① 王勇：《中国艺术领域基金会的现实与困惑》，《公益时报》，http://www.gongyishibao.com/newdzb/html/2015-02/03/content_10784.htm? div=-1，2018 年 4 月 15 日。

"民生系"艺术世界的目标，通过合理利用资源来支持文化艺术事业，不仅促进了自身的发展，也在行业中树立了典范。另外，对于文化艺术类基金会而言，非营利组织的品牌建设不同于商业品牌建设，它不是以收益为目的，而是通过在艺术领域提供的服务对外展现品牌形象，以此获得公众的信任和支持。透明是基金会的生命线，文化艺术类基金会做到财务透明会收到意想不到的效果。例如腾讯 99 公益日火爆的"小朋友画廊"公益项目，公众在积极参与该活动线上募捐的同时，也热烈讨论善款的最终归属问题。由此可见，在品牌塑造过程中，要格外重视公信力的树立。

对于文化艺术类基金会而言，如何走进大众视野，让社会全体成员参与文化艺术活动，拉近公众和艺术之间的距离，是当前文化艺术类基金会品牌营销面临的难题。目前，许多文化艺术类基金会借助新媒体、移动互联网，利用互联网思维，通过"艺术＋科技"的形式为公众提供更加便捷的参与方式和更加丰富的艺术体验，这使大众能通过亲自感受文化艺术类基金会举办的公益活动，加深对文化艺术类公益活动的了解和认可，有助于文化艺术类基金会的品牌形象塑造。

二　国家文化发展基金会的功能定位及运作机制

长期以来，我国文化资助事务由政府包办，实行财政供给制。这种制度的优势在于能保证文化发展所需经费的连续性，但其弊端也是显而易见的。首先，这一制度不利于调动文化机构大胆创新的积极性。"不求有功，但求无过"，只要不犯错误，到时间了"上级"的拨款就会下来，而如果改革、创新难免会犯错误，有可能影响上级拨款。因此，为规避风险，文化机构明哲保身，很难激发创新动力，这一现状与文化本身要求不断创新的本质和我国政府提出的文化创新目标都背道而驰，因此必须改变。其次，单一的财政供给制往往导致国家的文化财政优先供给那些跟政府有"父子关系"的文化机构，影响了不同社会属性的文化机构公平、公正地争取发展所需经费。最后，单一的财政供给制往往平均分配，不能很好地照顾不同地区、不同艺术形式的实际发展水平，从而导致投资效益的低下。因此，政府必须在文化资助领域引入新的投入机制。基金会的开放性为政府更好地吸纳社会资金投入文化资助提供了体制基础和功能载体，以基金会形式可以方便地吸纳私人投资、社会资金，将资助活动推向社会，让更多的社会力量参与进来，共同资助文化事业发展，在市场竞争意识和全民参与热潮中更好地焕发文化生机和活力。

经过多年呼吁和多方论证，2011 年 3 月 17 日发布的《我国国民经济和社会发展"十二五"规划纲要》终于将"研究设立国家艺术基金"提上议事日程。该《纲要》第四十三章第一节提出："扶持体现民族特色和国家水准的重大文化项目，研究设立国家艺术基金，提高文化产品质量。"[1] 纲要提出了设立"国家艺术基金"这一政策命题的价值目标和发展方向，以及如何在国家层面上设定其制度框架和运作机制。但如前文所述，基金和基金会是两个性质不同的概念。基金会是以公益事业为目的的非营利性法人；而基金是指为了某种目的而设立的具有一定数量的资金。经常容易引起误解的是，目前已在中国文化资助界发挥较大作用的"国家艺术基金"并不是"国家艺术基金会"，它只是一笔公益性基金，是文化体制改革进程中的过渡形态。因此，建构通过基金会形式对整个国家文化事业发展进行全盘规划配置的总体性制度设计依然是当下文化管理界和学术界的现实命题。此处将以基金会制度设计为规范，尝试设计国家文化发展基金会的制度框架和功能配置方案。

（一）　国家文化发展基金会的功能定位

1. 基金会的性质

基于中国文化事务管理需要，借鉴发达国家和地区对文化基金会的功能定位，我们可将国家文化发展基金会定性为公益性非营利组织。它是国家根据文化发展形势要求设立的，既非政府机构，也非民间机构，

---

[1]　http：//news. sina. com. cn/c/2011 – 03 – 17/055622129864. shtml. 2011 – 05 – 30.

而是介于政府机构和民间机构之间的文化中介机构，是国家层面专门从事公益性文化事业资助工作的组织。该组织是国家文化行政主管部门、民间文化机构、专家学者和广大人民群众的沟通平台，是国家文化发展的决策咨询机构、权威文化资讯机构和文化服务供给机构。

国家文化发展基金会通过拨款和其他方式，建立一张以资助优秀作品或项目为主旨的管理网络，实现对文化事业的资金支持。该机构不制定文化政策，不直接管理文化机构，只负责联系文化机构和艺术家个人，并接受政府有关部门的评估和社会各界的监督。

2. 基金会的使命与愿景

国家文化发展基金会的使命与愿景可确定为：在传承国家悠久历史文化的基础上，创造富有时代精神、体现民族风范的多元化艺术形式，建构国民丰富多彩的精神文化生活，从文化的价值维度提高国民幸福指数，在大力发展经济的同时追求国家的精神高度，建立社会主义核心价值观，为实现社会的和谐发展做出独特的文化贡献。

3. 基金会的资金来源

国际经验表明，类似的国家文化发展基金会的资金无外乎三个来源：①国家财政拨款和政府采购；②社会捐赠；③投资所得。除了这三个主要来源之外，还可以通过与其他机构或组织开展合作获得资金。基于国家文化发展基金会的公益性质，根据我国国情和为未来发展预留空间的原则，国家文化发展基金会应以财政拨款为主要资金来源，将其预算纳入年度财政总预算，改变预算编制过程中的人为因素及其他如领导重视程度等因素的影响，结合经济发展水平，如 GDP 总量、年度预算总额、人口规模、人口结构等因素测算基金会的预算总额，保持预算的稳定增长。除了财政拨款，政府还可以通过购买服务等形式向国家文化发展基金会提供支持。同时，还应为民间捐赠、投资所得和其他资金来源预留必要的制度空间。

尽管非营利组织过多依靠政府资金支持可能会影响其独立性，但国际经验告诉我们，政府的财政支持对非营利组织的发展壮大必不可少。这一方面是非营利组织的发展必需，另一方面也可看作他们的劳动所得。因为非营利组织替政府提供了本该由政府提供的公共文化产品，政府理应将一部分资源和资金转移给他们。目前，为避免政府拨款削弱非营利组织的独立性，国际上一般采用政府购买服务的形式向非营利组织提供财政支持。这种方式既能有效地提供支持，又不至于过多干涉非营利组织的内部运作机制。中国自 2015 年 1 月 1 日起施行的《政府购买服务管理办法（暂行）》要求政府购买服务应"加大社会组织承接政府购买服务支持力度，增强社会组织平等参与承接政府购买公共服务的能力，有序引导社会力量参与服务供给，形成改善公共服务的合力。"①目前，政府采购，尤其是公开招标的方式应是非营利组织获得政府财政支持的主要方式。目前，政府对上海文化发展基金会、北京文化发展基金会等组织的资助主要就是通过这种方式实现的。

4. 基金会的资助对象

国家文化发展基金会资助对象的划定涉及该组织机构的边界问题。其外部接口应该按照"无缝隙政府"原则与文化旅游部、国家广播电视总局等国家职能部门以及中国文联、中国作协等人民团体对接；其内部接口应该以质量为原则，涵盖所有艺术形式和文化活动。艺术质量是决定其能否获得公共资助的重要标准。高质量和独创性的作品可以产生于任何艺术形式、任何文化美学背景。为此，应支持任何形式和源于任何文化美学背景的高质量艺术作品，特别支持各种艺术形式的原创、演出、展览、制作、出版、研究、交流和培训。具体来说，传统艺术形式主要有：文学与美术（含设计）、音乐舞蹈杂技、戏剧曲艺、传统工艺、电影电视（含摄影）等，还可以包括观念、装置、行为等非架上新兴艺术形式。

在资助申请和项目招标过程中，国家文化发展基金会应打破体制内外的区分，激发"体制内"文化机构和从业人员的危机意识，激励"体制外"文化机构和从业人员的创新活力，形成多元文化创造主体竞相提供丰富、优质文化产品的崭新局面。尤其要改革文化事业经费

---

① http：//www.gov.cn/xinwen/2015 - 01/04/content_ 2799671. htm. 2017 - 07 - 07.

体制内循环的方式，打破"中直院团"和拨款机构之间的天然亲缘关系，建立面向社会的公平、公开、公正的制度性经费申请渠道，从法律和条例上保证民营文化机构和体制外艺术家的"国民待遇"。随着我国文化体制改革的深入和社会发展阶段的推进，文化工作者脱离所属单位成为独立艺术家和策展人的现象越来越普遍，大量独立文化工作者在文化领域发挥着重要作用，而国家对于这部分"体制外"的文化工作者的资助和管理存在严重的"缺位"问题，这部分人力资源的文化创造潜能尚未得到有效开发，一定程度上造成了资源的浪费。国家文化发展基金会应打破体制障碍，唯才是用，面向所有文化机构和艺术家，引进社会化、专业化的资助机制，突破叠合型政府背景下条块分割、多头管理等传统文化体制的弊端，最大限度地整合、开发、优化全社会的文化资源。

5. 基金会的资助形式

在设立初期，国家文化发展基金会的具体资助形式可分为两种：无偿资助和以借贷方式资助。

①无偿资助非营利性公立和私立机构的文化项目和个人。受助方必须证明其对资金的合理使用以及能取得的预期效果。

②以借贷方式支持非营利性公立和私立机构的文化项目和个人。

另外，关于国家文化发展基金会对文化项目和艺术家是全额资助还是陪同资助也需要论证。全额资助使得文化项目一次性获得所需经费，可以让文化机构不再经受募款之苦，从而可以全副精力投入文化项目的执行。但这种方式容易让文化组织产生惰性和依赖性；陪同资助和联合融资可以极大地调动社会各方资助文化事业的积极性。美国国家艺术基金会最成功的组织模式就在于其陪同资助模式使政府拨付的"种子资金"发挥了巨大的加乘效应。但不足之处是文化机构要花费较多精力去为国家提供的"种子资金"寻求配套资助，这在当前中国文化机构募款人员不专业、社会对募款认同度不高、募款到位困难的情况下必将牵制文化机构的运作精力。关于这一点，设有国家艺术基金会或文化发展基金会的各个国家做法不一：美国规定国家艺术基金会所资助的每个项目的资金不能超过该项目总费用的 50%；巴西规定国家文化基金会所资助的每个项目的资金不能超过该项目总费用的 80%；英国则规定即使享受政府长期资助的团体或机构，政府资助也只能占其全部收入的 30% 左右，其余需由其自筹解决。

（二）　国家文化发展基金会制度设计目标

为确保国家文化发展基金会作为文化政策工具的规范性、程序性、长效性和社会均等性，我们应在制度功能层面为其设计良好的运作机制，使其能顺利地保障资源整合、资金筹集和分配的效益最优化。国家文化发展基金会的制度设计应包括至少六个方面的设计目标。

1. 健全法律制度框架

相关法律系统的运行状况，直接关系基金会长久运行的稳定和效益，并且能在总体性制度接口环节和具体性制度接口位置形成激活现行体制的巨大动力。

目前，慈善基金会法人制度在我国已初步形成法律框架，且因其作为慈善组织制度中的重要制度而得到前所未有的重视。根据中央确立的要实现国家工作法治化的要求，为使国家文化发展基金会法治化，能够实现依法设立、依法管理、依法运营的目标，应该根据《立法法》的相关规定，按照法定程序，起草、通过和颁布《国家文化发展基金会法》或者《国家文化发展基金会条例》，明确规定国家文化发展基金会在国家文化发展战略中的地位和作用、资金来源和管理、组织架构和运行机制、资助绩效评估等事项，以保证国家文化发展基金会的设立及运作具有直接的法律依据。

《国家文化发展基金会法》的出台不仅能使国家文化发展基金会的设立及运作合法化、制度化、长效化，还能使其运作高效化。比如目前中国对于基金会的问责和监督就亟需法律保障。要保证基金会向其主要的利益相关者进而向社会进行有效的问责和交代，必须有严格的法律制度。"基金会的法律制度框架包括基金会的法人登记、税收减免、资金运作、公益活动、运作成本、治理结构和监管体制等，从而保证主要利益相关者和社会公众可以对基金会这类公益组织进行有效的问责和监督，以达到有效的治理。"① 目前，国家财政对包括文化事业在内的投资需要经过人大常委会审议通过，特别是大型的单项文化活动或文化设施兴建审批时间更长，既影响了文化活动的安排，又影响了资金使用效率。比如自 2014 年 5 月 1 日起施行的《国家艺术基金章程（试行）》第三十四条规定："国家艺术基金年度预算编制按照量入为出、收支平衡的原则，严格执行预算编制程序。年度预算经财政部批准后执行，如有重大调整，按程序报批。"② 由此可见，国家艺术基金需要每年编制年度预算，其拨款状况可能是：一报一批，不报不批，多报少批，报也不批。无论何种情况，都要按程序报批，而非纳入预算的依法直接拨付。而国家自然科学基金则可以依据《国家自然科学基金条例》，"中央财政将国家自然科学基金的经费列入预算"③。如果出台《国家文化发展基金会法》，实行以基金形式拨款，不再需要每年审议，能减少行政审批手续，提高文化行政效率和资金使用效益。这方面的立法不乏先例，国外以美国的《国家艺术及人文事业基金法》为代表，国内以《国家自然科学基金条例》为代表。

2. 建立契约保障系统

文化发展基金会是一个复杂的文化微观管理机构，是一台牵涉面广的复杂机器。它有众多利益相关人：捐赠人、受益人、志愿者、工作人员以及相关政府部门。这些利益相关人在基金会都有不同的利益和价值取向，如何使他们的利益和价值得到最大限度的实现和平衡应是基金会在确定功能目标时优先考虑的问题。这种平衡反映在组织架构上就形成了基金会的理事会、监事会、职能部门等机构。参照发达国家和地区艺术基金会的组织架构，我们可以对国家文化发展基金会的组织机构设置做出如下设计（见图 3-3）。

---

① 王名、徐宇珊：《基金会论纲》，《中国非营利评论》2008 年第 1 期，第 42 页。

② http：//www.cnaf.cn/gjysjjw/jjhzc/zc_ list.shtml. 2017 - 07 - 07.

③ http：//www.nsfc.gov.cn/publish/portal0/tab218/info18297.htm. 2017 - 07 - 07.

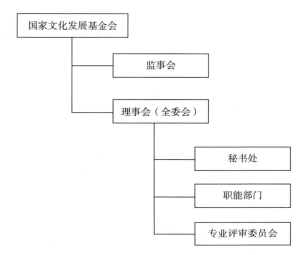

图 3 - 3 国家文化发展基金会组织机构设置

资料来源：文化部财务司《文化部 2016 年文化发展统计公报》，《中国文化报》2017 年 5 月 15 日，第 4 版。

我们可以借鉴"公司契约理论"这种富有效率的组织形式来平衡基金会生态系统中的各种利益相关者。通过完备的契约、清晰的权责界定，降低管理成本，提高制度效率。要明确各方在基金会制度体系中的权责边界，如政府是政策制定者、付费者和监督者；理事会是最高权力机关，监事会是监督机关，秘书处是执行机关，职能部门具体联系相关机构和艺术家，各专业评审委员会负责对申请者提出的资助申请进行评审，还负责向文化行政部门提供决策和咨询建议。

除了基金会内部的契约关系，资助方和受助方之间也应该存在严格的契约关系，一旦受助方不能保质保量履行契约，资助方将有权追回资助款项，并视其具体情况追究责任。建立契约制度的目的是激励文化项目的提供者加强自律，提高服务水平。公众在消费文化产品的过程中既可以直接质询文化服务提供者，也可通过意见反馈、媒体监督等形式与他们良性互动，促其提高公众满意度。还可以由公众将服务提供者的评价信息反馈给政府，由政府责令其整改，或依照合约规定终止项目。

3. 引入市场化机制

关于文化建设应该是艺术导向、市场导向还是政治导向历来存在争议。政府干预文化有可能导致文化发展的政治化倾向，影响文化的独立性进而阻碍文化发展，同时也暴露出政府治理的缺陷。因此，在文化管理领域引入市场机制，在一些可以开放的领域以市场手段作为调配资源的主要工具，通过市场经济规律发挥作用，有可能缓解政府直接干预导致的"市场失灵"、"政策失灵"和"文化失序"等不良倾向。

而通过文化发展基金会形式引入市场机制，最容易形成政府与市场共同资助的格局。虽然基金会属于非营利组织，这一性质决定其不能以营利为目的，但并不是说它不能参与市场经营活动。相反，适当的经营所得是对基金会资金来源的有效补充，能预防资金结构单一化对基金会发展造成的障碍，值得提倡。因此，在基金会的实际运作和管理过程中，可以适当学习借鉴市场运作机制和企业管理经验，使基金会成长为有效率的组织，实现控制成本和提高文化服务水平的目标。

4. 建立监督和问责机制

"委托权、受托权和受益权的分离和对立，决定了作为公益财产载体的基金会不仅不同于产权明晰的企业，也不同于问责严格的政府，基金会实际上既缺乏明确的所有者也缺乏严格的问责主体。这种产权虚置的特征使得基金会表现为具有强烈公益特征的社会组织，要求社会对于基金会进行必要的监督和问责。"①

每个基金会每年都会募集很多资金，执行很多项目，但每笔资金、每个项目实施效果如何，是否符合成本—效益原则并没有多少人关心，其根源在于资金"委托权、受托权和受益权的分离"，即捐赠人没有精力关心自己已经委托出去的资金，基金会作为受托人没有外在监督压力的话不会"没事找事"，而受益人并不确定，所以无法介入监督。因此，基金会的这种产权结构及治理特点要求其不仅要加强组织自律和行业自律，还应该建立严格的社会监督保障体系。其中，理事会和董事会监督是第一道防线，相关行政和司法部门依法监管是最有力的手段，媒体监督和群众举报是最及时的补充，往往能起到正式监督机制所不能替

---

① 王名、徐宇珊：《基金会论纲》，《中国非营利评论》2008 年第 1 期，第 38 页。

代的作用。比如在 2011 年 4 月卢湾区红十字会的天价餐费事件和 2011
年 6 月的郭美美事件中，公众监督和媒体监督就发挥了关键的作用。第
二种监督手段是相关行政和司法部门的监督，包括税务部门、登记监管
部门、金融管理部门、审计部门和法院等部门的依法监管。这些机构对
基金会的运作进行符合法定程序的监管必将强有力地促进基金会的
运作。

5. 建立资助绩效评估机制

这一机制将不仅对制度设计目标绩效状况给予评价，而且还将通过
针对性的政策调节杠杆来对国家文化发展基金会的服务质量、服务成本
和服务的公正性做出矫正，确保资助的效率、效能、充分性、公平性和
回应性。商业机构的投入产出率可以用盈利额等指标衡量，但对于文化
发展基金会资助的文化艺术类项目的回报则很难做出客观评估。要做好
这一评估需要拥有素质优良的专业评估团队，要有科学的测量工具、项
目控制和评估手段，有出色的财务、税法专家和理事会成员。如此才可
以向社会各界交待，为基金会的可持续发展谋求良好的外部环境。随着
立项资助机制的健全，应相继出台各受助艺术门类的资助绩效评估细
则，如《国家文化发展基金会资助美术类作品绩效评估细则》《国家文
化发展基金会资助音乐类作品绩效评估细则》等。

6. 建立中央与地方的合作机制

文化资助是一项系统工程，仅仅在国家层面设立一个基金会难免陷
入孤军作战的窘境。各省、市、县在条件成熟的情况下也应适时设立文
化发展基金会。在处理中央与地方包括基金会在内的艺术机构之间的关
系问题上，美国国家艺术基金会（NEA）的经验是将 40% 的资金分配
给 56 个州和海外领地的艺术机构、6 个区域性的艺术组织，以支持全
国范围内的文化项目和艺术家。这些州艺术机构群被称为 SAAs，可以
被视为"小型 NEA"，他们是 NEA 政策的宣传者，并且打造了地方层
面的艺术机构实体，虽然 SAAs 是由州政府创建的，并不是 NEA 的下属
机构。在州艺术机构下面，还有地方艺术机构群——LAAs，可以被称
为"小型 SAAs"，这些 LAAs 由约占 75% 的非营利组织和约占 25% 的市

或县政府机构组成，提供各种各样的服务支持当地社区。比如提供跟商业性产品互补的公共文化产品促进公众参与，支持地方文化基础设施建设等。美国约有 3800 个这样的地方艺术机构，其中大约有 1000 名专业从业人员（Kevin VMulcahy，2017）。因为建立了这种联邦和州、市县政府层层配合的资助体系，因此即使 NEA 被废除了，SAAs 和 LAAs 也会继续履行文化资助职能。

国家文化发展基金会可以借鉴 NEA 这种模式，将自己获得的资金按一定的比例，划拨给地方文化发展基金会，特别是中西部经济落后地区的文化发展基金会，以带动地方政府和民间力量，共同资助地方文化发展。而且，随着国家文化发展基金会的日益壮大，其在文化行政领域的覆盖面越来越广，按照"本地化经营"的原则，将需要地区、民间性基金会作为项目承接单位和战略合作伙伴。因此，国家文化发展基金会和地区、民间性基金会是合作双赢的关系。即使单从支持国家文化发展基金会更有效地履行职能的角度出发，也应该鼓励更多、更规范、更有实力的地区、民间性基金会发展起来。

虽然国家文化发展基金会这种组织形式目前对整个中国文化事业的发展还不一定能起到应有的作用，但是它所起的作用和发展的可能性是指向未来的、面向世界的，符合文化和社会发展规律的，因此其未来是可以期许的。

综上所述，现代社会对文化多样性的需求使得文化事务管理对政府与市场之外的机制的需求不但是必然的而且是必需的。"文化的自主性与自发性，都需要依靠民间文化组织的理念诉求与行动来付诸实践。"[1]文化艺术类基金会的自主性、自发性的组织机制和组织功能与文化发展、文化创造的内在规律完全一致，这一力量的成长能有效地对抗市场机制、政治权力干预对文化造成的伤害，使文化尽可能少受资本和权力的侵蚀。由于运作机制的灵活性和多元化，基金会具有在文化微观管理

---

[1] 夏辉：《非政府组织与文化发展——兼论文化事业社会化改革》，《广东社会科学》2004 年第 5 期，第 91 页。

层面的技术和组织优势，能有效地满足政府可能无法实现的特定文化群体的特定文化利益诉求。他们既可以抑制文化的过度商业化又可以填补政府宏观管理留下的职能缝隙乃至职能空白。让文化艺术类基金会获得长足发展，真正承担起促进文化事业发展的重任，除了要从制度层面提供保障以外，还应处理好以下两组关系。

（1）政府和基金会的关系

政府部门需要意识到实现文化公平不能完全依靠政府部门，更不能完全依靠企业，只能依靠政府部门、企业和第三部门的通力合作。因此政府应大力支持各级各类文化艺术类基金会的发展，与他们一起致力于让每一位公民都有机会参与文化活动、享受文化成果。政府将一部分职能让渡给基金会尽管看起来削弱了职权，却增强了治理效果。按照国际经验，政府将提供公共文化服务和分派公共文化产品的职能委托给以基金会为代表的非政府组织往往能获得更高的效率。当前的文化体制改革过程中，有些既得利益集团不愿意丧失手中的权力和利益，害怕基金会之类的非政府组织的壮大会抢占自己的资源，威胁其垄断地位，因此以文化的公共性取代产业性，夸大文化体制改革的安全性后果，这种落后的官本位思想必须彻底清除。

另一方面，基金会需要意识到，在公共文化服务过程中，由于文化产品的外部性问题常导致公共文化产品的供给不足，因此市场机制不能完全取代文化发展机制，公共文化服务的均衡化、优质化需要政府出面调解。另外由于文化产品与人的世界观、价值观等精神因素相关，有些文化产品比如色情、暴力影片对人的精神世界有破坏作用，因此需要政府进行监管和规范。

因此，政府和基金会的关系应该是"战略合作伙伴""兄弟"关系，而不应是现阶段的"父子"关系。基金会在发展过程中需要政府行政权力的适当介入，需要政府的监督和扶持。但在基金会开展公益活动的过程中，政府不能越位或错位。政府和基金会的关系应该是互补合作、监督与被监督、扶持与被扶持的关系，政府的作用应该体现为引导公益事业发挥社会影响力，运用自己的行政力量、资源优势、资金优势、话语平台对基金会给予扶持和推动，而不是直接利用行政手段横加干涉，更不能越俎代庖。如果反客为主，甚至以政府行为干预文化自身的发展规律，其结果必然会适得其反。以非物质文化遗产保护为例，目前中国大地上正上演着不少对非物质文化遗产的保护性破坏闹剧，不仅影响了非物质文化遗产的原生态性、真实性和民间性，而且使原本散发浓郁生活气息的民俗变成面目可憎的官俗，这种局面的造成是我们在文化建设中必须汲取的教训。

（2）官办基金会和民办基金会的关系

目前，北京、上海等地已经设立文化发展基金会，部分经济发达地区也成立了不少民间性的文化基金会。国家层面的官办文化发展基金会设立的示范效应将会带动更多省、自治区、直辖市成立地区性的官办和民办基金会。因此，如何处理好国家文化发展基金会和地区性的官办和民办基金会的关系，需要文化政策制定者提早做好制度设计。

作为国家文化发展基金会的战略合作伙伴，大量民办基金会应获得与前者同等的国民待遇，当前两者之间还存在厚此薄彼的不平等现象。比如前文述及：政府采购尤其是公开招标的方式是非营利组织获得政府财政支持的主要方式之一。但中国目前，除了官办基金会，大多数民间设立的非营利组织并未被纳入政府采购对象。因此，在将来的政策导向中应将所有非营利组织，无论官办还是民办都一视同仁地纳入政府采购对象，体现公开透明、公平竞争的原则，如此才能推动民间、地区文化艺术类基金会的发展壮大。

文化的发展从来都是一个自下而上的渐进过程，任何文化形式的繁荣都离不开孕育它的土壤，民族的文化复兴在任何条件下都必须首先是民间文化的蓬勃绽放而非政府文化工程的一枝独秀。为了充分激发民间文化活力，政府应大力支持目前方兴未艾的民间文化组织的成长。可以预期，随着经济的发展，其他地区也将很快出现经济发达地区文化艺术类基金会大量涌现的局面，政府应提早做好制度设计，引导、规范文化艺术类基金会的发展，让它们在良好的制度环境下绽放活力，大展宏图。

第四节　企业资助

工业革命与现代性建构社会进程叠加以来，先行发达国家与发展中国家的文化促进意识与文化增量措施均呈现出或快或慢的递进态势。社会合力各构成要素都以自身特定的资助形式对公共文化事务进行力所能及的责任分担，其中企业介入公共文化资助成为这些责任分担的形式之一。就全球范围而言，企业资助公共文化无论在理论层面还是实际操作层面，都已经形成较为完整的功能实施方案与诸多值得借鉴的经验。但就中国现场事态而言，其面临的困境在于：一方面迫切要求新兴崛起的中国企业成为重要的文化资助主体，迅速加大介入规模与资助力度；另一方面这些要求又受到来自不同阻力的掣肘。因此在背景分析基础上寻求有效的中国方案，并转换为富有实践张力的制度形态，便成为本节进行学理探究的价值指向。

一　企业资助公共文化的内涵及功能分析

（一）企业资助公共文化的内涵

中国学术界对公共文化的概念建构，主要受益于尤尔根·哈贝马斯研究市民社会及公共领域、马歇尔·萨林斯研究文化与实践理性、雷蒙德·威廉斯研究文化与社会的理论成果。"公共文化"作为已然自明性概念，既指涉存在论维度的特定文化形态，亦指涉生存论维度的特定文化事务，本节将要研究的是后者。

公共文化事务是促进社会文化发展与保障公民基本文化权益的社会公益目标与公共行为。任何制度形态背景下的政府及其公共预算财政资助，作为全体纳税人的意志集合与义务集成，必然是公共文化事务最主要而且最具法定意义的资助主体及责任主体。为社会提供充分的、高质量的公共文化产品是服务型政府体制下国家的文化承诺和责任担当，是政府实现公民文化权益的制度性义务。但这并不意味着其他社会构成单位乃至公民个体可以推卸力所能及的资助责任。尤其是对普遍具有较强资助能力的现代企业而言,他们在多个层面的深度介入在先行发达国家和地区已成为普遍性经验事实。而且,在我国社会主要矛盾已转化为"人民日益增长的美好生活需要和不平衡不充分的发展之间的矛盾"①条件下,广大人民群众需要更高质量、供需对接更精准、更多元化的公共文化产品。如果只是单一的政府供给主体,将无法较好地实现政策目标。另一方面,中国在近 40 年经济高速发展的基础上,不同所有制形式的企业已不同程度地具有介入公共文化资助的整体实力与内在动力。因此,争取企业资助可望成为公共文化机构寻求外部资源的有效途径,而政府通过政策杠杆促进文化与企业的合作更是当务之急。需要界定的是,企业作为纳税主体,其缴纳的税金自然地包含了对公共文化的资助;本节研究的企业资助公共文化指的是企业强制义务以外的志愿行为。

(二) 企业资助公共文化的功能分析

企业资助公共文化这一现象发端于 1960 年代的美国纽约。洛克菲勒家族第三代传人、时任大通曼哈顿银行董事长的大卫·洛克菲勒(David Rockefeller)于 1967 年在纽约创立艺术商业委员会(Business Committee for the Arts,BCA),后来与美国艺术委员会(American for the Arts,AFTA)合并,成为世界上最大的由企业组成的艺术推广组织。这也是世界上第一个正式的企业艺术 Mecenat 组织(Corporate Art Mecenat Organization)。

从历史视角观照企业资助公共文化,需要先了解 Mecenat 概念。"梅塞纳"是一个现代术语,源自拉丁语中的"Maecenas"一词,即公元前一世纪古罗马帝国皇帝奥古斯都的近臣盖乌斯·梅塞纳斯(Caius

---

① 习近平:《决胜全面建成小康社会夺取新时代中国特色社会主义伟大胜利——在中国共产党第十九次全国代表大会上的报告》,人民出版社,2017,第 11 页。

Cilnius Maecenas）名字的缩写"mécène"。作为最早的文学艺术"庇护者"之一，后人将他的名字引申为"自然人或法人，通过自身影响力或财力对文化、艺术、科学和体育等事业的无偿资助"[①] 行为的统称。如今，Mecenat 已成为专属名词。由于意识到文化价值将在当代社会中扮演越来越重要的角色，Mecenat 组织在全球迅速扩散，发展成了世界性的组织，企业资助公共文化政策迅速在全球落地，不仅发达国家运作得比较稳健，发展中国家如越南、捷克、利比亚也开始发展。目前，"全世界已有 25 个国家成立了 32 个 Mecenat 相关机构"[②]。

企业资助公共文化意义及价值何在？大卫·洛克菲勒在 1966 年为筹建艺术商业委员会（Business Committee for the Arts，BCA）而发表的演讲努力强化了如下意识："为公司作宣传，获得名望，改善企业形象，建立好的客户关系，使客户认可产品质量，加强其对公司产品的接受度，还有助于改善员工精神面貌，吸引优质员工。"[③] 洛克菲勒以其对商业规律和艺术价值的深入认识较早意识到企业资助公共文化的经济及社会价值，引起学界和商界的重视。

1970 年代末以来新制度主义和制度经济学的研究成果为研究者通过制度要素解释和引导企业资助公共文化提供了可能。该行为一方面受企业财务状况、社会经济环境等经济因素影响，另一方面受政策规制、社会对企业社会责任的诉求与期待等制度因素调节。在这一场域中，企业资助公共文化的一般功能可从社会学、心理学及经济学的视角来探讨。

1. "企业公民"责任分担

随着社会的发展，企业的角色早已从产品或服务的提供者演变为社

[①] Alain Rey, Le Robert pratique, DICTIONNAIRE DE FRANCAIS（《法国罗伯特字典》），Le Robert，2013.884.

[②] 参见韩国 Mecenat 协会（Korea Mecenat Association）官网，www.Mecenat.or.kr，转引自韩宇钟《韩国企业文化艺术赞助（MECENAT）的现状研究——以视觉艺术赞助为中心》，中央美术学院，2013，第 11 页。

[③] Mark W. Rectanus. Culture Incorporated. University of Minnesota Press，2002：26.

会事务的参与者，慈善事业的主力军。"在中国，每 10 元捐赠中，有 7 ~
8 元来自企业。"① 2017 年 11 月，本课题组调查②结果表明：80.53% 的
中国企业做过慈善，"企业公民"（Corporate Citizen）理念正日益深入
人心。"企业公民"理论认为，企业成功与社会健康和福利密切相关。
因此，企业应全面考虑其对所有利益相关者的影响，包括员工、客户、
社区、供应商和自然环境等要素。"企业社会责任"（Corporate Social
Responsibility，CSR）与"企业公民"有关，那些自觉履行社会责任、
在获取利润的同时回馈社会的企业是优秀的"企业公民"。现代商业文
明之所以推崇"企业公民"理念，是因为只有"当公司利润用来回馈
大众而不仅仅只是投资者时，利益相关者的管理才是理性的"③。大多
数成功的企业已经在卓有成效地履行企业公民职责，助其所处的社会环
境更和谐美好。这一方面是外有要求，另一方面是内有诉求，不少有先
见之明的企业都已意识到企业所在的社区及其所处的社会环境也是企业
的利益相关者。履行企业公民义务，不仅可以使企业日常经营活动融入
当地社会生活，融洽各方关系，获得社会认同，而且也有助于创造企业
发展的社会环境。正如捐资成立了科学艺术画廊的 IBM 总裁托马斯·
华森（Thomas Watson）所说："艺术和企业合作会使社会变得更富
有。"④ 这一论断不仅较好地展示了艺术和企业合作的美好前景，也体
现了企业可贵的社会责任感。

2. "企业形象"社会建构

从经济学角度来看，企业资助公共文化具有资源交换的性质。2013
年日本社团法人企业公益协会的调查结果显示："支持文化艺术"、"社会

---

① 张晓：《"99 公益日"启动腾讯联合爱心企业配捐近 4 亿元》，http：//shanghai. xin-
min. cn/latest/2016/09/06/30404393. html，2017 年 7 月 4 日。

② 2017 年 11 月，本研究课题组面向全国大中小微各类企业做了一次有关"企业资助公
共文化"的问卷调查，回收有效问卷 280 份，本文中有关调查数据均引用自该调查分
析报告。

③ Rosanne Martorella Edits. Art and Business：An International Perspective on
Sponsorship. Westport：Praeger Publishers，1996：241.

④ 张颖、贺江兵：《民生捐助炎黄：国内银行联姻艺术初探（3）》，http：//finance. sina.
com. cn/money/collection/ysqsl/20080714/15055089508. shtml，2011 年 5 月 18 日。

贡献"和"提升企业形象"① 是企业资助公共文化的主要动因。企业形象及企业知名度和消费者对企业的好感度对消费者购买动机的影响越来越大，而消费者对企业的好感度取决于企业的诚信意识、社会贡献及公益形象。激烈的市场竞争环境下，企业必须充分发挥资助公益活动的社会效能，将之作为一种公益行销手段，在提高业绩的同时有效地促进企业形象的塑造。70.36%的中国企业认为资助公共文化能较好地提升企业社会形象。

3. "企业利益"策略兑现

在文化经济大发展、文化资助由单向的慈善性资助转向双向的互动性合作的全球性语境下，越来越多的企业正将资助文化作为一种经营策略。比如通过购藏艺术品获得资本增值便是一种普遍适用的经营手段。2000年，保利集团花3300万港币从香港回购了圆明园的三件兽首铜雕——牛首、虎首、猴首，存放在保利艺术博物馆。这笔投资为保利带来了巨大的声誉，企业的无形价值被大大提升，其在广东地区开发的楼盘原本经营得不景气，此事件后经营状况大大改善。而且保利花费的3300万港币并没有"花掉"，如今那几件文物不仅没有贬值，反而价值倍增。② 艺术收藏成为企业投资保值的避风港和利益兑现的有效途径。

总之，通过企业资助公共文化，将有可能在企业（家）、社会和艺术团体之间建立一种良好的微循环系统，即企业通过资助公共文化，尽到了社会责任，提升了品牌形象，创造了赢利空间；公共文化机构则获得了资助，能为社会提供更多更好的公共文化服务。同时公共文化团体在与企业的合作中，培养了市场意识，一定程度上也能增强自我造血功能。

---

① 公益社团法人企业メセナ協議会：《2013年度メセナ活动実态调查结果》，https：//www.mecenat.or.jp/introduction/file/20131105.pdf，2017年12月2日。
② 王惟一：《艺术品收藏成企业最佳代言》，https：//news.artron.net/20131231/n553270.html，2013年12月31日。

二 企业资助公共文化的域外经验

企业资助公共文化的目的和方式由于国家政体和企业性质不同而具有多样性。在现代社会，企业与公共文化的关系，逐渐从早期博爱主义的慈善关系转向作为经营策略的文化投资立场，并成为一种整体发展趋势。半个多世纪以来，先行发达国家已在该领域积累了丰富经验。由于税法、宗教、传统等因素影响，美国企业资助公共文化起步早、效果好。另外，法国、英国、奥地利、德国、意大利、荷兰、瑞士等国家在该领域也进行了卓有成效的探索。而在亚洲，韩国、日本都在该领域积累了丰富的经验。新世纪以来，巴西、阿根廷等发展中国家也开始着手推动该项事业。[①]

（一）美国

美国企业在激发国家公共文化机构的活力方面发挥着关键作用。其对公共文化的资助不仅历史悠久，而且力度较大。"包括企业资助在内的私人资助是美国艺术机构的主要收入来源，占其总收入的1/3，高于政府资助。2013年美国艺术机构获得的资助总额是166亿美元，占所有私人慈善捐赠总额的7.8%。"[②] 企业的资助热情最初受税收优惠政策激励。在第一次世界大战爆发后，美国的个人捐赠行为带动了企业捐赠。1935年美国的税收法案（*Revenue Act*）规定企业向符合国税法501（C）（3）的非营利机构捐款可以在应纳税所得额中抵扣捐赠款。1950年代，一方面为了减轻日益高涨的税务负担，另一方面为了履行企业社会责任，洛克菲勒基金会、福特基金会、梅隆基金会等大型企业基金会

---

① Rosanne Martorella Edits. Art and Business：An International Perspective on Sponsorship. Westport：Praeger Publishers，1996.

② Roland J. Kushner，Randy Cohen. USA National Arts Index2016：An Annual Measure of the Vitality of Arts and Culture in the United States：2002 – 2013. http：//www. am ericansforth-earts. org/sites/default/files/NAI% 202016% 20Final% 20Web% 20Res. 042216. pdf. 2017 – 12 – 08.

应运而生。1960 年代，很多企业基金会投入财力资助公共文化项目，其初衷在于履行社会责任，同时消除垄断形成的负面影响，以便更好地开拓国际市场。1960 年，美国艺术协会（Americans for the Arts，后于 2008 年与 BCA 合并）成立；1967 年，艺术商业委员会（Business Committee for the Arts，BCA）创立。该委员会由商界领袖组成，他们热衷于通过宣传和战略联盟，挖掘艺术在促进商业目标的实现和社区转型方面的作用，领导和促进企业资助公共文化。其中，The BCA 10 计划是指挑选出 10 家文化资助和参与业绩突出的大中小型企业代表，每年秋天在纽约出席"全美最佳艺术与商业合作伙伴晚宴"。为体现民主公平，每个人都有提名权。[①] 1970 年代开始，美国企业资助公共文化变得更有组织性，有资助行为的企业数量和资助金额不断增加。1980 年代后美国经济下滑影响了企业对公共文化的资助，但以此为契机，慈善性捐赠活动逐渐发展为运用文化元素帮助企业克服不良经济环境影响的文化营销战略。2012 年 BCA 发起了 pARTnership Movement，帮助商业和艺术组织构建充满艺术创意气息的社区：一方面促进商业组织提升创意技巧和批判性思维，另一方面帮助艺术组织发展创造性的商业技巧。[②]近 5 年来，美国的企业资助公共文化经费呈逐年递减趋势。2017 年 12 月 2 日特朗普政府通过的以给富裕的个人和企业大幅减税、提高慈善捐款的抵税门槛、取消遗产税为重要特征的综合分析税法改革无疑会导致企业资助公共文化动力不足。[③] 目前，美国企业对公共文化的资助较少受慈善动机驱动，他们关注更多的是文化如何影响企业员工生活和工作的社区。

---

① Business Committee for the Arts. Americans for the Arts. http：//www. americansforthearts. org/about – americans – for – the – arts/business – committee – for – the – arts. 2017 – 12 – 08.

② The BCA National Survey of Business Support for the Arts（2013）. http：//www. partnershipmovement. org/upload/web – files/BCA_ Survey_ V6_ Single. pdf. 2017 – 12 – 08.

③ 2017 年 12 月 7 日，美国艺术协会（Americans for the Arts）研究与政策部副总裁 Randy Cohen 先生在接受作者邮件访谈时透露，综合分析税法将对慈善相关领域造成每年 120 亿～200 亿美元的损失。协会正密切关注税改和联邦政策对艺术机构可能造成的负面影响。

（二）法国

法国作为 Mecenat 的词源转化地和文化发源地，其企业资助公共文化政策既注重保障公共利益，又注重保障公司的商业利益。在国家主导的文化资助体系中，法国文化部一直在寻求切实有效的方式推进企业资助公共文化，其政策工具主要有：立法、减税和回赠。法国 1982 年、1985 年和 1987 年的《预算法》皆明确规定，个人和企业资助公共文化享有优惠节税，以此激发社会各界的资助意愿。法国在其 1954 年颁布的《税制总法典》中就写进了关于文化赞助减税规定的条文，以后又陆续出台了单独的《企业参与文化赞助税收法》《文化赞助税制》《共同赞助法》等系列文化法规。从 20 世纪末开始，法国政府推出《梅塞纳斯》（Mécénat）政策体系，其宗旨在于以更加合理的文化税制改革促进文化繁荣。2003 年 8 月 1 日，法国政府颁布《艾尔贡法》（la loi Aillagon），可看作《梅塞纳斯》的完善版。该法案规定：在法国的企业向符合公共利益的相关公共文化活动捐赠，可享有减免"公司税"或"所得税"的优惠政策，最高可获得等值于捐赠总额 60% 的优惠，并且可以选择货币、政策或实物兑现等优惠形式。但是减免额度不能超过企业当年销售总额的 0.5%。超出部分可延续到接下来的 5 个财务年度继续享有。[①] 除了享受税收优惠，企业还可以获得其他方面的收益，如由受捐赠方提供的价值相当于捐赠总额 25% 的等价回赠，回赠方式包括：活动的冠名权、入场券、出版物或者参展位等。[②]《梅塞纳斯》政策体系不仅减税力度大，而且将技术和实物捐赠也纳入优惠政策中，从而鼓励了中小企业积极参与公共文化资助。

---

① 参见法国文化部《梅塞纳斯宪章》，http：//www. culturecommunication. gouv. fr/Politiques – ministerielles/Mecenat/Mecenat – articles – a – la – une/Lancement – de – la – charte – du – mecenat – culturel，2015 年 4 月 2 日。
② 参见《文化税法》，法国政府网，http：//www. legifrance. gouv. fr/，2015 年 4 月 2 日。

（三）英国

英国企业资助公共文化的格局形成可从创建相关机构算起。1976年英国在伦敦成立了艺术商业赞助协会（Association for Business Sponsorship of the Arts，ABSA），该协会基于美国艺术商业理事会（BCA）的运作模式，成立时资金总额仅为 60 万英镑，到 2009 年上升到 6.86亿英镑。1988 年该协会实现了在全英范围内的组织覆盖，在英格兰、苏格兰、威尔士和北爱尔兰都设立了办公室，使英国各政治实体均有连接艺术界与商界的相关组织；1991 年发展了全国最大的募款人信息与技能网络；1999 年 ABSA 更名为"A&B"（Art & Business），在全英共有 9 个办公室：如"A&B Scotland""A&B Cymru①""A&B Northern Ireland"等；2006 年，A&B 聘请了 5500 名商业人士作为艺术机构的顾问；2009 年，A&B 发展了跟英国石油公司（BP）、德意志银行（Deutsche Bank）、安永会计师事务所（Ernst & Young）、投资信贷公司保诚集团（Prudential）、普华永道会计师事务所（PWC）、苏格兰银行（Bank of Scotland）、汇丰银行（HSBC）等知名大企业的合作关系。②1984 年英国文化遗产部为 ABSA 制定了商业赞助激励方案（The Business Sponsorship Incentive Scheme，BSIS），规定政府将根据企业赞助的金额给予同等金额的费用，即"企业政府平衡赞助制度"，极大地增强了企业文化资助的参与度，促进了企业和公共文化的共同发展。

（四）韩国

韩国在经历朝鲜战争后直到 1970 年代才进入稳定期，因此其国家公共文化从 1970 年代开始复兴。与此同时，韩国的财阀随着经济的发展而诞生，企业参与社会事务的形式从大企业设立企业基金会开始，例如

---

① Cymru 是威尔士语，英语为 Wales。
② Our history. Arts & Culture at Business in the Community. https：//artsandbusiness. bitc. org. uk/about – ab/our – history. 2017 – 12 – 08.

1960 年代中期设立的"三星美术文化基金会""莲庵文化基金会"等。1980 年代，随着社会经济和民主化进程的发展，企业社会责任备受瞩目，基金会的数量也逐步增加。为了加强企业界与文艺界的合作，1982 年，"韩国文化艺术基金会"（The Korea Culture and Arts Foundation）组织企业家和学者举办了一次研讨会，促成"文艺支持扩大理事会"（The Literature and Art Support Expansion Council）于 1985 年创立，该组织是"韩国艺术与商业理事会"（The Korean Business Council for the Arts，KBCFTA）的前身。KBCFTA 于 1994 年 4 月 18 日正式成立，被看作韩国历史上企业回馈社会与文化发展的转折点。它推崇现代文化资助理念，主张企业与艺术机构本着平等的原则互惠合作，而不是单向的施受关系。KBCFTA 卓有成效的工作业绩一方面得益于良好的运作机制，另一方面契合了韩国社会发展阶段。1988 年首尔奥运会前后是韩国经济发展的高峰期，企业的快速增长和壮大带来了社会贫富差距不断扩大的问题，引发了社会对企业的批判，企业也亟需通过参与社会活动来改善企业形象。1990 年代韩国企业对于公共文化的资助比例呈逐渐增长趋势。随后，资助形式越来越丰富，除了设立企业基金会之外，还通过建立企业美术馆、博物馆，设立艺术奖项等多种形式资助。

（五）日本

与欧美相比，日本的企业资助公共文化更注重通过社区再造，挖掘艺术新价值，繁荣本地文化，实现对未来社会的投资。日本社团法人企业 Mecenat 公益协会（Association for Corporate Support of the Arts，日文名 Kigyo Mecenat Kyogikai，KMK）创立于 1990 年 2 月 14 日，其宗旨在于通过集结企业界力量支持文化艺术，提升社会创意，改善文化环境，建构充满创意和活力的社会。① 尽管 KMK 也提倡通过艺术提升品牌形象，激发商业创新，但在日本，就企业层面而言，"企业资助文化艺术

---

① What is 'Mecenat'? Association for Corporate Support of the Arts. https：//www. mecenat. or. jp/en/about. 2017 - 12 - 02.

着眼点不在商业收益。而且，与政府热衷于建文化设施而疏于资助艺术家和文化机构不同的是，企业通过文化资助影响了文化政策的形成"①。

三　企业资助公共文化的中国路径

(一)　现状

中国企业资助公共文化推进工作目前还停留在政策宣传层面、硬件建设层面、文化企业层面，与半个世纪以来国际上活跃的发展态势存在较大差距。

调研表明，75% 的受访对象认为公共文化需要资助；82.14% 的受访对象认为公共文化值得资助；66.43% 的受访对象认为企业或企业家有必要资助公共文化；47.86% 的企业曾资助过公共文化；25.36% 的企业家曾以个人名义资助过公共文化，资助金额从 1000 元到数亿元不等。2016 年 4 月 26 日艺术市场研究中心 (AMRC) 发布的企业艺术赞助的调查结果也显示：82% 的企业曾资助过艺术项目，文化资助项目已成为当今企业进行跨界投资的一个重要选择。越来越多的企业与文化艺术项目达成冠名赞助、长期赞助等深度合作形式。② 即便如此，我们仍需清醒地面对一个参照性事实："我国台湾地区 67% 的企业曾经资助过文化活动；美国 84% 的企业曾经资助过文化活动。"③ 概而言之，中国大陆在企业资助公共文化领域不仅与发达国家和地区之间存在绝对落差，而且还存在以下不尽如人意之处。

1. 资助意识亟待增强

近 10 年来，伴随中国慈善事业的迅速发展，中国企业资助公共文

---

① Nobuko Kawashima, Corporate Support for the Arts in Japan: Beyond Emulation of the Western Models, *International Journal of Cultural Policy*, Vol. 18, No. 3, June 2012, p. 295.

② AMRC 艺术市场研究中心：《企业艺术品收藏管理调查问卷》，https://mp.weixin.qq.com/s/8TW1-Ku9IqeC-TRjfd2QUA，2016 年 4 月 12 日。

③ 陈以亨、蔡敦浩、余缤、林莹滋：《台湾企业赞助艺文活动调查研究》，http://www.pdfio.com/k-246378.html. p. 92，2011 年 5 月 20 日。

化已经度过了艰难的破壁阶段，正逐渐兴起但未成气候。2008 年的调查显示，"国内工商注册登记的企业超过 1000 万家，有过捐助记录的不超过 10 万家，即 99% 的企业从来没有参与过捐赠。而在众多领域中，公益性文化艺术事业占的席位更是小之又小"①。到 2015 年，捐助文化、体育、艺术领域的资金占捐赠总额的 4.56%。② 2016 年，尽管"捐赠总额同比增长 25.65%"③，但"捐助文化、体育、艺术领域的占捐赠总额的 3.11%"④，反而下降了 1.45 个百分点。而捐赠受益方的实际状况也印证了这一调查结果：成立较早、影响力较广、规模较大的吴作人国际艺术基金会"只有 15% 的捐款来源于企事业单位和国家机关"⑤。由此可见，企业的文化资助意识亟待增强。

2. 资助潜力亟待发掘

按照发达国家和地区经验，金融行业是企业资助公共文化的主力，但目前中国金融界的文化资助能量尚待发掘。在 2016 年福布斯世界 100 强企业中，中国上榜企业共有 16 家，其中，属于金融行业的企业共有 11 家，占上榜总数的 69%。通过对上榜企业《2016 年度社会责任报告》的调查发现，目前我国以银行、保险等行业为代表的金融机构尚未将"资助公共文化"作为关注重点。其对于"社会公益"的关注偏向于特殊群体、扶贫事业、社区建设、教育事业、建立志愿平台和创新多样化的金融捐赠方式等领域。对于"公共文化"等看起来并不紧急的公益领域，他们普遍缺乏足够的关注，实际资助也还处于"试水期"。在 2016 年福布斯世界 100 强上榜的 11 家中国金融企业中，仅有民生银行设立了企业基金会——北京民生文化艺术基金会、上海民生艺术基金

---

① 于春城：《文化赞助与文化捐赠》，中国建材工业出版社，2008，第 35 ~ 36 页。
② 善园基金会：《2015 年度中国慈善捐助报告出炉》，http：//www.17xs.org/news/center/？id = 235&type = 1，2016 年 11 月 29 日。
③ 中国慈善联合会：《2016 年度中国慈善捐助报告》（精华版），http：//www.charityalliance.org.cn/news/10360.jhtml，2017 年 11 月 29 日。
④ 中国慈善联合会：《2016 年度中国慈善捐助报告》（精华版），http：//www.charityalliance.org.cn/news/10360.jhtml，2017 年 11 月 29 日。
⑤ 吴宁：《中国艺术基金会发展报告》（*Report on China Art Foundations*），吴作人国际美术基金会官网，http：//www.wuzuoren.org/？p = 3578，2010 年 10 月 28 日。

会，创建了企业艺术机构——上海民生现代美术馆来支持公共文化事业，而其他金融企业只是组织或参与了为数不多的公共文化项目。

（二）动因

相关调研结果表明，中国企业资助公共文化的动因复杂，每一种动因作为文化资助影响因子所带来的实际效果往往大相径庭。因此，在谋划解决方案和实施路径过程中，我们对其动因进行精准识别，发现如下因子为影响之要。

1. 个人因素

企业高管个人因素是影响其资助决策、资助金额的重点。企业资助与否取决于高管对文艺的喜爱程度和对企业资助公共文化的认可程度。在"商业性赞助"缺失的情形下，大多数"慈善性捐赠"出于企业高管主要是董事长或总经理的个人喜好。比如，从小听着豫剧长大的银行行长大力资助豫剧团，喜爱歌剧的企业家愿意出巨资排演注定票房不好的歌剧。这一动因可看作古代贵族、精英阶层出于个人兴趣无偿资助公共文化的传统延续。

2. 关系因素

当前企业资助公共文化的另一动因为社会关系，包括政治关系因素。社会关系是推动中国社会有效运行的一种重要的非正式制度，其发达程度不逊于正式制度。中国人自古以来重关系、讲人情，很多棘手的问题常常在关系疏通之后迎刃而解。在企业资助公共文化领域，这一因素也发挥着重要作用。而且，在我国特定制度背景下，企业的捐赠行为还有可能被赋予特殊功能，成为企业寻求政治关系、获得社会认同的策略手段。因此便有了省委书记设晚宴，企业家捐赠达到一定数额即可赴宴的善款筹措案例。类似这种通过社会关系因素建立起的资助关系是一种熟人之间的非常态资助，能一定程度上缓解受助方的"燃眉之急"，然而并不稳定。

3. 品牌因素

如今，中国企业界将文化赞助作为品牌推广手段加以运用的场景越来越普遍，在娱乐、游戏、电影领域尤甚。例如 2013 年加多宝花 2 亿赞助"中国好声音"；宝马、VIVO、雪碧赞助《王者荣耀》；周星驰导演的《美人鱼》中植入五粮液、凯迪拉克、58 到家、纯甄、Oppo、360 奇虎公司、Roseonly 等品牌广告……一些名不见经传的大众消费品也将"拍电影"作为蹭热点的促销手段。

（三）障碍

中国企业资助公共文化之所以还不能与公共文化发展实际相适应，是因为存在如下掣肘其发展的现实障碍。

1. 认识缺位

不少企业负责人认为文化在现阶段并非最重要最紧急的事务。2016 年，30.44% 的慈善捐赠投向了教育，26.05% 投向了医疗健康，21.01% 投向了扶贫与发展、环保等领域。投向文化、体育、艺术的只占 3.11%，投向公共事业的只占 2.88%。① 尤其值得注意的是，54.29% 的企业家认为有比公共文化事业更重要更迫切的领域需要资助。

2. 信息失衡

公共文化领域与企业界专业属性、行事原则及价值理念都不同，很多企业表示由于对文化机构不了解、信息不对称等原因导致自身无法资助。供给侧由于不懂政策、税法和文化机构的运作特点，导致不少有文化资助意向的企业望而却步；需求侧的文化机构由于缺乏相关信息，没有渠道向有资助意向的企业提出资助申请。信息不对称成为企业资助公共文化的直接障碍。目前有较强资助实力和文化资助意愿的企业集中在金融保险、IT、房地产、汽车等行业，这类企业对文化机构普遍不熟悉，对文化资助需求信息不够了解。37.5% 的企业家有资助意愿，但不了解资助渠道；44.29% 的企业家不了解哪些领域有资助需求。

---

① 中国慈善联合会：《2016 年度中国慈善捐助报告》（精华版），http：//www. charityallia nce. org. cn/news/10360. jhtml，2017 年 11 月 29 日。

3. 优惠乏力

国际经验表明，税收杠杆是撬动企业资助公共文化的最大动力，但目前在中国，通过税收杠杆调动企业捐赠积极性的效应尚未凸显。2017年2月24日最新修订的《企业所得税法》规定：企业发生的公益性捐赠支出，在年度利润总额12%以内的部分，准予在计算应纳税所得额时扣除。其中，"公益性捐赠"指：企业通过公益性社会团体或者县级以上人民政府及其部门、用于《公益事业捐赠法》规定的公益事业的捐赠。据此规定，企业的"直接捐赠"不能享受税收优惠。而实际上，目前中国企业资助公共文化最常用的方式就是直接捐赠。而间接捐赠需要提取管理费，且可能透明度不高，导致很多潜在捐赠者对之不信任，捐赠动力不足。而且，间接捐赠的受赠对象——特定公益性社会团体范围较小。目前从中央到地方都严格审批具有税收优惠资格的社会团体，这种定向锁定导致捐赠渠道狭窄，一定程度上遏制了企业的捐赠热情；此外，只有捐赠现金才可以享受税收优惠，而捐赠实物不能减税反而还要缴纳货物和劳务税。因此，目前的税收政策对企业而言，不仅不能带来多少税收减免，还要对限额以外的捐赠支付相应的税费，影响了企业捐赠的积极性。

（四）路径

1. 成立连接企业与文化机构的中介组织

尽管世界上已经形成了庞大的 Mecenat 关联机构网络和 A & B world 国际工作网络，但遗憾的是中国大陆并没有加入，甚至了解 Mecenat 的人都不多，具有类似功能的组织也尚未出现。作为文化资助领域的后发国家，中国如果加入这一国际性的工作网络，或创建具备类似功能的机构，定能在信息共享、资源互补、效果优化等方面受益于这些先行者的经验，使中国企业资助公共文化的运作效率更高，成效更突出。因此中国亟需大力发展促进企业与文化机构交流合作的中介组织和公益性社会团体。如此一方面可以解决资助供给侧和需求侧信息不对称、找不到可靠的捐赠渠道、不了解税法等问题；另一方面也能改善文化机构不了解企业运作特点、不知道如何在节目或作品中策略性地创造能被赞助商利用的特色等封闭、被动状态。

除了做好企业与文化机构之间的连接工作，还可利用这一平台承担发展艺术教育、培养潜在艺术消费者和资助者的任务，解决企业家不重视文化、认为文化资助是政府单方面的任务与职责等问题。文化受众群体的扩大、艺术消费者的层次提高、艺术需求增长，能支持越来越多的文化机构生存发展，也能激发既有经济实力又有艺术品位的潜在资助者的资助热情。中央美术学院艺术管理系主任余丁教授认为，"中国的有钱阶层已经有了西方大资本家的经济地位，却不具备与之相匹配的文化趣味和身份……这批先富起来的人普遍缺乏西方大资产阶级的修养和文化责任。这样在中国当代艺术价值链接受终端还没有形成一个肩负中国文化复兴责任的支持者队伍……"①。这一高端群体的艺术修养普及和提升工作，由连接企业与文化机构的中介组织来开展最为合适。

2. 建立国家艺术荣典制度

更强有力的制度性驱动在于，通过有吸引力的国家艺术荣典制度，引导企业资助公共文化，使企业在政策工具调节下致力于寻求社会认同与企业文化精神，在双重功能助推下激励企业更加主动地介入公共文化资助。针对目前有些企业资助公共文化不能直接产生经济效益的现实，政府应考虑加强精神嘉奖。先行国家和地区已有相关经验。比如美国BCA 设立了 BCA Ten 和国家艺术奖（The National Arts Awards），② 通过在企业界开展高识别度的颁奖活动，帮助人们加强对艺术的了解和认识，从而吸引更多的资助。2017 年国家艺术奖的颁奖典礼就募集到 90万美元用于向美国人普及艺术；日本社团法人 Mécénat 公益协会也设有专门的 Mécénat 奖项（Japan Mécénat Award），用于奖励重要的 Mécénat活动。该奖项分大奖、优秀奖、特别奖三大类，2017 年获得大奖的是

---

① 余丁：《从艺术体制看当代艺术》，http：//www. sxlbl. com/news/yspl/20100115/14804_
2. html，2011 年 6 月 24 日。

② National Arts Awards. Americans for the Arts. http：//www. americansforthearts. org/events/
national – arts – awards. 2017 – 12 – 05.

东京三菱株式会社;① 我国香港地区的艺术发展局于 2003 年设立 "艺术赞助奖", 该奖项作为在香港艺术界极具权威性的 "香港艺术发展奖" 的 7 个类别之一, 与艺术家的 "终身成就奖" "年度最佳艺术家奖" "艺术新秀奖" 等平级, 旨在表彰企业或个人在资助艺术发展方面的贡献。2016 年的艺术赞助奖由恒生银行和利希慎基金获得;2015 年的艺术赞助奖得主是太古地产有限公司;2014 年该奖项空缺。②

3. 完善文化捐赠税收优惠政策

调研显示, 55.71% 的受访对象认为, 税法对于公益性捐赠的税收优惠对企业资助公共文化有影响;68.21% 的受访对象表示不了解该政策, 而且接受捐赠对象的性质认定、税收减免手续都不太方便;14.29% 的受访对象认为, 企业出于怕麻烦的心理而不愿尝试。

因此, 有关部门应前瞻性地做好通过税收优惠激励捐赠的制度安排和政策准备。应修订完善文化捐赠税收优惠细则, 加强对企业实行慈善捐赠的税收减免制度的宣传, 尽可能简化减税手续, 提供简便的、人性化的捐赠通道;帮助具备条件的文化机构和中介机构获得 "接受捐赠可以让捐赠者享受税收优惠" 的资格。可以在调研现有文化机构发展现状的基础上, 结合文化机构自身意愿, 将不愿意走市场路线又确能促进公共文化发展的机构认定为非政府、非营利性质的公益性社会团体。

诚然, 税收优惠政策在激励中小企业捐赠方面效果更佳。目前小企业和企业家的小额捐赠不能跟大企业相提并论, 但鉴于中国巨大的人口优势和庞大的先富群体, 尤其在当前我国个人捐赠以 73.52% 的速度逐年递增③的形势下, 我们不能忽视聚沙成塔的集聚效应。而且, 通过税

---

① https://www.mecenat.or.jp/_data/about/uploads/mecenat_pressrelease_2017no9. pdf. 2017 - 12 - 05.

② 《得奖名单》, 香港艺术发展局官网, http://www.hkadc.org.hk/? p = 18721&lang = tc, 2017 年 12 月 2 日。

③ 2017 年 11 月发布的《2016 年度中国慈善捐助报告》数据显示:2016 年, 我国慈善捐赠的主要来源依然是企业, 贡献了 908.20 亿元, 其中民营企业贡献近五成;个人捐赠紧随其后, 为 293.77 亿元, 二者相比上年均有增长, 其中个人捐赠发展迅速, 比上年增加 73.52%。《人民日报》2017 年 11 月 3 日, 第 11 版。

收杠杆激发民间的文化资助热情其意义不仅体现在经济层面，更重要的是，经由捐赠平台和手段，能有效激发出企业共建共享公共文化的热情，其价值或可超过流失的税收所创造的社会价值。

部分企业并不会因税法决定资助与否的案例也说明：单纯依靠减免税的经济刺激而忽视潜在捐赠人的内在精神需求和社会责任感的激励是不够的。进一步激发企业资助公共文化的热情，需要政府、慈善组织、媒体、社会相互协作，在全社会营造文化资助氛围，并且通过公益形式创新，推动文化资助理念的普及化和参与的便捷化。

近年来，随着企业实力和社会责任意识的增强，在"企业越大，责任越重"的理念感召下，很多大型企业如腾讯公司、华侨城集团等在公共文化资助领域都有不俗的表现。腾讯公司自 2009 年就在"新乡村行动"中开展少数民族非物质文化遗产保护与传承活动；[①] 2016 年 7 月，腾讯与故宫博物院达成长期合作意向，用青年创意和科技手段活化传统文化 IP；[②] 2017 年 11 月 28~29 日，他们联合举办的"文化+科技"国际论坛[③]深入探索了以技术力量推动传统文化传承和创新的方式。在此次论坛上，腾讯系统输出了用科技助力中华文化复兴的战略愿景，其对公共文化界尤其是文博界的影响正在持续发酵；另外，华侨城集团在企业社会责任报告中明确提出"文化公益"理念，"截至 2016 年末，华侨城集团慈善捐助、生态公益、文化公益、社会公益等总投入 31 亿元"[④]，其对公共文化的投入体现在对群众文化的支持、先锋艺术的探索和地域文化的扶持等方面，对丰富市民和游客文化生活、塑造城市文

---

① "腾讯新乡村行动"是由腾讯公益慈善基金会于 2009 年 6 月 3 日发起并投入超过 5000 万元，在贵州、云南两地启动的一项公益一揽子计划，旨在通过长期持续的公益投入，在当地开展以教育发展帮扶为主，兼顾环境保护和少数民族非物质文化遗产保护与传承的一系列公益项目。腾讯网，http://gongyi.qq.com/zt2011/xxc/。

② 赵秀红：《腾讯与故宫博物院达成长期合作》，http://www.jyb.cn/china/gnxw/201607/t20160707_664495.html，2016 年 7 月 7 日。

③ 周靖杰：《"文化+科技"国际论坛在京开幕》，http://www.xinhuanet.com/tech/2017-11/28/c_1122025703.htm，2017 年 11 月 28 日。

④ 《华侨城——优质生活创想家》，华侨城集团官网首页，http://www.chinaoct.com/hqc/gyhqc/hqcgk/index.html，2017 年 11 月 29 日。

化形象发挥了重要作用。上述公司的文化资助、文化公益行为体现着回报社会和利益相关者的资助理念，彰显着鲜明的价值理性，但缺少与工具理性的结合，某种程度上看似未能找到可持续发展的路径。在企业资助公共文化的制度设计中，坚持价值理性与工具理性的统一，从文化资助走向文化投资，用商业手段解决公共文化问题，形成长效化、制度化的资助运作机制，或能成为直接资助的有益补充和有效持续。

现代管理学之父彼得·德鲁克强调企业应承担社会责任，并创造社会利益。自此学界逐步形成了关于企业社会责任的成熟的主体框架和完善的知识谱系。在众多的责任担当和有限的责任边界中，文化责任常被更紧迫的责任内容所冲击。然而，在社会主要矛盾发生转化、人民群众对美好生活满怀期待的新时代，"企业资助公共文化"命题历史性地呈现出它的中国形态。文化的公共性特征与企业的文化责任在这一命题指涉中实现了有效的功能匹配，并契合了在"共建共治共享的社会治理格局"[①] 中实现文化治理多元主体和文化繁荣理想愿景的实践目标。"人民日益增长的美好生活需要"自然包含日益增长的精神文化需求，然而现阶段社会总体文化供给现状无论数量还是质量都不能很好地满足人民群众多层次、多元化的精神文化需求。因此，政府必须科学谋划全面解放文化生产力的宏观文化治理体系和微观文化治理手段，在企业改变社会能力越来越强的工商情境下，全面激活企业的文化资助、文化共建潜能尤其迫切。

总之，无论是从问题情境还是从中国方案和实施路径来看，企业资助公共文化都是一个复杂而严峻的现实命题。其解困有效性与解困张力将不仅直接影响我国文化资助对文化治理体系与治理能力现代化的有效支撑，更深刻地影响公民基本文化权益的保障力与民族精神家园建构的文化激活驱动力。在未来的知识解困与实践探索中，基于中国国情并具有新时代中国特色社会主义制度优越性的有效方案与良好局面一定能形成。

---

① 习近平：《决胜全面建成小康社会夺取新时代中国特色社会主义伟大胜利——在中国共产党第十九次全国代表大会上的报告》，人民出版社，2017，第49页。

第四章　文化资助制度创新与未来趋势

科技展示着人类的文化脉络，为文化发展源源不断地供应着物质原料和精神滋养，任何时代的文化都是与当时的科技深度融合的结果。科技在改变着艺术创作和文化存在形态、不断拓展和突破艺术边界的同时，也不断催生着文化制度创新，从而使得科技创新成为文化制度创新的本体驱动力量和左右人类文化命运的社会主体，而文化资助制度创新也不可避免地被深度卷入。无论是在文化事业还是文化产业领域，科技介入资助已经成为常态，技术平台原则上解决了文化资助主客体双方信息不对称的问题，网络民主理论上攻陷了文化资助主客体双方地位不对等的壁垒，同时也一定程度上缓解了文化官意僭越文化民意、文化利益遮蔽文化价值、文化事务消解文化意义的文化资助现状。总之，科技创新为文化制度创新带来了无限可能，促进文化资助跨越现实障碍，逐步实现向兼具公平与效率、技术理性与制度理性融合的现代文化资助系统的转向。本章将以公共文化众筹、电影产业资助、美国文化资助转向为例，分别探讨文化事业资助、文化产业资助和文化资助转向问题，分析技术、政治和市场环境对文化资助的影响。

第一节　文化事业资助：以公共文化众筹为例

公共文化众筹是指通过互联网平台，将政府、企业、组织、民众等参与主体聚集起来完成公共文化产品和服务融资融智活动的一种公共文化供给模式创新。公共文化众筹模式可谓 PPP 模式与互联网新兴业态的结合而形成的产物，较好地契合了国家倡导的向社会力量购买公共文化服务"自下而上、以需定供"的互动式、菜单式服务方式，能为社会蓄积的公共文化服务潜能提供良好的出口，同时也将以制度创新"引导文化资源向城乡基层倾斜"①。

众筹融资作为一种新型的科技创新融资模式，在我国尚处于起步阶段。但其对于资本市场发挥的作用与证券投资、直接投资等投资方式无异，它不只向投资者募集资金，还可以邀请投资者参与项目运营。作为传统资本市场的补充，众筹融资丰富了社会资本构成，加速了资本运转，已推动众多文化产业项目的成功融资。但这些项目往往集中在人气高、容易吸引眼球的文化娱乐如演唱会、电影等领域和动漫、音乐、出版等行业。将众筹机制引入公共文化建设领域，运用众筹手段促进社会力量参与公共文化服务是当前中国公共文化建设亟需的制度创新。其意义应超越筹资运营层面的一般理解，它不仅是融资机制的选择问题，更是公共文化治理模式的创新问题。

公共文化众筹一方面有利于弥补公共财政和社会资本因大力支持劳动就业、环境和安全、节能减排等民生领域而对文化领域造成挤压甚至侵蚀，另一方面有利于集聚民间因受限于国民较为单一的投资方式、投资渠道、投资思维及较高的投资门槛而大量存在的闲散资金用于文化建设。随着经济社会和文化事业的发展，众筹这一新兴资本市场助力文化建设事业势在必行。

一　中国公共文化众筹的可行性

近年来众筹网络平台上文化类项目作为先驱性项目已形成一定的社会影响力，被个性化文化消费群体推崇为文化创新发展的催化剂。实际

---

① 《中共中央关于制定国民经济和社会发展第十三个五年规划的建议》，新华社经济参考网，http://jjckb.xinhuanet.com/2015 – 11/03/c_ 1347798 11.htm，2015 年 11 月 9 日。

上，基于文化资本与金融资本的价值互换原理，文化活动与众筹有着天然的紧密联系，众筹项目最早也是从艺术领域发起的。"众筹的概念是纽约布莱恩·卡梅利奥（Brian Camelio）的音乐公司 Artist Share 率先推出的，它在普通民众中筹集资金来资助一场音乐活动。"① 众筹本质上是一种自下而上的参与式财政，同时也是文化普及和艺术大众化趋势的核心要素，文化类众筹不只是筹集资金，众人创作、众人投资、众人消费等大众文化参与也是文化众筹的重要内容。

发达国家已在公共文化众筹领域做出了成功的探索。2010 年法国卢浮宫为购买文艺复兴时期德国画家老卢卡斯·克拉纳赫的《美惠三女神》画作，向普通民众成功募款 100 万欧元，有 5000 名不同年龄和国籍的捐助者为此慷慨解囊，如愿以偿地将《美惠三女神》收入馆藏。② 2011 年，荷兰鹿特丹的 ZUS 建筑设计事务所发起了一个"I Make Rotterdam"的众筹项目，当地群众只要花上 25 欧元就能将自己的名字或者想要说的话刻在一块小板子上，而卖小板子所筹集到的资金最后用于鹿特丹中心城区的一座人行天桥的建设，这座命名为 Luchtsingel 的天桥将鹿特丹的三个核心地区联结在一起，形成了别具匠心的城市立体景观，2012 年 Luchtsingel 获得了"鹿特丹城市创造"奖。③

（一）中国公共文化财政政策导向

尽管各级文化行政部门一直在呼吁加大财政投入力度，建立健全文化事业费的稳定增长机制，但各级财政部门实际执行起来难度不小。政府在一定时期内提供的公共产品的数量不是任意的，而是由不同利益的社会成员进行博弈的均衡点来决定的。任何预算支出都必须综合考虑经

---

① 〔美〕阿伦·拉奥、皮埃罗·斯加鲁菲：《硅谷百年史：互联网时代》，闫景立、侯爱华、闫勇译，人民邮电出版社，2016，第 270 页。
② 韩梁：《卢浮宫网上筹款购名画》，http：//news. xinhuanet. com/world/2010 – 12/19/c _ 12894853_ 2. htm，2017 年 4 月 21 日。
③ Rotterdam's Crowd – Funded Pedestrian Bridge. http：//www. innovcity. com/2012/01/05/ rotterdam% e2% 80% 99s – crowd – funded – pedestrian – bridge/. 2015 – 12 – 02.

济、政治因素，比如财政支付能力、跟纳税人切身利益密切相关的民生事务、事权和财权相统一原则等总量平衡问题。在义务教育、公共卫生、社会保障、劳动就业、环境和安全、节能减排等国计民生都存在支出缺口的情况下，公共财政支持目标只能是限制性的。因此，即使是在经济发达地区，有限的财政支付能力都不可能满足无限扩大公共财政投入文化的期望。一方面财政收入有限，另一方面还要兼顾公平和效率，要考虑各项民生的相对重要程度，毕竟还有更紧迫的民生工程需要公共财政的大力投入。

中央政府意识到文化建设需要集聚全社会的力量。2015 年 5 月 11 日，国务院办公厅正式转发文化部、财政部、新闻出版广电总局、体育总局起草的《关于做好政府向社会力量购买公共文化服务工作的意见》，对建立健全政府向社会力量购买公共文化服务机制，完善公共文化服务供给体系，提高公共文化服务效能做出了重要部署。这一政策的出台意味着促进社会力量参与公共文化服务已从国家战略构想进入战略实施阶段。《中共中央关于制定国民经济和社会发展第十三个五年规划的建议》也强调要"创新公共服务提供方式，能由政府购买服务提供的，政府不再直接承办；能由政府和社会资本合作提供的，广泛吸引社会资本参与"[1]。但无论是国家还是地方层面都尚未为社会力量的进入和实质性参与创造公开公平公正的环境，导致企业、社会组织和个人的参与活力及动力均未能充分激发。

（二）　民间社会蓄积了大量文化资助潜能

公共文化服务的主体是政府，但这并不意味着公共文化产品只能由政府提供。相反，单一的财政投入渠道却有可能造成公共文化产品供给效率低下、服务方式不佳等局面。通过有效的制度设计引导社会力量以多种方式投入公共文化事业可以激发出民间蕴藏的文化建设活力，发挥

---

[1]　《中共中央关于制定国民经济和社会发展第十三个五年规划的建议》，新华社经济参考网，http://jjckb.xinhuanet.com/2015 - 11/03/c_ 1347798 11.htm，2016 年 12 月 30 日。

政府财政投入的放大效应。随着改革开放不断深入和经济社会发展方式转型升级，中国民间社会已经蓄积了大量有可能推动文化事业繁荣的财富，但由于信息不对称等原因，一方面好的文化项目找不到婆家，另一方面资金找不到去处，有意孵化文化项目但缺乏渠道指引，而众筹平台则很好地解决了这一问题，让个人、小团队参与众筹更容易、更便捷、更有效，能更好地促进文化事业的繁荣发展，推动文化创新。

（三）众筹平台集聚文化资助力量

众筹平台使小额资助成为可能。历史上的文化资助人往往由皇室成员、贵族、精英或富豪担任，近代以来不少国家政府如北欧五国、法国、中国政府成为最大的文化资助人，平民百姓尚未广泛参与。但互联网时代在开启了一个文化民主时代的同时，也开启了一个文化资助的民主时代。众筹平台上人人都是捐赠者，人人都是出资人，无论尊卑贫富都可以根据自己的喜好和能力随喜捐赠或出资，在获得精神愉悦和满足的同时也为文化事业贡献自己的一分力量。尽管这一己之力可能微弱，但聚沙成塔的效应不容忽视。

二 中国公共文化众筹制度设计思考

目前我国公共文化服务体系建设面临公共文化服务发展不均衡、基础设施建设仍存在空白点、财政对文化的投入不足、公共文化服务效能不高等问题，归根结底则是经济社会发展条件限制影响了文化事业的发展，导致欠发达地区的公共文化服务无法满足基层群众的文化需求。而公共文化众筹运作机制尤其适用于人均地方一般预算收入较低、财力不充裕，财政投入水平不高的欠发达地区，越是公共财政无法过多辐射到公共文化领域的地方，越具有吸引社会资本参与公共文化建设的巨大空间。从我国公共文化众筹的现状及国外公共文化众筹的有关经验出发，结合我国公共文化服务体系建设的有关要求，公共文化众筹运作制度设计宜从以下几个方面入手。

（一）运作原则

1. 公共性

提供公共文化服务是政府的一项基本义务，其服务人群具有开放性，无论性别、年龄、收入水平，所处地域，无论健康与否，都应享受到均等的公共文化服务。传统意义上公共文化服务的提供者是以政府为主体的文化部门，即文化行政管理单位、公益性文化事业单位、非政府组织和经营性文化单位等。随着我国公共文化服务体系建设的日渐完善，政府公共文化服务能力的大幅提升，人民群众的文化需求也日益多样化，因此公共文化服务的"公共性"范畴也不断扩大，一方面体现在服务人群、服务空间的"公共"，另一方面也体现在服务提供主体、服务体系的"公共"。此处所述服务提供主体的公共性是更为广泛的概念，意即公共领域的个体、群体皆可参与到公共文化发展的建设大业之中。它不再是文化部门一家的工作，而是可以广泛吸纳社会公众力量共同参与的事业。从服务体系的角度而言，在资金投入来源、组织协调机制、人才队伍建设等方面，扩大公共文化服务的外延，鼓励社会闲散资本参与公共文化建设，引进先进的技术和管理方式到公共文化领域，创新公共文化组织协调机制，吸收来自各个领域的社会力量参与公共文化服务。

众筹的产生依赖于互联网这个开放的平台，开放性使得公共文化众筹的公共性尤为明显。互联网的普及与覆盖打破原有的空间阻隔，更有利于公共性的实现。公共文化众筹的平台建立是面向大众而非部分人群的，对于参与众筹的项目也限定在公共文化范畴，众筹的低门槛决定了发起人的多样性，同时也决定了出资人的大众化和多元化，无论富豪还是工薪阶层，人人皆有可能。众筹的性质决定了项目的共享性，每个人、群体或组织都可参与其中，共建共享文化繁荣。

2. 区域性

公共文化发展的形态差异很大程度上源于区域历史文化差异的影响。比如天津人多数爱听相声，而湖南人更喜欢花鼓戏，潮汕人则喜欢潮剧。每个地方的人都拥有各自地区共同的文化记忆，这种通过系列公共性、集体性的精神文化活动形成的文化记忆，使人们在思维方式、行为模式、道德规范、文化价值观念和审美取向等方面达成一致的文化认同，给人们提供一种文化归属感和社会责任感。众筹的非产业指向性特点使其更倾向于本土化和区域化，无论是在一座城市、一个地区或是一个国家，这种特征让大众投资人能够很好地参与到他们的公共生活当中去，并能够逐步改变人们长久以来形成的对借款、投资的传统观念。公共文化众筹通过发挥众智、集结众资，配合国家提供的基本公共文化服务，帮助人们建构文化认同，从而满足不同地区人们的精神文化需求。

目前国内兴起的众多众筹平台中，有开通区域性众筹的综合平台，如众筹网设有苏州站、河南站、湖北站等；也有专门针对某个地区成立的众筹网站，如阆中追梦网。从本质上来看，这两类平台都致力于众筹细分领域的服务，将发起人与出资人聚焦于某个特定地域，由此更易获得本地区人群的关注，引发对于某种特定文化记忆的共鸣，利用熟人网络与关系，得到更多的信任与支持，从而加大众筹项目的成功概率。

3. 广泛参与性

近年来，由于全球经济的低迷，许多国家的博物馆倾向于将众筹作为获取资金支持的一种重要补充手段。卢浮宫以及尼古拉·特斯拉博物馆等众筹案例的成功运作体现了公众对文化的热爱，说明文化遗产在他们心目中具有至高无上的地位。通过众筹平台，出资人不分男女老少，从商界大佬到普通民众，甚至有生活在社会底层的贫民，都可以为文化事业贡献自己的力量。众筹机制的低门槛使绝大多数人普遍、广泛的参与成为可能，人人出资人人参与的良好氛围对文化事业的繁荣发展是一种有力促进。

我国自古以来就不乏喜爱文化艺术的文人雅士，要说他们对于文化的参与和创造尚属小众领域，那么改革开放以来，国人的生活水平蒸蒸日上，解决温饱满足物质需求的同时，人们的精神文化需求日益增长，公共文化领域也日渐成为文化参与和文化创造的理想场所。人们不仅是文化的享有者，更是文化的创造者与创新者，通过这两种角色的互通互换，社会大众既感受到公共文化的惠泽，又能满足心理上的荣誉感与崇高感。

（二）运作模式

与发达国家的众筹模式类似，我国现有的文化众筹主要集中在一些特定领域，如文化创意类众筹，以众筹模式搭建文化领域与资本、商业领域的专业知识互通平台。纵观我国公共文化众筹发展的历史与现状，其运作模式可以概括为三个方面：一是以平台聚集项目，专业的众筹平台在这里发挥了至关重要的作用；二是以项目打造平台，项目发起人和平台的打造具有多样性和灵活性等特点；三是融资融智一体化，众筹项目在获得资本青睐的同时，也吸引了出资人及其影响所及范围内感兴趣人士的智力投入和创造性参与。

1. 以平台聚集项目

众筹借助互联网平台将不同个体联系起来一同参与资助公共文化项目，有效地促进社会实现全面文化参与的发展目标，成为组织方测试民意与市场的试金石。众筹平台使文化行政部门能以互联网技术为基础，便捷地利用后台搜集到的文化大数据、大流量优势，分析测算并满足群众文化需求。众筹平台将网络群体集结到一起，其群体性合作机制很好地契合了文化建设应自下而上的规律。西方发达国家的众筹机构和平台上就聚集了大量公共文化服务项目。比如位于美国旧金山的渠道类平台Neighborly 通过为用户提供市政债券购买渠道，为人们提供投资自己社区的机会。投资者不管是否具有美国身份均可在平台上注册，将得到免佣金、免个人所得税和改善社区环境等投资回报，其发起的大多是文化教育、环境保护等致力于提高当地居民生活质量的项目。这一类型平台的成功运营基于市政债券资助这种形式在欧美尤其在美国的悠久历史和成功经验。市政债券在美国的城市建设中发挥了重要作用，纽约州的伊利运河、丹佛国际机场、芝加哥千禧公园都是以这种方式集资建设的。①

---

① https：//learn. neighborly. com/municipal – bond – guide/history – of – municipal – bonds – chapter – 2/. 2016 – 12 – 30.

2. 以项目打造平台

在以项目为引领打造平台的公共文化众筹发展模式中，项目发起人可以是个人、企业、社会组织、博物馆等；打造出来的平台可以是实体的，也可以是虚拟的；可以是专业性的，也可以是综合性的；可以是短期的，也可以是长期的。比如深圳首家众筹书店微微书吧于 2014 年 12 月开业，它是由 50 位互不相识的股东每人出资 1 万元集资成立的众筹平台。微微书吧的成功运作离不开以下几方面的因素：一是发起人。微微书吧的发起人和主要负责人杜兴建是深圳阅读推广人，在阅读领域具有较大的号召力与带动作用，由此才会引发在众筹发起不到 72 小时 50 个众筹名额便一抢而空的现象，并引发了大众的热议。二是运营模式。50 位股东不参与书吧的实际运营，但来自各行各业的他们其实已经成为书吧的第一批种子会员，经由微信公众号及各自朋友圈对书吧进行线上线下的宣传和推广变得自然而然。书吧不设专职店员，每日由两名义工店员值班，书吧内大部分消费由顾客自助完成。读者不仅可以到书吧看书、借书、购书、聚会等，还可以通过书吧建立的微微书香网享受 O2O 的服务，甚至还享有捐书、收书、评书、出书，以及创意礼品制作、文化精品打造、会员分享交流等一系列的延伸服务。微微书香网打破了地域的局限，相当于一个虚拟的网络聚集地。而线下的实体书店也不仅仅是书店，众多成功运作的项目将书吧打造成了一个开放、共享、自由交流的公共空间和使用平台。[①]

3. 融资融智一体化

文化众筹的融资模式对个体捐赠行为发展的促进和带动作用十分明显。艺术捐赠人往往不仅是艺术项目的参与者，同时也是艺术产品的消费者。相较于融资功能，众筹在公共文化领域的融智功能更为重要。众筹项目在获得资本青睐的同时，吸引了感兴趣人士的参与和智力投入，即所谓"有钱出钱也出吆喝，没钱更要好好出吆喝"。所谓"出吆喝"

---

① 参见谢晨星《微微书吧：深圳首家众筹独立书店》，http：//b2b. toocle. com/detail - 6223938. html，2015 年 11 月 2 日。

正是集聚民智、发挥群众智慧的一种体现，在这里消费者既是生产者，也是投资者，更是创造者。公共文化众筹能激发并满足大众个性化的文化消费和精神需求，构建消费者、生产者、投资者和融资者的共赢生态圈。比如：四川阆中市推进的"众筹图书馆"项目，由"中国好人"靳建中担任发起人，他号召大家把众筹信息分享到朋友圈，网友、当地居民、游客等不仅加入众筹书屋的书籍捐赠行动中来，还纷纷为图书馆的整体和全面建设拾柴添火。知名作家阿来，也成为众筹书屋的力推者，他向书屋捐赠了相当一部分书籍，并亲自到阆中参与读书活动，与游客互动。这个筹书筹资筹人的众筹项目以互联网为媒介拉近了图书所有者、游客与当地居民之间的距离，通过公共文化服务模式创新，成功营造古城的书香、人文氛围，推动了古城文化旅游的进一步发展，实现了公共文化设施网络与文化旅游市场的联动效应。①

（三）实施路径

1. 搭建平台

纵观公共文化众筹的发展，主要依托于以下两类众筹平台：一类是综合性众筹平台，如前文所述的博物馆所开展的众筹项目，多是在美国最大最知名的众筹综合平台 KickStarter 上进行的。综合性众筹平台的优势显而易见，平台自身的建设与发展已日渐成熟，且在行业内与国际上都具有很大的影响力，由此上线的众筹项目关注度与曝光度都有一定的保证，但正因为综合平台的综合性也导致其无法专注于某一个垂直领域，从而提供更为周到与有效的众筹服务。另一类是垂直众筹平台，其中又分为两种，一是由企业或社会组织建立起来的文化类众筹垂直平台，如昆明的"文化粑粑"众筹平台，专注于云南民族文化发展，其首期公开的众筹项目有云南庭院话剧、音乐节、云南历代名人书画展等公共文化项目；二是由政府主导建立的公共文化服务众筹平台，着眼于

---

① 参见张松《众筹书屋：公共文化服务"接入"互联网》，《南充晚报》2015 年 7 月 22 日，第 A2 版。

公共服务，包括基础文化设施建设、公共文化服务提供等公共领域，如美国的 CitizInvestor 就是专注于社区文化和公民参与平台建设的众筹网站，其建立的初衷就是为社区公共服务项目搭建专门的集资平台。随着众筹领域竞争的加剧以及众筹行业的内生发展，平台垂直化发展是未来趋势。

公共文化众筹平台的建立宜从两方面出发：一方面是选取一个试点省份（宜为公共文化服务欠发达地区），由政府、行业协会、非政府组织与个人共同发起成立第三方公益组织机构，然后由该公益组织机构来建立一个垂直的公共文化众筹平台。经过简单的审核，在平台上注册的企业、社会组织和个人都可以通过平台发起众筹项目，甚至地方文化部门也可以委托第三方社会组织为其计划提供的公共文化服务项目发起众筹，以测试民众对该类公共文化服务的需求与民意。平台的独立运营由公益组织机构负责，包括网站建设、众筹项目的筛选、项目众筹过程的相关服务、项目实施等。政府文化部门承担该公益组织机构的监管职责，主要包括前期项目的筛选和后期项目实施的监督。另一方面应利用已有的成熟的众筹平台，如众筹网、京东众筹等，引导更多民间社会力量通过众筹平台参与公共文化建设，政府文化部门可采取购买服务等方式对在这些平台上获得众筹成功的公共文化项目（尤其是那些分期进行、内容优质并且深受群众喜爱、具有很好社会效益的众筹项目）进行购买，进一步创新政府购买服务方式，推动社会资本与政府财政资金投入的良性互补。

2. 形成监管机制

通过互联网平台汇集资金便捷、快速，但监管困难成为痛点。无论是以公共文化众筹平台聚集优质公共文化项目，还是以优质公共文化项目引领综合众筹平台的公共文化服务模块的发展，都必须建立一套相应的、有效的众筹监管机制。公共文化众筹平台一旦建成进行文化项目众筹，就会进行资本往来，此时证监会与省市文化执法部门共同承担监管职责，文化部门的监管是基于文化项目公共性的监督，以公益组织机构事先与文化部门商定的监管协议明文规定为依据。虽然由于公共文化众筹平台的公益性，它不会开展股权或是债券众筹，但证监会依旧对平台的资本往来具有法律监管效力。由综合众筹平台购买的社会化公共文化服务项目在最初的项目发起与众筹阶段包括实施阶段都由众筹平台来进行监督，而那些可以进行长期供给、需要大量资金投入并符合群众需求的众筹项目在被政府文化部门购买后也就开始了后众筹时期的征程。在这个时段，政府文化部门、文化市场及群众都对其负有监督职责，项目评估内容和标准可参照政府文化部门向社会购买的其他项目。

3. 提高平台公信力

现有的文化众筹网站存在运营模式不完善、盈利模式不明晰、平台影响力不够等问题。比如专门针对文化创意领域众筹的文创汇，其原创优质文创项目数量无法满足网站所需从而限制了众筹网站的进一步传播和发展。无论在国内还是国外，众筹行业内影响力比较大的都是那些具有很高公信力的平台。国内最大的众筹平台——众筹网成立较早，经过一两年时间的摸索，将原来综合类的栏目集中至现有的 7 个，并设置了几个城市的区域性众筹栏目，有利于集中精力办大事，将有限资源应用到优势项目上去，随着一系列成功众筹项目带来的关注度与曝光度，众筹网在行业内的地位得以确立。KickStarter 是美国最具代表性的众筹平台，它的成功一方面有赖于美国民众之间良好的信用基础与社会诚信体系，平台上发布的众筹项目数量很多，但依托平台所建立的众筹网络社区使得发起人和投资人之间能够进行有效的交流与沟通，许多出资人既出资支持别人发起的项目，同时也能自己发起一个项目来获得别人的支持。在这样的角色互换中，加上众筹平台的服务保障，发布的信息以及融资过程都能保持透明。

要提高文化众筹平台的公信力，首先须确保平台的定位准确，将众筹引进公共文化这个细分领域是公共文化服务体系建设的创新性尝试，同时也是众筹融资在中国发展的新模式和新领域。公共文化众筹平台的公益性质决定其定位于政府公共文化投入的补充，平台本身不应以营利为目的，因此在公共文化众筹平台上众筹的项目都应免费发布，平台不收取服务费用。从 KickStarter 的运作经验来看，平台的社区建设尤为必要，通过将发起人与出资人集结到平台上，能够收获大量关注公共文化服务的用户，有效的互动交流，加上项目的定期定额设置，快速的更新保持了项目的流动性与新鲜度，网站流量与用户数量也能得到保证。真正支持一个众筹平台运作下去的是源源不断的创意创新性项目，因此确保优秀的项目数量更为重要。平台成立初期，就必须引进若干有影响力且具可持续性的众筹项目，可以是一些已经众筹成功的公共文化分期项目，也可以发挥名人效应来发起众筹项目，总之从平台建立伊始，就应着力建设平台公信力，形成细分领域的行业标准，同时也要增加公共文化众筹平台在传统纸媒、电视台和新媒体微信朋友圈、社交网络的曝光率，加大平台与公共文化项目的宣传力度，吸引大众关注并参与公共文化众筹。

4. 建立回馈机制和余款处理机制

成功众筹的公共文化项目本身就是面对广大群众开放的，当然也有一些是私人服务，要收取一定费用，如果出资与不出资最终所获得的公共文化服务没有差异，就会大大影响群众参与支持众筹项目的积极性。因此，建立一定的回馈机制很有必要，既不影响公民享受公共文化服务的公平性，又能吸引个人或群体出资支持项目众筹。公共文化众筹平台筹集到的资本，将全部投入公共文化项目的建设或公共文化服务的提供，对于众筹出资人而言，其常规的回馈方式有实物、非实物，尤其是各种富有创意的体验都能够成为回馈和奖励方式，其中部分回馈方式由于数量有限，资源独特，其出资额也更高。从西方的基金会运作模式与创新公共文化服务机制的角度而言，为众筹出资人中的企业、个人提供税收上的减免，亦可尝试作为一种回馈方式。已于 2017 年 3 月 1 日起施行的《公共文化服务保障法》第五十条规定："公民、法人和其他组织通过公益性社会团体或者县级以上人民政府及其部门，捐赠财产用于公共文化服务的，依法享受税收优惠。"① 该法的实施或将为公共文化众筹出资方的税收减免提供法律依据。

———————————

① 《公共文化服务保障法》，http：//news. xinhuanet. com/2016 – 12/26/c_ 129419435. htm，2018 年 4 月 16 日。

众筹项目采取定期定额的方式来确保众筹平台的有效使用和众筹项目的大众化筹资，虽然众筹名额和资金数目都有限定，但一些优质的公共文化众筹项目可能会引起公众的广泛关注和支持。当公众的投资热情、兴趣爱好、价值认同得到激发时，一个优质众筹项目势必会出现积累大量超额资金的情况，除去项目所需筹集的资金外，还会有大量余款存在，针对这些余款应制定相应的处理机制，可根据出资人或支持者的意愿追加进成功众筹项目的后续发展，亦可以透明公开的方式成立一个公共文化服务众筹发展基金，用以帮助和支持那些针对弱势群体、特殊人群的公共文化服务项目，促进公共文化服务的均等化。浙江台州金清已经积极探索农村基层文化俱乐部和文化礼堂活动资金众筹模式，该地的村民和社会群团组织及个体私营企业参与"一元捐众筹基金"筹款，通过捐献一元钱就能共同参与和享受文化大餐，营造了一种"我投入、我参与、共享受"的氛围，提高了村民参与公共文化活动的积极性。而随着"一元文化基金"的建立，该地还专门出台基金管理办法、基金财务管理办法，并成立基金理事会。①

5. 建立风险规避机制

相较于传统的融资方式，大量的小额融资使得众筹模式能够有效分散风险。原本由少数几人承担的风险，分散到数十人甚至上百人身上，每个人所要承担的风险就小多了。除去平台本身面临的风险，由众筹项目带来的风险更需规避。首先，众筹平台本着对出资人负责的态度，必须从对项目发起人的资质审查、项目的可行性审核及众筹过程的监督，到众筹资金的发放与使用以及项目回报实物的最终发放等情况进行严格的管理与监督，最大限度减少众筹风险，促进公共文化众筹模式的良性发展。其次，大规模的文化众筹可能带来文化垄断，大众趣味决定资金去向和项目走向，有可能导致流行文化泛滥而高雅文化缺失。项目发起人有可能在利益驱动下

---

① http: //paper. taizhou. com. cn/tzrb/html/2015 – 12/01/content_ 653512. htm. 2016 – 09 – 29.

被所谓"民意"牵着鼻子走，而放弃了文化引领、推动社会进步的责任。在项目的筛查与审核阶段就应该注意规避上述问题，平台建立前期，为了增加用户数量，可适当引进符合大众趣味的项目以吸引广泛的群众关注，一旦平台运营进入稳定期，社会效益与保障公民的基本文化权益就应作为首要考量因素，大众文化与高雅文化搭配，尽最大可能做到兼顾二者之长促进文化稳健发展。最后，政府文化部门以及证监会等监管部门与社会监督组织、媒体公众等多方监督力量，要坚守好自己的领地，做好监督保障工作，防止出现虚假众筹项目或是不兑现回报承诺等情况。

我国经济发展已经进入新常态，经济增长结构调整、经济发展模式转轨、经济增长方式转变将是未来很长一段时间的运行特征，个性化和多样化的文化消费将成为主流，因此文化行政部门不仅要做好公共文化服务体系建设，同时要运用多种方式促进社会力量参与公共文化服务。互联网为公共文化服务提供了新的思路，也提供了多样化的参与主体和平台。公共文化众筹本质是利用数字化、网络化等现代科技拉近公共文化服务供给与民众的距离，使现代公共文化服务从内容到形式都获得全面的转型升级，致力于向群众供给最新、最有吸引力、最优质的文化内容，加强公共文化服务主体与客体的互动和体验，从而提升国民文化素质，促进中国特色社会主义文化繁荣发展。

第二节　文化产业资助：以电影产业资助为例

目前中国电影行业的市场调节功能尚不能自动解决诸多行业难题，如进口电影对中国电影的票房压力、弘扬中华传统文化的电影作品被忽视、小众艺术电影融资困难等。通过资助杠杆促进电影产业发展，是当今世界各国电影业寻求发展的辅助路径之一。为此，出台相关优惠政策、设立相应基金、促进信贷金融融资等资助手段愈显重要。本节从中国电影产业资助现状入手，力求厘清中国电影资助主体、主要资助方

式，剖析资助过程中存在的主要问题，以期为建立结构合理、运作高效
的电影资助体系提供借鉴。

一　资助主体

中国电影资助政策经过不断调整，资助方向愈发明确，资助对象分
别为电影事业和电影产业，两大领域虽有明显区别，但从行业发展的角
度来看，二者实乃相互促进之关系。我国电影资助按其资助主体可分为
三类：政府性基金、专业性机构基金和私人资助。

政府性基金是政府部门为促进电影事业发展而采用的财政手段，在
我国电影资助体系中政府性基金是资助金额最多、稳定性最强的资助主
体。目前正在运行的主要有国家电影事业发展专项资金和电影精品专项
资金。前者主要致力于对电影事业的资助，如影院修建、线上售票系统
的规范化、少数民族电影译制等；而电影精品专项资金前身为影视互济
资金，主要资助电影创作生产相关环节。

中国电影资助的专业机构主要为中国电影基金会。该基金会成立于
1989 年 10 月 27 日，主要以公募形式筹集捐赠款，并用于发展电影事业
和产业。中国电影基金会的主要业务范围包括：支持和鼓励国产影视的
译制和推广，打造中外影视交流平台，建立长效交流机制；资助具有社
会价值、弘扬主旋律的影视创作，鼓励创新和探索跨界、多媒体的影视
优秀作品；建立学术平台；推动影视文化创意发展；开展有利于电影事
业发展的公益活动等。不同于政府性基金的是，中国电影基金会没有固
定的税收作为经费来源，主要依靠社会捐赠和基金投资返利来筹集
资金。

私人资助主要体现在互联网众筹领域。互联网众筹为低成本电影的
拍摄提供了资助平台，有利于催生优秀制作团队，促进我国电影产业发
展。当然，也不乏通过众筹取得明显成效的院线电影和利用众筹来宣传
院线电影的案例。

二 资金来源

中国电影资助体系的资金来源主要有三条渠道：一是政府财政拨款；二是从电影院提取的国家电影事业发展专项资金；三是社会筹款。

以国家电影事业发展专项资金为例，其来源由电影院缴纳的 5% 的票房收入和国家财政拨款组成。财政部、新闻出版广电总局 2015 年 8 月 31 日发布的《国家电影事业发展专项资金征收使用管理办法》第 7 条规定："办理工商注册登记的经营性电影放映单位，应当按其电影票房收入的 5% 缴纳电影专项资金。"① 如表 4-1 所示，每年虽有电影票房的 5% 作为资助保障，但国家电影事业发展专项资金的决算往往会超出预算，因此该资金还有一部分来自政府的财政拨款。

表 4-1 国家电影事业发展专项资金预算

单位：亿元，%

年份	电影票房收入总额	国家电影事业发展专项资金收入	国家电影事业发展专项资金决算	国家电影事业发展专项资金决算与收入比值
2012	170.73	8.5365	6.05	70.87
2013	217.69	10.8845	15.74	144.61
2014	296.39	14.8195	15.96	107.69
2015	440.69	18.24	16.82	92.21
2016	457.12	9.55	13.26	138.85

说明：电影票房数据来源于国家新闻出版广电总局电影电子政务平台（2011~2014 年）和国家新闻出版广电总局电影局（2015~2017 年）；2012~2014 年国家电影事业发展专项资金收入根据 5% 的电影票房征收比例，由笔者换算得来；2015~2016 年国家电影事业发展专项资金收入数据来源于财政部预算司公文；《2015 年中央政府性基金收入决算表》和《关于 2016 年中央政府性基金决算及相关政策的说明》；国家电影事业发展专项资金支付决算数据来源于财政部。

社会筹款主要有两种形式：一种是以公募形式向专业机构募捐，经由专业机构进行电影资助服务。中国电影基金会于 1989 年创办，属于

---

① 《财政部、新闻出版广电总局关于印发〈国家电影事业发展专项资金征收使用管理办法〉的通知》（财税〔2015〕91 号），http://www.gov.cn/gongbao/content/2016/content_5036288.htm，2018 年 4 月 18 日。

全国性公募基金会，其起始资金 800 万元便来自社会捐赠。截至 2014 年，社会捐赠额达到了 4803.2 万元。二是以众筹形式对电影项目直接筹款。互联网众筹主要通过无偿捐赠、预售电影票、赠送首映式入场券等方式筹集资金。2013 年快乐男声主题电影《我就是我》，是众筹电影的经典案例。通过预售门票和首映式入场券等方式，拟定在 20 天内众筹 500 万元经费用于拍摄快乐男声的主题电影。经过 20 天的互联网预售的众筹方式，主办方顺利筹集了 501 万元资金，完成了预期的众筹目标。这种用众筹来募集电影拍摄资金的方式，既降低了票房不确定性所带来的商业风险，又可以通过这种方式进行电影的预热宣传。

三 资助形式

目前中国电影市场发展迅猛，高成本、大制作的好莱坞类型电影大行其道，几乎占据中国电影市场的半壁江山，诸多优秀的国产文艺片反被排挤到票房排行末端。为改善国产电影的不利地位，加强电影事业发展，提高电影产业化水平，中国电影资助体系从不同角度、以不同形式在资助我国电影产业发展，其资助形式主要表现在以下几方面。

(一) 基金资助

当前，中国电影产业的资助形式更多倾向于公共资助基金的设立。政府通过逐年加大对电影产业的资助力度，在发展电影事业和援助电影制作方面起到了积极作用。虽然我国电影专项基金很少全额资助制作电影的所有经费，但对于电影制作来说资助金的意义非常重要，电影资助金既可以用作电影启动资金周转和部分前期制作经费，又可以凭借拿下这笔资金的荣誉为后期电影融资提供背书。此外，基金在促进中国电影事业的城乡均衡化发展方面贡献也较大。

(二) 税收优惠政策

电影通过具象的视听表达，成为当下艺术门类中极具影响力的文化传播载体，亦是众多国家进行意识形态传播的重要途径，具有国家层面上的战略意义。中央政府通过宏观调控资助电影的财政政策主要体现在以下四个方面：支持电影事业的税收优惠政策、鼓励影视企业进行技术创新的优惠政策、支持影视企业"走出去"的税收优惠政策、实行先征后返的优惠政策。

支持电影事业的税收优惠政策主要有免增值税。① 鼓励影视企业进行技术创新的优惠政策主要有：对进入市场发行放映的国产高新技术格式影片，按影片高新技术格式放映票房收入（以下简称票房收入）分档对影片版权方进行奖励，以补贴高新技术格式影片制作费。支持影视企业"走出去"的税收优惠政策主要有：文化产品出口享受出口退税政策；在境外提供文化服务取得的境外收入不征收营业税，免企业所得税。实行先征后返的优惠政策规定："在一定时期内依据影院放映国产影片的情况，返还电影专项资金。"② 上述政府对电影的财政优惠政策工具在促进电影事业配套设施建设和满足电影产业发展的经济需求等方面都将产生立竿见影的资助成效。

（三）信贷融资

中央政府通过宏观调控改善融资渠道、推进融资模式创新进而带动信贷融资资助电影创作。2016 年 11 月 7 日第十二届全国人民代表大会常务委员会第二十四次会议通过的《电影产业促进法》第四十条明确提出："国家鼓励金融机构为从事电影活动以及改善电影基础设施提供融资服务，依法开展与电影有关的知识产权质押融资业务，并通过信贷

---

① 《财政部 国家发展改革委 国土资源部 住房和城乡建设部 中国人民银行 国家税务总局 新闻出版广电总局关于支持电影发展若干经济政策的通知》（财教〔2014〕56 号），对电影制片企业销售电影拷贝（含数字拷贝）、转让版权取得的收入，电影发行企业取得的电影发行收入，电影放映企业在农村的电影放映收入，自 2014 年 1 月 1 日至 2018 年 12 月 31 日免征增值税。http://hd.chinatax.gov.cn/guoshui/action/GetArticleView1.do? id =1518609&flag =1，2018 年 4 月 16 日。

② 国家电影事业发展专项资金管理委员会：《关于返还放映国产影片上缴电影专项资金的通知》，http://dy.chinasarft.gov.cn/html/www/article/2014/01493ff17b7a334f402881a7470edaf0.html，2018 年 4 月 16 日。

等方式支持电影产业发展。"①《电影产业促进法》鼓励融资和信贷服务
对电影产业的促进作用,一定程度上可缓解当下电影产业因制作资金匮
乏而发展受阻的困境。我国政府出台的信贷融资政策还包括:鼓励银行
业金融机构对电影产业的信贷产品推陈出新、对电影企业不同发展阶段
的融资需求设立相关的信贷业务、推进电影企业直接融资、支持符合条
件的企业上市等。这些政策支持给电影制作和创新开辟了新的资本渠道,
通过更多的资金导向流入电影产业为电影市场的繁荣提供了经济后盾。
但资本的介入还需设立相应的回报和监管机制,同时亦需对参与公司或
集团给予利益回报,这是目前中国电影信贷融资体制需要改进的地方。

(四) 众 筹

众筹是一种以网络为信息传播媒介,利用互联网平台为企业或个人
发起的项目筹集资金的新兴商业模式。众筹成为中国电影资助的新形
式,主要为微电影或低成本电影制作提供资金支持,同时也不乏众筹大
笔资金制作电影的特例。

商业片在院线的成功很大程度上取决于票房成绩,受众电影审美的
差异性和不确定性导致影视创作尚不存在确定标准,如何满足观众的需
求成为当下院线电影亟待解决的重要问题。从 1895 年卢米埃尔兄弟发
明电影伊始,经济效益便成为电影的核心属性之一,基于院线电影的高
额制作经费,市场风险的规避在电影制作与运营上显得尤为重要。自好
莱坞将电影的经济属性置于电影产业的首要地位后,以制片人为中心的
电影制作模式逐渐建立。几十年来好莱坞通过挖掘观众的审美需求,尽
可能创造出适应受众审美倾向的电影,力求降低和规避商业电影存在的
市场风险。众筹网站对于电影的制作和运营具有显著的规避风险作用,
在以往的商业电影模式中,对于院线电影的票房把握以经验主导型为
主,即通过选用受众偏好的演员、类型化的故事情节、快节奏的视听风
格等方面来吸引潜在受众群。利用众筹网站拍摄电影,通过众筹方式在

---

① http://www.npc.gov.cn/npc/xinwen/2016-11/07/content_2001625.htm.2018-04-16.

电影制作前期直接预测市场前景，与网络调查和好莱坞对商业片的市场经验相比，电影众筹因涉及个人资金，其市场敏锐度和指向性更为明确，能更真实地反映电影受众的喜好。

自微电影流行以来，个人电影、群众导演成为当代影像制作的一种新趋势，此时互联网众筹也对电影制作这样一个高门槛的影视投资进行了重新定义。除了对电影市场的调研与预测作用外，现阶段众筹模式之于电影行业最主要的功能还是对低成本电影的资助。

（五）进口配额制

我国对电影的资助，除基金支持和税收优惠政策外，采用进口电影配额制其实也是国家对国产电影进行的一种间接资助。进口配额制政策对电影的间接资助主要体现在国家拟定进口电影配额数量，限制外国电影在国内电影市场的扩张，从而保障国产电影在我国电影市场的占有率。

为了谋求我国电影产业单向发展而将进口影片一概剔除于电影市场之外显然不切实际。参考近 4 年来电影票房成绩（见表 4 - 2），进口影片（以美国好莱坞电影为主）几乎占据了中国电影市场半壁江山。单纯的排挤进口电影既不利于中国加入 WTO 的发展愿景，也不利于我国电影产业良性发展。

表 4 - 2　2011 ~ 2017 年中国电影票房统计

单位：亿元，%

年份	国产影片票房收入	国产影片票房占全国影片票房收入比例	进口影片票房收入	进口影片票房占全国影片票房收入比例	全国影片票房收入
2011	70.31	53.61	60.83	46.39	131.14
2012	82.732	48.46	87.998	51.54	170.73
2013	127.67	58.65	90.02	41.35	217.69
2014	161.55	54.51	134.84	45.49	296.39
2015	271.37	61.58	169.32	38.42	440.69
2016	266.64	58.33	190.48	41.67	457.12
2017	301.02	53.84	258.09	46.16	559.11

说明：票房数据来源于国家新闻出版广电总局电影电子政务平台（2011 ~ 2014 年）和国家新闻出版广电总局电影局（2015 ~ 2017 年）。

梳理进口电影在我国的发展历程便会发现：中国第一次拟定进口电影配额制源于1994年的"10部大片计划"，即每年从国外引进优秀影片10部，其中欧洲地区占1/3、美国占1/3、其他国家占1/3，最后电影收益中方占60%，外方占40%。2001年中国正式加入WTO，将对外引进的10部大片计划扩展到20部。2012年，中美双方就WTO中的电影产业相关问题达成协议，中国将每年增加14部美国大片，且以3D和IMAX为主。进口影片的数额随着中国对外开放程度的增加和经济全球化趋势的扩展而慢慢增加，但也处于控制之下。相较俄罗斯完全开放本国电影市场，使好莱坞大片长驱直入致使本国电影在票房上全军覆没直至最近几年才有所复苏的现象，进口电影配额制是平衡中国电影市场的可行模式：一方面不会使国产电影长期处于"闭关锁国"状态，可借鉴其他国家成熟的电影商业化运作和电影制作技术，为中国电影革新带来新动力；另一方面，从我国电影产业发展角度来看，配额制的"限量"亦为国产电影在中国电影市场中所占份额提供了政策保障，因此也算作从消费侧着力的间接资助手段。

四　中国电影资助存在的问题及对策

中国电影资助问题的解决还需国家革新电影资助体系，形成健康透明的运行机制，提供专业规范的资助服务。现阶段我国以政府为主导的电影资助体系已初步成形，但在资助主体、资助对象和资金运营等方面还存在如下问题，需要相应的解决对策。

（一）资助主体零散——设立专门的资助机构

以法国电影资助机构为例：法国电影资助的基金主体主要来自1946年创立的法国国家电影中心。经过1990年、2009年几次大改革之后，该中心确立了独立法人资格，财政自主，由法国文化部负责监管。主要职责为：监管电影，支持电影、广播、视频、多媒体和技术产业；

宣传电影和电视；保护与开发传统电影。①

中国电影资助的两大政府性基金均由国家广播电视总局主导管理和控制。政府部门职责越多，精力会越分散，对于电影资助领域的管理效果非常有限。因此，建议成立由政府监管、群众协助监督、独立运营的专业性电影资助机构，将整个电影行业的资助都置于统一的管理主体之下。在专业性机构的管理下完善院线专项资金征收机制、改善电影院线硬件、公布国家财政拨款数额、公开社会公募款项、接受群众有效的监督和反馈等。由业内专业人士管理和运营电影资助专项基金。专业化的管理提高了电影资助的行政效率、专业化服务和市场化运作效率。

（二）资助对象重叠——不同主体资助不同对象

目前中国电影资助主要集中在两个领域：一是对于电影发行渠道的完善，如整改修建电影院、加大电影下乡力度、规范线上电影售票渠道；二是对电影创作生产的扶持，如奖励电影原创剧本、投资电影摄制等。当下中国电影资助主体较为分散，缺乏统一的管理，统筹发行和生产资助对象的类别成为电影资助规范化的潜在需求。以国家电影事业发展专项资金、电影精品专项资金、中国电影基金会的资助对象为例，在"国产片的译制、影视文化研讨会、搭建人才培养平台、开展电影公益性事业、资助电影技术革新"等资助类目上，电影资助基金存在资助对象重叠问题。且我国政府性基金与民间资金基本彼此独立，在资助对象的类别上并不是相互补充的关系。若将现有资助对象进行整合，分门别类，将对应的专项资金用于不同的资助对象，可防止出现资助对象的重叠问题。

（三）资助基金管理存在的问题——资金管理和运营透明化

当下中国电影资助基金存在的问题主要有：一是专项基金运作不透

① *The Principal Missions of the CNC*，法国国家电影中心官网，http：//www.cnc.fr/web/en/missions。

明；二是资金预算执行差。以电影精品专项资金为例，该专项资金的主要资助范围为：华表奖和夏衍杯优秀电影剧本奖；优秀国产影片剧本创作；优秀国产影片摄制；优秀国产影片宣传推广；电影新技术、新工艺的推广应用；国产电影"走出去"；电影人才队伍建设；购买农村电影公益性放映版权、保护电影版权等。① 虽然明确了资助对象，但资助基金相关信息不透明，包括：资助项目的评选标准、评选人员及资助金的发放对象和额度、资助金最后结项与否等。

审计署是国家法定职权范围内对电影精品专项资金进行外部监督的行政机构。在审计署对外公开的官方网站上用户能够检索到两条与电影精品专项资金相关的公告。其一，国家广播电影电视总局 2006 年度预算执行和其他财政收支审计结果："由于年初申报的预算细化不够和财政部批复资金具体使用方案及资金拨付到位时间较晚，导致电影精品专项资金 2004、2005 和 2006 年底结余分别为 1.02 亿元、1.03 亿元和 7294.46 万元。"② 其二，国家广播电影电视总局 2010 年度预算执行情况和其他财政收支情况审计结果："2010 年，广电总局未经财政部批准，将'电影精品专项资金——优秀国产影片宣传费'预算 1570 万元、'走出去工程工作专项经费'预算 202.08 万元调整用于其他项目支出。"③ 通过审计署的统计结果和发布的相关公告，不难看出现有电影精品专项资金的管理运营不太规范。不论是从电影专项资金发展的角度，还是从电影资助内在需求的角度来看，电影精品专项资金的管理和运营都亟待优化升级。

类似情况也发生在国家电影事业发展专项基金上，该专项基金由于未能将预算细化和细化安排较晚导致项目预算未执行、专项资金管理委员会办公室超范围使用专项资金、专项资金支出结构不够合理等问题。

---

① 《电影精品专项资金管理办法》自 2015 年 5 月 1 日开始实施。
② 审计署：《49 个部门单位 2006 年度预算执行和其他财政收支审计结果》，http://www.audit.gov.cn/n5/n25/c63463/content.html，2015 年 3 月 1 日。
③ 审计署：《中央部门单位 2010 年度预算执行情况和其他财政收支情况审计结果》，http://www.audit.gov.cn/n5/n25/c63561/content.html，2015 年 3 月 1 日。

基于现状，透明化的专项资金管理体制和专业化的专项资金运营机制成为推进中国电影资助的内在需求。对中国当下电影资助专项基金如能做到信息透明化、评审标准具体化、审核程序公开化，并对受资助的项目给予官方解释，方能促进电影产业和电影事业的发展，亦可树立相关组织机构的公信力。

（四）电影资金的粗放式管理——完善电影行业资助链

目前中国电影资助主体对资金的粗放式管理问题较大。在已立项的电影资助项目中，只有资金的资助机制，并无资金的管理回收机制。换言之，获得资助金的项目，无须承担任何市场风险，亦无任何经济制约。随着市场经济的发展完善，电影资助应该设定相应的资金回收机制，完善的资助链也应涵盖资金的后续管理问题。加之经济属性是电影产业的核心属性之一，若没有资金制约制度，资金对电影产业发展的促进作用必将大打折扣。以台湾电影辅导金为例：2002 年，台湾当局首次采用对等筹资、信托管理的方式加强电影辅导金的严格管控。获选项目先经由制片方把对等的自有资金存入信托专户，然后当局会把相等数目的电影辅导金存入账户中。台湾当局于 2003 年又增设电影辅导金的成本回收机制，在结项时如果版权收入超过辅助金费用，制片方需按相应比例缴还给当局成本费。大陆电影资助体系可以借鉴台湾地区的电影辅导金政策，增设电影资金回收机制，提高资金利用效率，最大化电影产业的经济效益。

（五）众筹电影问题——规范电影众筹平台

当今国内的众筹模式对电影的宣传推广、培育新人导演和投资小微成本电影等方面提供了便捷。但由于众筹发展的外部环境尚未成熟，对于中国当下院线电影市场而言，众筹对电影产业的资助作用微乎其微。合法化的众筹模式、规范化的电影众筹平台在互联网经济盛行的当下尤为重要。推进和扩大众筹对电影资助效益的前提是国家设立相应的众筹股权监管规则，使众筹对电影的资助在法定认可范畴内，促进电影众筹模式在法律约束下规范运行；同时国家通过加强网络监管力度，促进众筹网络平台的规范化，防范和严惩网络诈骗。

对需要众筹大笔资金的电影制作，从提高众筹资金方式的角度来看，众筹参与者回报方式应多样化。当下院线电影众筹的主要回报方式包括赠送电影票、参加明星见面会、电影衍生产品的赠送、签名海报赠送等。虽从表面来看赠品丰富，但究其内在还是基于电影"粉丝"群的一种回馈方式。若将电影众筹作为一种投资理念，根据众筹参与者对应数额分配影片盈利收益，众筹大成本制作的电影定会获得更大成功。

从电影资助的长效机制来看，众筹还需增加集资者对众筹资金使用的制约机制。目前的众筹网站对资金使用的制约机制稍显薄弱，为了保障参与者获得之前承诺的回报，促使众筹网站健康、持续地发展，设立相应的制约机制对违约的筹资者给予制裁或惩罚，既可降低通过众筹项目进行欺诈的可能性，又能敦促众筹者使用好众筹资金。

目前，中国以宏观调控为主、个人和专业性机构为辅的电影资助体系逐渐成形。设立专门的资助机构，整合协调资助主体，形成分类资助制度，完善资金运营机制和资助链，规范电影众筹平台等对策成为发展和壮大中国电影资助体系、推动电影业蓬勃发展的内在需求。

第三节　文化资助转向：以美国为例

随着经济社会的发展和国际形势的变化，公共部门、私营机构、其他社会构成单位及公民个体对成为文化资助主体的责任意识正在逐渐普及，文化资助与文化政策一起服务于宏大的经济及社会政策目标。当前，全球范围内的文化资助转向主要呈现为以下几种趋势：①由资助转向投资，注重开发文化资助的商业价值，以美国、英国、意大利为代表。②由资助转向发展，变强调直接资助为强调文化发展取向，以澳大利亚、新西兰、爱尔兰为代表。③资助领域的转向。由传统的人文艺术领域扩展到教育、医疗、数字媒体等领域，乃至分流到环保、健康等与人类的可持续发展等问题密切相关的领域。文化资助主体希望在更广阔的社会空间发挥影响力，以求自我价值的实现和更大社会影响力的形成。④资助方式多元化。在文化资助新时代，文化资助人不仅注重金钱的捐赠，而且注重知识、时间及技能的捐赠。不仅注重线下捐赠，网络捐赠、"指尖公益"等现象日益普遍。本节内容将以美国为例，探讨国际文化资助转向的最新趋势。

如本书第二章所论，美国的文化资助体系是复杂、分散和多元化的，文化机构既可以申请来自联邦、州和地方政府的拨款，也可以争取个人、公司和基金会的资助。一般来说，美国文化机构的资金来源一半是票房和其他销售收入，公共部门提供的资金只占10%，其中联邦政府的资金只占2%，剩下的约40%来自私营部门，特别是来自富人们组建的公司和基金会。① 由此可见美国慈善界的文化资助在推动美国当代文化发展过程中发挥了重要作用。

Charity Aid Foundation（CAF）发布的 World Giving Index（世界捐赠指数）显示，2016 年，美国人的慷慨程度在 CAF 调查的全球 140 个国家中排名第 2 位。② 他们十分愿意利用自己的财富回馈社会，推动社会经济文化发展。美国人的慈善情结最早可追溯到 17 世纪，从英国移民美国的清教徒们在清教思想影响下将慈善理念带到了美洲大陆。美国著名的清教徒布道家约翰·卫斯理曾这样描述过清教精神——"拼命地挣钱、拼命地省钱、拼命地捐钱"，他们努力工作创造大量财富，同时为了得到上帝的救赎，便把超额财富用在改善社会、扶贫济困的善举上，而以洛克菲勒和卡内基等为代表的众多"石油、钢铁大王们"，也正是在这种慈善思想的影响下建立了数量可观、体量庞大的私人基金会，开启了社会公益捐赠之旅。

在 21 世纪以前，美国富人格外青睐文化资助。美国社会普遍追求

---

① 韩红：《美国资助文化事业的运作方式》，《学习月刊》2007 年第 14 期，第 6～22 页。

② World Giving Index, Charity Aid Foundation, 2016. https：//www. cafonline. org/docs/default - source/about - us - publications/1950a _ wgi _ 2016 _ report _ web _ v2 _ 241016. pdf. 2018 - 04 - 17.

民主，不愿意政府干涉文化发展，大多愿意采用结社的方式，以个人主义的新理念来改造和提升社会。为此他们建立各种基金会，持续不断地进行文化资助，维持着美国文化的繁荣与进步。私人基金会和企业大力资助文化发展，不定期进行文化捐赠成为一种传统。比如洛克菲勒家族捐资创立的纽约林肯艺术中心、福特基金会发起的"美国喜剧计划""交响乐计划"等资助喜剧、交响乐的公益项目，都体现了这种倾向。这些"石油大王""钢铁大王"创建的基金会逐步发展成为美国文化资助的重要力量，并且开创了新的文化资助模式，促进了美国当代文化的繁荣兴盛，同时也促进了政府在税收、文化投入政策等方面的变革。

但是，随着时代的发展和社会的进步，先前的石油、钢铁大王的财富地位纷纷被当前的互联网和科技领域的新贵们所取代，例如微软创始人比尔·盖茨（Bill Gates）、社交网络巨头 Facebook 创始人及现任首席执行官马克·扎克伯格（Mark Zuckerberg）等拥有大量的财富，成为新一代的慈善大咖。他们虽然依旧热心于慈善事业，但是纷纷将大笔资金投向了环境和国际事务组织，基本不再投入文化领域，个中原因引人深究。2011 年，美国流向文化、艺术与人文的慈善捐赠一共 3500 亿美元，占所有捐赠的 4.2%。在过去的五年中，美国慈善捐赠总额大约上升了 25%，然而对文化、艺术与人文的捐赠却下降了 0.2%。[①]虽然这谈不上是一个不祥的预兆，但文化资助不再受互联网新贵们的重视却是不争的事实，本节力求分析美国慈善界文化资助转向的具体原因，探讨当下文化艺术机构如何获得更多资助，实现更好发展。

一 老一代慈善家的文化资助动因

"二战"后，美国经济蓬勃发展、国力迅速增强，私人财富快速积累，资金总额在 1000 亿~2000 亿美元之间的超大型基金会成为美国的独特风景。在洛克菲勒等富豪带动下，一大批私人基金会开始大规模投

---

① https：//givingusa.org/ Giving USA：The Numbers，2011. 2017 – 11 – 20.

入社会公益。私人基金会和企业虽然都有自己关注的领域，但是文化领域同样是他们非常重视的资助范围，他们对于文化的资助既有个人原因，也有社会原因。

（一） 出于艺术喜好

20 世纪的公益基金会对于美国的文化发展所起的作用无可估量，有论者称："美国重要的文化项目，无论大小，鲜有不直接或间接与基金会的哲学思想或影响有关的。"① 而很多时候捐赠者的个人喜好和价值追求决定了基金会的理想愿景和资助领域，基金会创始人对于艺术的爱好与追求促进了基金会的文化资助行为。以石油大王洛克菲勒为例，洛克菲勒基金会属于家族性质，一般都由家族成员任职重要管理岗位，他们的举动和审美在很大程度上影响了基金会的文化资助取向。洛克菲勒基金会一开始对文化领域并不感兴趣，他们家族与文化艺术的渊源要从第二代掌门人小约翰·洛克菲勒说起，由于他对保护文物有着浓厚的兴趣，便资助保护威廉斯堡古城和法国的凡尔赛宫；1935 年，基金会又投向新的人文艺术领域，资助图书馆、博物馆、戏剧、广播、电影、美国研究、考古等。同时小洛克菲勒的妻子艾比·洛克菲勒也是一位艺术爱好者，她资助成立了美国现代艺术博物馆（MoMA）。而小洛克菲勒的长子约翰·洛克菲勒三世非常热爱舞蹈、戏剧、交响乐等表演艺术，便不断地为艺术家提供资助，还资助创建了林肯表演艺术中心。②

这个时期，洛克菲勒家族和洛克菲勒基金会对美国文化建设的贡献是非凡的。正是由于洛克菲勒家族成员对于艺术的爱好与追求促使他们关注文化领域，资助了众多的美国文化项目。不仅如此，盖蒂基金会也因盖蒂本人对艺术的狂热嗜爱而对艺术大开慷慨之门。而"钢铁大王"卡内基亦是如此，正是由于他本人对莎士比亚和喜剧的爱好，以及早期

---

① Eduard. C. lindeman, Wealth and Culture, Transaction Inc. 1988：20. 转引自资中筠《财富的归宿：美国现代公益基金会述评》，上海人民出版社，2005，第 3 页。
② 王昱臣：《洛克菲勒基金会一开始对艺术并不感冒》，《艺术与投资》2010 年第 11 期，第 108~111 页。

接受他人的赠书，促使他开始图书馆资助项目，并在他的《财富的福音》一书中号召富人们资助大学、图书馆、歌剧院等项目。从以上案例可以看出，对于私人基金会，特别是家族基金会而言，家族成员或者捐赠者作为基金会负责人，其价值观和艺术追求影响着他们的文化资助动力。

（二）获取社会资本

早期的这些企业大亨在资本主义发展的快车道上积累了大量的财富，随着财富不断地集中到少数人手中，社会贫富差距逐渐拉大，引发了社会舆论对于这些富人和他们所在的巨型经济体的怨怼和仇视，人们质疑他们资本积累过程中所渗透的血腥。同时，在这些来自欧洲的移民中清教伦理还发挥着一定的作用，出于宗教意义上的利他主义动机，如博爱、原罪等理念在富人慈善动机中占据重要地位，他们逐渐愿意把财富捐赠出来回馈社会。富人们利己主义的动机也一定程度上解释了他们的慈善行为，正如钢铁大王卡内基在总结慈善经验时指出，利己主义不但有利于财富的积累和创造，而且有利于散财过程中的效率："他们有这方面的才能，等到变富以后，他们懂得如何将其用于大型公共事业的发展。"① 因此，他们把公益领域的慈善看作一种社会投资，这种投资给投资者带来的是社会地位的提高或者个人声望的上升、加值。18 世纪英国哲学家大卫·休谟亦指出"人的本性是利己的，同时又有同情心、与人类成为一体的社会情感、利他的社会本能。任何人都以追求私利作为行为的出发点，又最终使人以利他和社会的共同福利作为行为目标，其行为结果是使个人利益得以实现"②。正是富人们"回报性利他主义""互惠利他主义"等捐赠动机，促使他们开始了文化领域的慈善活动。

---

① Paul G Schervish. Major Donor, Major Motives：the People and Purposes Behind Major Gifts. New Directions for Philanthropic Fundraising：Developing Major Gifts. 1997：16.
② 〔英〕大卫·休谟：《道德原理研究》，周晓亮译，中国法制出版社，2011，第 8 页。

富人们的文化资助行为，一方面可以提高自己的社会地位，让他们摆脱在资本原始积累过程中留下的坏名声；另一方面，也可以让捐赠者流芳百世，因为他们的名字会被镌刻在自己捐赠的博物馆、图书馆、大学、医院等建筑的显眼之处。一代又一代人记住了卡内基、洛克菲勒、古根海姆；此外，慈善还能提高个人社会地位，助其积累重要人脉。通过参与慈善活动，人们能够结识更多的同行、潜在的客户，既扩大了自己的社交圈子，又拓展了人脉，还可能为自己未来的生意奠定基础，提升自己的信用等级。无论是古根海姆，还是盖蒂王国，抑或是洛克菲勒，当初因财富而名扬四海的家族，如今能被人记住光环的最大功臣，还是艺术；借艺术之名，他们的财富得到一定程度的净化，个人也得到了公众的认同与赞扬。

（三）政策引导驱动

"二战"以后，美苏争霸外交政策让美国意识到文化扩张的重要性，出于对冷战后全民文化需求、艺术消费热情高涨的考量，政府也有意通过制度设计引导人们支持发展文化事业。1960 年代表东部雅文化精英的约翰·肯尼迪竞选总统成功，他在第一夫人杰奎琳·肯尼迪的帮助下，努力把自己塑造成文化的保护者，他宣称"因为艺术……是一种无文字的语言，它是将美国的文化信息传向世界的主要途径"[1]。而1965 年国家艺术基金会的建立还指定了所有流向非营利机构的补助金应当以陪同资助的形式运行，以此来调动社会资本资助文化事业。国家和政府的资助激发了私人部门对美国文化事业的支持。国家艺术基金会对非营利艺术组织或个人的资助，等于向社会表明了它认同受赠机构的看法，或是给这些艺术机构或个人盖上了"红头图章"，这就又鼓励了公共和私人的额外捐赠。[2] 另外，国家艺术基金会的"陪同资助模式"主要是发挥政策引导的作用，政府提供的资金仅占很小的部分，也就促

---

[1] John F. Kennedy. *Letter to Theodate Johnson* . Musical America，1960 - 09 - 13：44.
[2] 陈佳桦：《美国联邦政府与艺术资助模式》，厦门大学硕士学位论文，2008。

使艺术机构实施筹资计划，拓展募款渠道，主动吸引和寻求私人基金会的资助。

（四）税收减免激励

在税务优惠政策的吸引和高额遗产税的压力下，很多富人成立基金会减轻税务负担。根据美国《国内税收法典》第 501（C）（3）条规定，"以宗教、慈善、科学，促进公共安全、文学或教育为唯一目的非营利组织可以享受免税待遇"①。较多慈善基金会的文化捐赠活动都可以得到税收减免资格，较大地提高了富人们慈善捐赠的积极性。而捐款人不仅可以成为基金会董事，有参与基金会政策制定的权利，而且私人基金会一旦注册为社会非营利机构，还可享受所得税减免优惠政策。1916 年，美国开始正式征收联邦遗产税，后来又开征相关的赠予税和隔代遗产转让税。富人们在税法和遗产法的种种压力下，更愿意建立基金会从事自己所认同也能掌控的社会改造和艺术捐赠。税法通过减免税收等优惠政策鼓励个人和机构捐助文化艺术、教育等社会公益事业，这样调动了大批的慈善机构、基金会、社会团体、公司和个人的积极性，使众多重要的文化艺术团体和机构与一些大企业、基金会及个人建立起比较稳定的资助合作关系，拓展了文化事业的发展空间。

二　新一代慈善家的资助转向

塞奇、卡内基和洛克菲勒等基金会的建立奠定了美国慈善基金会的基础，这些公益基金会对于文化领域的资助促进了美国文化的繁荣。但随着互联网时代的到来，涌现出以比尔·盖茨等为代表的一批互联网、高科技行业新贵，他们成为美国慈善事业的主导力量。在 2016 年美国富豪榜前十排名中有 6 人来自互联网和高科技领域，他们分别是比尔·盖茨、马克·扎

---

① https：//www. irs. gov/statistics/soi – tax – stats – charities – and – other – tax – exempt – organizations – statistics. 2018 – 04 – 16.

克伯格、亚马逊创始人及现任首席执行官杰夫·贝索斯和谷歌联合创始人拉里·佩奇等。他们相对于洛克菲勒、卡内基等人，虽然身处不同的时代、出身于不同的产业领域，但依然是慈善领域的重要参与者，例如马克·扎克伯格的"裸捐"，比尔·盖茨联手众多亿万富翁发起的"捐赠承诺"行动，他们始终对慈善事业无比重视。但相较于第一代慈善巨头，这些新一代慈善大咖、互联网新贵的大笔捐赠资金流向发生了一些变化。

对于一部分慈善家而言，教育、医疗、健康等领域依然是他们资助的不二选择，例如比尔及梅琳达·盖茨基金会秉承所有生命价值平等的理念，从事艾滋病、疟疾等研究的全球健康项目和从业发展、计划生育等的全球发展项目，尤其致力于在发展中国家提高人们的健康水平，使他们有机会摆脱饥饿和极端贫困。① 在美国本土，基金会则致力于教育项目，使他们有机会在学习和生活中取得成功。而扎克伯格成立了Chan Zuckerberg Initiative，从事基础生物医学研究和通过个性化学习来支持科学的研究，例如支持人类细胞图谱研究和与科技相关的教育项目等等；② 另一些慈善家则另辟蹊径，把资金投向新的资助领域，譬如亚马逊的创始人贝佐斯号召人们把钱投向如特斯拉汽车公司等一些能够成就"大事业"的创新性公司，或者资助 Space X CEO 以及 SolarCity 董事长 Elon Musk 用于太空探索等，而不是把钱捐给非营利性文化艺术机构。新时期这些互联网新贵对于慈善有着自己的理解和关注点，他们更愿意投资未来，促进新经济的崛起。

除了慈善理念和资助领域的改变，新一代慈善家的慈善模式和慈善项目运作方式也发生了变化。相较于上一代大亨们选择创建基金会从事慈善资助，如今的互联网新贵更乐于采取个性化、更具创造性的方式实施慈善运作，以期产生更大的效果和影响力。例如 2015 年 12 月，Facebook 创始人兼首席执行官马克·扎克伯格宣布将价值约 450 亿美元的"脸谱"股份的 99% 捐出，这家慈善信托基金由有限责任公司（LLC）

① https：//www. gatesfoundation. org/zh/What－We－Do. 2017－11－20.

② https：//chanzuckerberg. com/initiatives. 2017－11－20.

Chan Zuckerberg Initiative 实施运转，LLC 对资金使用更加多元化，不受美国法律对于慈善机构资金限制的约束，资金可以用于政治游说、新能源投资，或者是捐给传统慈善机构做慈善等，慈善方式更加灵活自由。而乔布斯的遗孀劳伦娜·鲍威尔·乔布斯，也曾以有限责任公司形式创立基金会，名为"Emerson Collective"，投资了许多小规模的创业公司，以期实现新经济的增长。而谷歌则成立了 Google. org 用以支持非营利组织和有价值的慈善事业，利用新技术的科技慈善方式将爱心资助铺开到全世界。

虽然新一代慈善家依然很好地继承了传统慈善巨头的公益之心，但是他们相对于老一代的富人们不再对文化资助有特别兴趣，新富们对于文化资助的"望而却步"无疑触发了文化圈的担忧，是他们认为社会问题才是更迫切更重要的领域？还是他们尚未意识到文化价值的重要作用？抑或是社会环境的变化引发了人们慈善观念的转变？个中缘由引人深思。

三　互联网新贵冷落文化资助的原因解析

（一）对文化领域缺乏浓厚兴趣

正如慈善家本身性格各异，慈善事业是具有个性化色彩的，个人和基金会可以自由地支持他们最关心的事业和领域。[①] 卡内基和小洛克菲勒等出于对文化艺术的喜爱，通过基金会实施文化资助；而我们当前经常提到的比尔·盖茨和马克·扎克伯格等人则因不同的价值观和喜好从事不同领域的慈善活动。比尔·盖茨曾经就表示过对投资歌剧院并不感兴趣，但对于生物工程有着较大的兴趣，因此极其重视科技研发，资助艾滋病研究、疟疾疫苗研制等，帮助解决全球健康事业和全球发展事业，尤其是解决非洲等第三世界的健康与贫困问题；同时由于从事软件领域的缘故，大力资助贫困地区的公共图书馆电脑及互联网接入，为贫

---

① 〔美〕托马斯·蒂尔尼、约尔·弗莱什曼：《从梦想到影响：一流慈善的艺术》，于海生译，华夏出版社，2014。

困地区的人们提供学习便利。

新一代慈善家相较于上一代富豪，在较年轻时就取得了事业的成功并且较早从事公益慈善事业。他们大多来自科技互联网领域，目前没有报道显示他们对文化艺术有强烈兴趣，也未认识到资助文化事业的社会价值。

（二）更关注社会问题

时代在发生变化，全球化和数字化背景下互联网新贵们的视野和关注点也在不断变化，特别是随着全球化的发展，世界被联为一个整体，互联网新贵们意识到世界上还有更多的贫困地区和人们需要他们的帮助：譬如比尔·盖茨在走访非洲等第三世界国家时，就发现世界上还存在着众多饥饿和健康的问题，类似经历也促使他资助关于全球医疗问题的研究，研发新的疫苗，帮助美国以外的人们消除疾病和减轻贫困。外部环境的变化引发了这些富人关注点的变化，致使他们更愿意投入社会问题领域而不是文化领域。

而互联网技术特别是数字化的手段以大数据的形式帮助基金会在世界范围内了解贫困地区和人们最迫切的需求，给予他们最切实和有效的资助。谷歌公司成立 Google. org 的网上平台开展公益事业，这种利用新技术的科技慈善方式将爱心资助延展至全世界数百万人，同时也极大地拓展了慈善家们的影响范围。这种慈善资助方式相较于受个人喜好影响严重的个人基金会可以靠数据说话，因而更客观、更理性。

数字时代慈善家也更有条件加强对慈善组织的工作实施监督和效益评估，促进社会公益慈善制度的健全和专业服务的完善。比尔和梅琳达－盖茨基金会一直致力于通过慈善弥合世界不平等的鸿沟，帮助陷入贫穷的人们寻找希望。越来越多的基金会不仅投入慈善资助，而且密切关注资助领域和实施效果的问题。他们不拘泥于过去的资助领域和资助方式，而是以更有效的慈善方式和内容达到他们所期望的改造世界的目的。因此，在这样的社会背景之下，文化资助已不再是他们首要的关注点。

（三）更看重慈善资本主义的双重回报

慈善资本家们采用"战略性的""具有市场意识的""有较高参与度"的商业方式来运作慈善事业，追求使捐赠者的钱实现最大化的"杠杆效应"，寻求与非营利组织、非政府组织共事的方法，创造出一种能解决社会问题的赢利方式，从而带动更多的人和资本从事慈善事业，实现改变世界的目标。[①] 2008 年，比尔·盖茨在瑞士达沃斯世界经济论坛上面向商业领袖和慈善资本家演讲，把这种新的慈善路径称为"创造性的资本主义"，认为这是一种拓展市场影响力的新尝试，"通过这种方式，更多的人可以获利，获取承认，得到工作，从而缓解世界上的不平等问题"[②]。因此，扎克伯格更乐于以成立有限责任公司的形式从事慈善事业，而谷歌公司的创始人——谢尔盖·布林和拉里·佩奇则以"谷歌公益"的形式，积极地运用创新和重要资源去解决世界上最大的问题，让整个世界受益。而比尔·盖茨除了自己积极投身于慈善之外，还寻求与很多政府、多国组织和公司合作，向社会提供贷款。新时期的慈善家们不再停留在单纯地出资资助相关领域，而是探索更加具有创造性、高效率的慈善模式，争取解决更多、更大的社会问题。这种新公益使出资者可以获得社会和经济的双重回报，将供应与需求、硬件设施与软件服务、资本市场与政府规则结合起来，让私人企业与公共福利不再对立，使出资者得到应有的回报，使公益事业规模持续扩大。因此，慈善资本家出于获得双重回报的目的，会更加倾向于资助科学研究和社会可持续发展，而不是资助文化事业这种需要经常、持久拨款且不易迅速产生效益的项目。

上一代慈善家之所以热衷于捐资修建艺术中心、歌剧院、博物馆等文化设施，是因为这些文化资助形式在处于建设期的当年是强劲刚

---

① 〔美〕马修·比索普、迈克尔·格林：《慈善资本主义：富人在如何拯救世界》，丁开杰、苟天来等译，社会科学文献出版社，2011。
② 余中海：《比尔·盖茨"21 世纪新资本主义"思想研究》，兰州大学硕士学位论文，2011。

需，也有较好的明星效应，能比较容易地让他们扬名立万。但如今文化硬件设施在发达国家和地区已基本饱和，而投入文化软件建设如文化人才培养、文化素质提升等周期较长，新闻效应也没那么明显，新贵们资助文化并不能立即获得经济和社会回报，因此捐赠动力明显不足。

综上所述，当前美国慈善界的文化资助观念已发生重大转向，上一代慈善家喜好艺术并积极关注文化发展，在社会政策环境和法律的引导下积极地进行文化资助，促进了那个时代美国文化的飞速发展。而如今的互联网新贵们却不再热衷于文化资助，我们不排除这些富人可能还没有认识到文化的审美、经济、政治和社会价值，但新时期慈善领域发生的众多新变化，例如社会问题的日益凸显、新技术的应用以及新公益模式的出现等，确实影响了慈善家的资助领域转向，他们更愿意以自己的关注点、以科技手段解决社会问题。慈善家资助领域的选择无所谓对错，但如今对于文化资助的忽视却是不争的事实。在政府资助比例较小的情况下，慈善机构的捐赠对于文化艺术机构的生存和发展具有非常重要的价值。而美国 2017 年 12 月通过的以给富人和大公司大幅减税为重要特征的综合分析税法的改革以及逐步取消遗产税的决议又给文化资助蒙上了一层阴影，让人不得不担心减税对于慈善业的巨大影响。当慈善捐款的抵税门槛被提高，慈善业的积极性很有可能会受到冲击，未来充满了众多的不确定性。面对美国当前众多文化艺术机构陷入经济困境的现状，无论是政府、慈善家，还是文化机构，都应该认识到文化资助的重要性，发掘慈善捐赠中的公共参与意识和公共参与能力。对于政府而言，应重视文化发展的社会价值，加大对文化领域的投入，进行合理的文化资助规划，充分调动起企业、社会组织、专业机构和个人等众多资助主体的积极性；而对于文化组织和艺术机构而言，特别是对于非营利文化艺术机构，一方面要提升自我经营能力，实现自给自足；另一方面，则要重视募捐、筹款的重要性，与慈善家和慈善机构建立起良好的合作关系，广泛地吸纳社会资金来促进自身发展。

结　语

正如世界文化与发展委员会在《文化多样性与人类全面发展》报告中指出的一样，为扶持文化事业发展寻找资金是一项长期的挑战。理想的文化资助状态是使文化发展的资金来源多元化，资助方式多样化，建立公共部门和私营机构、民间力量齐抓共管的资助体系。

但不管是官办、民办文化艺术类基金会还是企业资助，它们都只能作为公共财政的必要补充，而无法取代公共财政对文化事业的投入，政府部门不能因此就有减少投入、甩掉包袱等推卸责任的思想。公共文化基础设施如图书馆、博物馆、剧院等大型设施由于耗资巨大，通常会被纳入城市和地区发展总体规划，一般只能由政府投资或募资兴建，而基金会则适合对具体的文化项目进行资助，在促进文化机构、社区与艺术家的良性互动以及艺术家的才能提升方面扮演协调者和保护人的角色。企业资助尤其是外资也有其不适合进入或被禁止和限制的文化领域。

文化的多样性和复杂性导致不存在任何一种适用于所有国家的文化资助模式，适合中国国情的文化资助体系必然具有本土性，必然与我国经济社会发展阶段、历史文化传统和国民文明程度密切相关。吸收和借鉴他国经验是必要的，但更重要的是，在此基础上结合本国国情和当下需要进行文化制度创新。我们应从实现国家文化发展战略、增强民族创新能力和国家综合实力的高度认识建立文化资助体系的重要意义，进一步推动政府职能转变和财政体制改革进程，通过实行税收优惠、降低非公有资本进入文化资助领域门槛等方式，整合和优化社会资源配置，规范资助方式，发展和完善多元化、社会化的文化资助主体，建立一套结构合理、机制灵活、方式多样、运作高效的中国文化资助制度体系。

　　一个国家的文化发展到何种程度以及在何种程度上被公众欣赏、被全社会支持，关涉着政府的文化承诺与履约能力，体现着国家的经济发展水平、社会文明程度和国民精神追求的广度、深度和高度。而一个国家的文化产业发展到何种程度则体现着这个国家产业结构层次和综合实力。文化资助既是给予国民的文化福利，其文化资本积累的溢出效应也是对人类文明的最大贡献。

　　随着中国经济的发展和综合国力的提升，文化资助的受重视程度也在不断提升。但是如何实现精准资助？资助不能解决文化发展的所有问题，如何通过非资助性的另外一些制度设计来支撑文化政策目标的实现？如何实现从文化资助向文化投资的转型？假以时日，我们将在习近平新时代中国特色社会主义思想引领下，进一步明确文化资助的理论和实践定位，形成文化资助领域的知识聚焦，促进理论层面的学理支撑和实践层面的制度设计，致力于公平文化资助与效率文化资助的有机统一，促进公共文化资源的配置优化和公共文化服务的机制优化，助力社会主义文化强国宏伟目标的可预期实现。

参考文献

一　中文专著及译著

[1] 〔澳〕托比·米勒、〔美〕乔治·尤帝斯：《文化政策》，蒋淑贞、冯建三译，巨流图书有限公司，2002。

[2] 〔美〕玛乔丽·嘉伯：《赞助艺术》，张志超译，中国青年出版社，2013。

[3] 〔美〕克利福德·格尔茨：《文化的解释》，纳日碧力格等译，上海人民出版社，1999。

[4] 王列生：《文化制度创新论稿》，中国电影出版社，2011。

[5] 〔荷〕汉斯·艾宾：《为什么艺术家这么穷——打破经济规则的艺术产业》，严玲娟译，典藏艺术家庭股份有限公司，2008。

[6] 夏学理、凌公山、陈媛：《文化行政》，五南图书出版股份有限公司，2005。

[7] 〔德〕布鲁诺·费莱：《当艺术遇上经济——个案分析与文化政策》，蔡宜真、林秀玲译，典藏艺术家庭股份有限公司，2003。

[8] 〔美〕戴安娜·克兰：《文化社会学——浮现中的理论视野》，王小章、郑震译，南京大学出版社，2006。

[9] 林信华：《社会学与生活》，五南图书出版股份有限公司，2008。

[10] 中宣部文化体制改革和发展办公室：《国际文化发展报告》，商务印书馆，2005。

[11] 〔英〕费约翰：《艺术与公共政策——从古希腊到现今政府的"艺术政策"之探讨》，江静玲译，桂冠图书股份有限公司，1995。

[12]〔英〕伦纳德·D.杜博夫:《艺术法概要》,周林等译,中国社会科学出版社,1995。

[13]〔法〕杰郝德·莫里耶:《法国文化政策:从法国大革命至今的文化艺术机制》,陈丽如译,五观艺术管理有限公司,2004。

[14]〔法〕Pierre Moulinier:《44个文化部:法国文化政策机制》,陈羚芝译,五观艺术事业有限公司,2010。

[15] 侯聿瑶:《法国文化产业》,外语教学与研究出版社,2007。

[16] 李景源等主编《中国公共文化服务发展报告(2009)》,社会科学文献出版社,2009。

[17] 王列生、郭全中、肖庆:《国家公共文化服务体系论》,文化艺术出版社,2009。

[18] 范中汇:《英国文化》,文化艺术出版社,2003。

[19] 毕佳、龙志超等:《英国文化产业》,外语教学与研究出版社,2007。

[20] 祁述裕等:《中国文化政策研究报告(2011)》,社会科学文献出版社,2011。

[21] 乐正:《深圳与香港文化创意产业发展报告(2010)》,社会科学文献出版社,2010。

[22] 于春城:《文化赞助与文化捐赠》,中国建材工业出版社,2008。

[23]〔孟〕默罕默德·尤努斯、〔美〕卡尔·韦伯:《企业的未来——构建社会企业的创想》,杨励轩译,中信出版社,2011。

[24]〔韩〕吴锡泓、金荣枰:《政策学的主要理论》,复旦大学出版社,2005。

[25]〔美〕戴维·奥斯本特德·盖布勒:《改革政府》,上海译文出版社,2006。

[26]〔加〕迈克尔·豪利特等:《公共政策研究——政策循环与政策子系统》,庞诗等译,生活·读书·新知三联书店,2006。

[27] 陆晓禾等:《中国经济发展中的自由与责任:政府、企业与公民社会》,上海社会科学出版社,2007。

［28］杨团等：《公司与社会公益Ⅱ》，社会科学文献出版社，2006。

［29］刘京：《2003～2007 中国慈善捐赠发展蓝皮书》，中国社会出版社，2008。

［30］孟令君：《中国慈善工作概论》，北京大学出版社，2008。

［31］徐麟：《中国慈善事业发展研究》，中国社会出版社，2005。

［32］〔美〕威廉姆·H. 怀特科等：《当今世界的社会福利》，法律出版社，2003。

［33］〔美〕维托·坦奇等：《20 世纪的公共支出：全球视野》，胡家勇译，商务印书馆，2005。

［34］资中筠：《财富的归宿：美国现代公益基金会述评》，上海人民出版社，2006。

［35］〔美〕约瑟夫·奈：《软力量：世界政坛成功之道》，吴晓辉、钱程译，东方出版社，2005。

［36］〔美〕怀特：《文化科学：人和文明的研究》，曹锦清译，浙江人民出版社，1988。

［37］夏学理、刘美枝、沈中元等：《文化机构与艺术组织》，五南图书出版股份有限公司，2005。

［38］夏学理、郑美华、陈曼玲等：《艺术管理》，五南图书出版股份有限公司，2005。

［39］夏学理、陈尚盈、罗皓恩：《文化市场与艺术票房》，五南图书出版股份有限公司，2007。

［40］〔美〕简·杰弗里、余丁：《向艺术致敬：中美视觉艺术管理》，知识产权出版社，2008。

［41］〔美〕理查德·E. 凯夫斯：《创意产业经济学》，康蓉等译，新华出版社，2004。

［42］成乔明：《艺术产业管理》，云南大学出版社，2004。

［43］江明修：《非营利组织经营策略与社会参与》，智胜出版社，2000。

［44］〔美〕阿尔文·H. 赖斯：《非营利创新管理》，潘若琳等译，北京大学出版社，2007。

[45] 〔美〕詹姆斯·海尔布伦、查尔斯·M. 格雷:《艺术文化经济学》,詹正茂等译,中国人民大学出版社,2007。

[46] 〔美〕威廉·伯恩斯:《艺术管理这一行》,桂雅文、阎蕙群译,五观艺术管理有限公司,2004。

[47] 〔英〕Alexander D:《艺术社会学》,张正霖、陈巨擘译,巨流图书有限公司,2006。

[48] 张玉国:《国家利益与文化政策》,广东人民出版社,2005。

[49] 〔英〕彼得·伯克:《意大利文艺复兴时期的文化与社会》,刘君译,刘耀春校,东方出版社,2007。

[50] 〔美〕凯文·马尔卡希:《公共文化、文化认同与文化政策:比较的视角》,何道宽译,商务印书馆,2017。

[51] 陈云:《香港有文化(上)》,花千树出版有限公司,2008。

[52] 〔澳〕尼尔·德·马奇、〔美〕克劳福德·古德温编《两难之境:艺术与经济的利害关系》,王晓丹译,中国青年出版社,2015。

[53] 〔法〕皮埃尔·布尔迪厄、〔美〕汉斯·哈克:《自由交流》,桂裕芳译,生活·读书·新知三联书店,1996。

[54] 〔美〕戴维·L. 韦默主编《制度设计》,费方域、朱宝钦译,上海财政大学出版社,2004。

[55] 〔美〕塞缪尔·亨廷顿、劳伦斯·哈里森主编《文化的重要作用——价值观如何影响人类进步》,程克雄译,新华出版社,2002。

[56] 于平、李凤亮主编《文化科技创新发展报告(2013)》,社会科学文献出版社,2013。

[57] 李凤亮主编《文化科技创新发展报告(2017)》,社会科学文献出版社,2017。

[58] 任珺:《跨域视角下的文化政策研究》,社会科学文献出版社,2014。

[59] 曹德明:《亚非文化政策研究》,时事出版社,2015。

[60] 王众一、朴光海:《日本韩国国家形象的塑造与形成》,外文出版

社，2007。

[61] 张国涛、郑世明、崔玮：《影像的冲击力——新世纪中韩电视剧流变研究》，中国传媒大学出版社，2014。

[62] 张胜冰、徐向昱、马树华：《世界文化产业导论》，北京大学出版社，2014。

[63] 资中筠：《财富的责任和资本的演变》，上海三联书店，2015。

[64] 习近平：《决胜全面建成小康社会夺取新时代中国特色社会主义伟大胜利——在中国共产党第十九次全国代表大会上的报告》，人民出版社，2017。

[65] 〔美〕阿伦·拉奥、皮埃罗·斯加鲁菲：《硅谷百年史：互联网时代》，闫景立、侯爱华、闫勇译，人民邮电出版社，2016。

[66] 〔英〕大卫·休谟：《道德原理研究》，周晓亮译，中国法制出版社，2011。

[67] 〔美〕托马斯·蒂尔尼、约尔·弗莱什曼：《从梦想到影响：一流慈善的艺术》，于海生译，华夏出版社，2014。

[68] 〔美〕马修·比索普、迈克尔·格林：《慈善资本主义：富人在如何拯救世界》，丁开杰、苟天来等译，社会科学文献出版社，2011。

[69] 〔韩〕文化观光部：《2001年文化产业白皮书》，2001。

[70] 〔英〕雷蒙德·威廉斯：《文化与社会（1780~1950）》，高晓玲译，吉林出版集团有限责任公司，2011。

[71] 李铸晋：《中国画家与赞助人——中国绘画中的社会及经济因素》，石莉译，天津出版传媒集团，2013。

[72] 张长虹：《品鉴与经营：明末清初徽商艺术赞助研究》，北京大学出版社，2010。

[73] 单世联：《文化大转型：批判与解释——西方文化产业理论研究》，中国社会科学出版社，2017。

[74] 〔英〕贝拉·迪克斯：《被展示的文化——当代"可参观性"的生产》冯悦译，北京大学出版社，2012。

[75]〔英〕约翰·梅纳德·凯恩斯:《凯恩斯社会、政治和文学论集》,严忠志译,商务印书馆,2014。

二 外文资料

[1] Donna Blagdan, Russ Kesler. *Ethics of Change: Government's Role in the Arts and Humanities* [M]. Atlantic Center for the Arts, 1989.

[2] Justin Lewis. *Art, Culture and Enterprise* [M]. London: Routledge, 1990.

[3] Julia F. Lowell, Elizabeth Heneghan Ondaatje. *The Arts and State Governments: at Arm's Length or Arm in Arm* [M]. Pittsburgh: RAND Corporation, 2006.

[4] J. Mark Davidson Schuster. *Supporting the Arts: An International Comparative Study* [M]. U. S. Government Printing Office, 1985.

[5] Victoria D. Alexander. *Art and the State—The Visual Arts in Comparative Perspective* [M]. 2005.

[6] Alan Howard Levy. *Government and the Arts: Debates over Federal Support of the Arts in America from George Washing ton to Jesse Helms* [M]. University Press of America, 1997.

[7] Rosanne Martorella. *Art and Business: An International Perspective on Sponsorship* [M]. Westportpraeger Publishers, 1996.

[8] FINND, JEDICKA J A. *Three Decades of Growth in Business—Arts Alliances.: The Art of Leadership: Building Business—Arts Alliances* [M]. New York: NY BCA, 1998.

[9] PAYTON, R. L. *Philanthropic Values: Philanthropic Giving—Studies in Varieties and Goals* [M]. USA: Oxford University Press, 1989.

[10] Chin–tao Wu. *Privatising Culture: Corporate Art Intervention since the 1980s* [M]. New York: Verao, 2002.

[11] Rectanus M W. *Culture Incorporated: Museums, Artists, and Corporate Sponsorships* [M] . London: University of Minnesota Press, 2002.

[12] Victoria D. *Alexander Museums and Money: The Impact of Funding on Exhibitions, Scholarship, and Management* [M] . USA: Indiana University Press, 1998.

[13] Lloyd, Theresa. *Cultural Giving: Successful Donor Development for Arts and Heritage Organisations* [M] . 2006.

[14] Jill Caskey. *Art and Patronage in the Medieval Mediterranean: Merchant Culture in the Region of Amalfi* [M] . Cambridge University Press, 2004.

[15] Harris, Jonathan. *Art, Money, Parties: New Institutions in the Political Economy of Contemporary Art* [M] . Liverpool University Press, 2005.

[16] Croft, J. Pauline. *Patronage, Culture, and Power* [M] . Paul Mellon Centre for Studies in Brit, 2002.

[17] Peter B. Boorsma. *Privatization and Culture: Experiences in the Arts, Heritage and Cultural Industries in Europe* [M] . Kluwer Academic Publishers, 1998.

[18] Andrew Buchwalter. *Culture and Democracy: Social and Ethical Issues in Public Support for the Arts and Humanities* [M] . Westview Press, 1992.

[19] Barbara Stoler Miller. *The Powers of Art : Patronage in Indian Culture* [M] . New York: Oxford University Press, 1992.

[20] David B Pankratz. *The Future of the Arts: Public Policy and Arts Research* [M] . Praeger Publishers, 1990.

[21] Kevin Vincent Mulcahy. The Rationale for Public Culture [M] . // K. V. Mulcahy & C. R. Swaim (Eds.), Public Policy and the Arts. Colorado: Westview Press, Inc. , 1982.

[22] Rosanne Martorella, Corporate Art [M] . NJ: Rutgers University Press, 1990.

[23] Ministère de la Culturel et de la Communication [R] . Statistiques de

la culture – Chiffres Clés 2014，Paris，2014.

［24］Eduard. C. Lindeman. Wealth and Culture ［M］. Transaction Inc.，1988.

［25］Paul G Schervish. Major Donor，Major Motives：the People and Purpo-ses Behind Major Gifts ［M］. New Directions for Philanthropic Fundr-aising：Developing Major Gifts，1997.

［26］Alain Rey，Le Robert pratique. DICTIONNAIRE DE FRANCAIS（《法国罗伯特字典》）［M］. Le Robert，2013.

三　杂志、学位论文

［1］刘登玲：《失衡与制衡——论文化事业中的文化赞助》，华中师范大学硕士学位论文，2009。

［2］叶凤华：《政治、赞助与美国公共艺术》，《艺术与设计（理论版）》2009 年第 8 期。

［3］赵莉：《论艺术赞助》，《艺术百家》2006 年第 2 期。

［4］陈佳桦：《美国联邦政府与艺术资助模式》，厦门大学硕士学位论文，2008。

［5］张敢：《罗斯福新政时期的美国艺术》，《中国美术馆》2007 年第 2 期。

［6］田珊珊：《法国的文化政策：一个基于民族文化视角的研究》，《法国研究》2010 年第 2 期。

［7］李延声：《艺术品收藏呼唤合理税收制度》，《中国美术馆》2007 年第 3 期。

［8］祁述裕：《文化产业结构调整中的政府角色》，《文化创意产业》2009 年第 2 期。

［9］刘悦笛：《"英国文化创意十年"对文化产业的启示》，《现代传播》2008 年第 4 期。

［10］郝士艳：《国外文化遗产保护的经验与启示》，《昆明理工大学学报》（社会科学版）2010 年第 4 期。

［11］ 王名、徐宇珊：《基金会论纲》，《中国非营利评论》2008 年第
1 期。

［12］ 曹峰旗：《文化产业发达国家非政府文化组织的作用与启示》，
《毛泽东邓小平理论研究》2008 年第 9 期。

［13］ 夏辉：《非政府组织与文化发展——兼论文化事业社会化改革》，《广
东社会科学》2004 年第 5 期。

［14］ 特别策划：《企业与演出商的艰难对接》，《信息产业报道》2006 年第
1 期。

［15］ 李世勋：《从雷士赞助〈孔子〉看行业品牌如何蜕变为大众明星》，
《销售与市场》2010 年第 3 期。

［16］ 秦雅君：《国家文化艺术基金会作为企业与艺术中介组织之研究》，台
北艺术大学硕士学位论文，2008。

［17］ 亚青：《中国艺术品市场发展：体制支撑是王道》，《艺术市场》2010
年第 7 期。

［18］ 王倩：《美术馆与商业的合作关系研究——以美国的美术馆和中国的
民营美术馆为例》，中央美术学院硕士学位论文，2009。

［19］ 邱慧君：《企业赞助艺术研究》，中国艺术研究院博士学位论
文，2009。

［20］ 李韵：《中国艺术基金会管理运作研究》，中央美术学院硕士学位论
文，2017。

［21］ 刘华英：《文艺复兴时期艺术赞助人研究述评——以艺术社会史理论
为视角》，《山东艺术学院学报》2013 年第 4 期。

［22］ 单世联、刘述良：《政府资助艺术：支持与反对》，《上海财经大学学
报》2016 年第 1 期。

［23］ 魏鹏举：《文化事业的财政资助研究》，《当代财经》2005 年第 10 期。

［24］ 臧志彭：《政府补助、公司性质与文化产业就业——基于 161 家文化
上市公司面板数据的分析》，《中国人口科学》2014 年第 5 期。

［25］ 傅才武、纪东东、姜文斌：《文化市场一体化进程与文化行业体制的
结构性矛盾及其因应策略》，《江汉论坛》2010 年第 5 期。

[26]〔英〕大卫·沃伦:《历史名城的保护规划:政策与法规》,《国外城市规划》1995 年第 1 期。

[27] 苏祥、周长城、张含雪:《"以公众为导向"的公共文化服务绩效评估:理论基础与指标体系》,《黑龙江社会科学》2016 年第 5 期。

[28] 詹德斌:《韩国文化战略与文化外交》,《国际研究参考》2013 年第 11 期。

[29] 李祗辉:《韩国"文化隆盛"政策解读》,《青年记者》2015 年第 35 期。

[30] 马驰:《文化遗产的保护与历史文脉的传承——对韩国文化遗产保护经验的思考》,《广西师范大学学报》(哲学社会科学版) 2009 年第 1 期。

[31] 郑立菲、樊晓娜、王雅萱、刘婷婷:《韩国文化遗产保护政策及其对我国的启示》,《文教资料》2010 年第 10 期。

[32] 杨京钟:《文化产业财税政策:韩国的经验与启示》,《学习与实践》2013 年第 8 期。

[33] 姚达:《第三种文化创生力——中国的艺术基金会》,《艺术评论》2013 年第 1 期。

[34] 高一村:《解读未来中国基金会发展三大趋势》,《中国社会组织》2014 年第 6 期。

[35] 万笑雪:《新公益视阈下我国艺术基金会互动关系研究》,《美与时代》2016 年第 9 期。

[36] 何颜:《企业税会处理规则解读及纳税筹划探析》,《中国商论》2016 年第 33 期。

[37] 李天元:《美国社会的艺术教育和艺术生态——访问美国麻省艺术学院的一些思考》,《装饰》2012 年第 8 期

[38] 王昱臣:《洛克菲勒基金会一开始对艺术并不感冒》,《艺术与投资》2010 年第 11 期。

[39] 杨淼:《第三部门视角下的我国文化艺术类基金会的发展模式探析》,中国音乐学院硕士学位论文,2012。

[40] 《文化艺术赞助（MECENAT）的现状研究——以视觉艺术赞助为中心》，中央美术学院硕士学位论文，2013。

[41] 余中海：《比尔·盖茨"21世纪新资本主义"思想研究》，兰州大学硕士学位论文，2011。

[42] 叶凤华：《政治、赞助与美国公共艺术》，《艺术与设计》（理论版）2009年第8期。

[43] 刘洋、董峰：《论西方艺术资助的基本模式》，《吉林艺术学院学报》2014年第4期。

[44] JohnF. Kennedy. Letter to Theodate Johnson. Musical America，1960.

[45] 李精明：《20世纪以前中西艺术赞助研究中文文献述评》，《莆田学院学报》2015年第4期。

[46] 王列生：《论文化制度创新的价值分层》，《中国文化》2009年第2期。

四 报纸与网站

（一）报纸类

[1] 王如君：《创新需有力保护英国为知识产权保驾护航》，《人民日报》2007年第4月27日，第7版。

[2] 李延声：《艺术收藏呼唤合理税收制度》，《中国艺术报》2007年3月6日。

[3] 谢武军：《法国公共文化一瞥》，《学习时报》2009年4月27日。

[4] 文化部财务司：《2014年文化发展统计公报》，《中国文化报》2015年5月19日。

[5] 郑莯：《英国：文化艺术有潜力创造更大收益》，《中国文化报》2015年5月25日，第3版。

[6] 永春：《韩国发展文化产业的战略和措施》，《中国文化报》2003年8月15日、2003年8月22日，第3版。

[7] 宋佳烜：《韩国盘活文化艺术民间捐赠》，《中国文化报》2014年2

月 27 日。

[8] 谢武军：《所有部长都是文化部长——法国公共文化一瞥》，《学习时报》2009 年 4 月 27 日，第 10 版。

[9] 《多国文化艺术基金：扶持文化事业资助文化产业》，《中国文化报》2014 年 1 月 16 日，第 9 版。

[10] 罗涛：《韩国版权制度助推"韩流"涌动》，《中国知识产权报》2009 年 12 月 25 日，第 10 版。

[11] 《韩国综合政策扶持文化创意产业竞争实力》，《经济日报》2007 年 12 月 27 日。

[12] 韩文：《韩国政府全方位提升文化治理能力》，《中国文化报》2014 年 11 月 13 日。

[13] 张丽：《不忘初心铸就中华文化新辉煌》，《人民政协报》2017 年 10 月 30 日，第 9 版。

[14] 子萱：《艺术基金会：文化发展的助推器》，《中国文化报》2016 年 4 月 2 日，第 8 版。

[15] 张松：《众筹书屋：公共文化服务"接入"互联网》，《南充晚报》2015 年 7 月 22 日，第 A2 版。

[16] 王列生：《文化财政政策研究的命题取向》，《中国文化报》，2011 年 8 月 19 日，第 3 版。

（二）网站类

[1] http：//www. hkadc. org. hk/tc/content/web. do？ page = aboutADC.

[2] http：//www. hkadc. org. hk/tc/content/web. do？ id = ff80818124fc5 3. c001256c08d9d2005d.

[3] http：//www. hkadc. org. hk/rs/File/info_ centre/other_ publications/ adc_ 3yearplan_ zh. pdf. 18.

[4] http：//www. artswales. org/what – we – do/publications，Annual Report.

[5] http：//chinarwft. w010w. com. cn/a/zhuanjiaxuezhe/2009/1130/1086.

html.

[6] http：//www. nea. gov/about/08 Annual/2008 – NEA – Annual – Report. pdf.

[7] http：//www. nea. gov/about/Budget/NEA – FY11 – Appropriations – Request. pdf.

[8] http：//www. neh. gov/whoweare/index. html.

[9] http：//www. neh. gov/whoweare/pdf/NEH_ Request_ FY2011. pdf.

[10] http：//www. imls. gov/pdf/2011_ Guide. pdf.

[11] http：//www. imls. gov/news/2010/020110. shtm.

[12] http：//www. cpb. org/aboutcpb/goals/goalsandobjectives/.

[13] http：//www. nea. gov/about/08 Annual/index. php.

[14] http：//www. artnews. cn/artenws/gjxw/2008/1106/10606. html.

[15] http：//www. chinacourt. org/html/article/200806/05/305889. shtml.

[16] http：//www. imls. gov/news/2010/020110. shtm.

[17] http：//www. nea. gov/about/07 Annual/AR2007. pdf. 144.

[18] http：//www. zwbk. org/zh – cn/Lemma_ Show/65357. aspx.

[19] http：//wenku. baidu. com/view/f1 e3 d689 d0d233 d4b14 e697 d. html.

[20] http：//news. sina. com. cn/m/2011 – 03 – 01/220922034339. shtml.

[21] http：//www. doc88. com/p – 34389471905. html.

[22] http：//news. xinhuanet. com/society/2010 – 03/07/content_ 13116164. htm.

[23] http：//www. artscouncil. org. uk/about – us/.

[24] http：//www. artscouncil. org. uk/regions/head – office/.

[25] http：//www. artswales. org/about – us.

[26] http：//www. artscouncil – ni. org/subpages/aboutus. htm.

[27] http：//www. lovegogo. org/news/2010/12/1228090953. html.

[28] http：//www. camelotgroup. co. uk/KeyLandmarks. pdf.

[29] http：//www. culture. gov. uk/what_ we_ do/national_ lottery/3393. aspx.

[30] http：//www. gdwh. com. cn/whwnews/2009/0319/article_ 1049. html.

[31] http：//www. eif. co. uk/about – festival/about – festival.

[32] http：//news. sina. com. cn/o/2006 – 09 – 22/003910077067s. shtml.

[33] http：//www. citure. net/info/20091013/20091013111810. shtml.

[34] http：//book. ifeng. com/shuping/detail_ 2008_ 11/03/302402_ 1. shtml.

[35] http：//www. ccnt. gov. cn/xxfb/jgsz/zyzz/200504/t20050406_ 4756. html.

[36] http：//www. chinadaily. com. cn/hqpl/zggc/2011 – 02 – 12/content_ 1755012. html.

[37] http：//www. ccnt. gov. cn/sjzz/jhcws/cwswhtj/201101/t20110105_ 86171. html.

[38] http：//news. sohu. com/20100310/n270721144. shtml.

[39] http：//www. mof. gov. cn/pub/jiaokewensi/zhengwuxinxi/lingdaojianghua/200807/t20080731_ 59905. html.

[40] http：//www. foundationcenter. org. cn/finder_ xin. html#.

[41] http：//finance. sina. com. cn/money/collection/ysqsl/20080714/15055089508. shtml.

[42] http：//news. sina. com. cn/c/2011 – 03 – 17/055622129864. shtml.

[43] http：//www. zj. xinhuanet. com/website/2008 – 11/11/content_ 14888265_ 1. htm.

[44] http：//www. ncafroc. org. tw/upload/% B3% AF% A5H% A6% EB% B3% F8% A7i% BAK% ADn. pdf.

[45] http：//www. pdfio. com/k – 246378. html.

[46] http：//www. tianjinwe. com/rollnews/wy/201009/t20100915_ 1797528. html.

[47] http：//www. wuzuoren. org/? cat = 1.

[48] http：//finance. ifeng. com/news/corporate/20100805/2479362. shtml.

[49] http：//www. ncafroc. org. tw/upload/% B3% AF% A5H% A6% EB%

B3％ F8％ A7i％ BAK％ ADn. pdf. pp4.

[50]　http：//www. ncafroc. org. tw/upload/％ A5x％ C6W％ A5％ F8％
B7％ C3％ D9％ A7U％ C3％ C0％ A4％ E5％ AC％ A1％ B0％ CA％
BD％ D5％ ACd％ B3％ F8％ A7i. pdf. pp8.

[51]　http：//library. cpc. org. tw/express/0428/example06. htm.

[52]　http：//www. sxlbl. com/news/yspl/20100115/14804_ 2. html.

[53]　http：//www. ccmedu. com/bbs54_ 2330. html.

[54]　http：//www. zgysyjy. org. cn/newart/neiyongye. jsp？ class_ id = 3743.

[55]　http：//news. artxun. com/luzuoshao － 1590 － 7945671. shtml.

[56]　http：//www. ccmedu. com/bbs54_ 2331. html.

[57]　http：//www. ln. edu. hk/cultural/materials/MCSsymposium2006/Pan
el05/CUS511B. pdf.

[58]　http：//news. 163. com/08/0304/17/46779EGS000120GU. html.

[59]　http：//baike. baidu. com/view/92609. htm.

[60]　http：//www. fmprc. gov. cn/ce/cebe/chn/zogx/kjhz/dt/t1097247. htm.

[61]　http：//www. culturecommunication. gouv. fr/Politiques － ministerielles/
Mecenat/Mecenat － articles － a － la － une/Lancement － de － la － charte －
du － mecenat － culturel.

[62]　http：//www. legifrance. gouv. fr/.

[63]　http：//www. admical. org/sites/default/files/uploads/basedocu/baro
metre_ mecenat_ entreprise_ admical_ 2014. pdf.

[64]　http：//www. economie. gouv. fr/cedef/taux － tva － france － et － union －
europeenne.

[65]　http：//www. tns － sofres. com/etudes － et － points － de － vue/ba
rometre － achat － de － livres.

[66]　http：//www. culturecommunication. gouv. fr/Ministere/Budget.

[67]　http：//www. culture. gov. uk/news/news_ stories/7640. aspx.

[68]　http：//www. artswales. org/about － us.

[69]　https：//www. gov. uk/government/news/marking － the － national －

lotterys – 20th – anniversary.

[70] https：//www. gov. uk/government/speeches/matt – hancocks – spee ch – at – the – london – games – festival.

[71] https：//www. gov. uk/government/publications/sponsored – museums – annual – performance – indicators – 2015 – 16/sponsored – museums – performance – indicators – 201516.

[72] http：//www. sohu. com/a/226115050_ 99973583.

[73] http：//www. istis. sh. cn/list/list. asp？ id = 5125.

[74] http：//www. arko. or. kr/home2005/chi2007/aboutus/history. jsp.

[75] http：//www. foundationcenter. org. cn/#.

[76] http：//www. ccnt. gov. cn/sjzz/jhcws/cwswhtj/201101/t20110105_ 86171. html.

[77] http：//www. mca. gov. cn/article/zwgk/tzl/201605/2016050000066 5. shtml.

[78] http：//www. gongyishibao. com/html/gongyizixun/12735. html.

[79] http：//www. bcaf. com. cn/cn/work/urbanthinktank/79/.

[80] http：//www. hb – n – tax. gov. cn/art/2013/6/20/art_ 15419_ 3457 76. html.

[81] http：//www. npc. gov. cn/npc/xinwen/2017 – 02/24/content_ 2008 091. htm.

[82] https：//mp. weixin. qq. com/s/IopiOqUoeGWUYTnxJNgivg.

[83] http：//gongyi. china. com. cn/2014 – 12/30/content_ 7562065. htm.

[84] http：//gongyi. sina. com. cn/gyzx/2015 – 02 – 06/105651665. html.

[85] http：//www. gongyishibao. com/newdzb/html/2015 – 02/03/content_ 10784. htm？ div = – 1.

[86] http：//www. gov. cn/xinwen/2015 – 01/04/content_ 2799671. htm.

[87] http：//www. cnaf. cn/gjysjjw/jjhzc/zc_ list. shtml.

[88] http：//www. nsfc. gov. cn/publish/portal0/tab218/info18297. htm.

[89] http：//shanghai. xinmin. cn/latest/2016/09/06/30404393. html.

[90] https：//www. mecenat. or. jp/introduction/file/20131105. pdf.

[91] https：//news. artron. net/20131231/n553270. html.

[92] http：//www. americansforthearts. org/sites/default/files/NAI%20201 6%20Final%20Web%20Res. 042216. pdf.

[93] http：//www. americansforthearts. org/about － americans － for － the － arts/business － committee － for － the － arts.

[94] http：//www. partnershipmovement. org/upload/web － files/BCA＿ Survey＿ V6＿ Single. pdf.

[95] http：//www. culturecommunication. gouv. fr/Politiques － ministerielles/ Mecenat/Mecenat － articles － a － la － une/Lancement － de － la － charte － du － mecenat － culturel.

[96] http：//www. legifrance. gouv. fr/.

[97] https：//artsandbusiness. bitc. org. uk/about － ab/our － history.

[98] https：//www. mecenat. or. jp/en/about.

[99] https：//mp. weixin. qq. com/s/8TW1 － Ku9IqeC － TRjfd2QUA.

[100] http：//www. 17xs. org/news/center/? id = 235&type = 1.

[101] http：//www. charityalliance. org. cn/news/10360. html.

[102] http：//www. americansforthearts. org/events/national － arts － awards.

[103] http：//www. mecenat. or. jp/＿ data/about/uploads/mecenat＿ pre- ssrelease＿ 2017no9. pdf.

[104] http：//www. hkadc. org. hk/? p = 18721&lang = tc.

[105] http：//gongyi. qq. com/zt2011/xxc/.

[106] http：//www. jyb. cn/china/gnxw/201607/t20160707＿ 664495. html.

[107] http：//www. xinhuanet. com/tech/2017 － 11/28/c＿ 1122025703. htm.

[108] http：//www. chinaoct. com/hqc/gyhqc/hqcgk/index. htmlhttp：// www. chinaoct. com/hqc/gyhqc/hqcgk/index. html.

[109] http：//jjckb. xinhuanet. com/2015 － 11/03/c＿ 134779811. htm.

[110] http：//news. xinhuanet. com/world/2010 － 12/19/c ＿ 12894853 ＿

2. htm.

[111] http：//www. innovcity. com/2012/01/05/rotterdam% e2% 80% 99s –
crowd – funded – pedestrian – bridge/.

[112] https：//learn. neighborly. com/municipal – bond – guide/history – of –
municipal – bonds – chapter – 2/.

[113] http：//b2b. toocle. com/detail – – 6223938. html.

[114] http：//news. xinhuanet. com/2016 – 12/26/c_ 129419435. htm.

[115] http：//paper. taizhou. com. cn/tzrb/html/2015 – 12/01/content _
653512. htm.

[116] http：//www. gov. cn/gongbao/content/2016/content_ 5036288. htm.

[117] http：//hd. chinatax. gov. cn/guoshui/action/GetArticleView1. do? i
d = 1518609&flag = 1.

[118] http：//dy. chinasarft. gov. cn/html/www/article/2014/01493ff17b7
a334f402881a7470edaf0. html.

[119] http：//www. npc. gov. cn/npc/xinwen/2016 – 11/07/content_ 200
1625. htm.

[120] http：//www. cnc. fr/web/en/missions.

[121] http：//www. audit. gov. cn/n5/n25/c63463/content. html.

[122] https：//givingusa. org/Giving USA：The Numbers，2011.

[123] https：//www. irs. gov/statistics/soi – tax – stats – charities – and –
other – tax – exempt – organizations – statistics.

[124] https：//www. gatesfoundation. org/zh/What – We – Do.

[125] https：//chanzuckerberg. com/initiatives.

[126] http：//www. wuzuoren. org/? p = 3578.

附录一　企业资助文化事业调查问卷

尊敬的企业家朋友：

您好！

感谢您拨冗填写本调查问卷！问卷结果将用于"激励企业资助文化事业的制度设计"研究，不做任何商业用途，请您如实填写。问卷中的"文化资助"包括向文化事业领域投入的赞助和捐赠；问卷中的"文化事业"包括但不限于：艺术品（艺术创作、艺术家）、演出事业、图书文献事业、文物事业、群众文化事业、广播电视事业、报纸杂志事业、新闻出版事业单位等。再次感谢您对我们学术研究的大力支持！

国家社会科学基金艺术学项目"中国文化资助现状分析及制度设计研究"课题组

2017 年 11 月

附表 1　企业资助文化事业调查问卷

序号	问题	选项
1	您在企业的职位是：（单选）	A. 企业主 B. 高管 C. 中层 D. 普通职员
2	您企业的规模是：（单选）	A. 大型 B. 中型 C. 小型 D. 微型

续表

序号	问题	选项
3	您企业的性质是：（单选）	A. 国有企业 B. 集体企业 C. 股份合作企业 （以合作制为基础，由企业职工共同出资入股，吸收一定比例的社会资产投资组建，实行自主经营，自负盈亏，共同劳动，民主管理，按劳分配与按股分红相结合的一种集体经济组织） D. 私营企业 （由自然人投资设立或自然人控股，包括：私营企业、私营合伙企业、私营有限责任公司、私营股份有限公司） E. 联营企业 （国有联营、集体联营、国有与集体联营、其他） F. 有限责任公司 （由两个以上，五十个以下的股东共同出资，每个股东以其所认缴的出资额对公司承担有限责任，公司以其全部资产对其债务承担责任的经济组织） G. 股份有限公司 （全部注册资本由等额股份构成并通过发行股票筹集资本，股东以其所认购股份对公司承担有限责任，公司以其全部资产对公司债务承担责任） H. 港、澳、台投资企业 I. 外商投资企业 （中外合资经营企业、中外合作经营企业、外资企业、外商投资股份有限公司、其他外商投资企业） J. 其他企业
4	您企业所属行业是：（单选）	A. 汽车业 B. 奢侈品业 C. 金融保险业 D. IT业 E. 房地产业 F. 旅游业

续表

序号	问题	选项
4	您企业所属行业是：（单选）	G. 能源业 H. 文化创意产业（传媒） I. 其他（请注明）
5	您所在的企业做过慈善吗？	A. 做过 B. 没做过
6	您认为文化事业需要资助吗？（单选）	A. 需要 B. 不需要 C. 很难判断
7	您认为文化事业值得资助吗？（单选）	A. 值得 B. 不值得 C. 很难判断
8	您认为文化事业应该由谁资助？（多选） （逻辑：第 5 题选择 A）	A. 政府 B. 企业 C. 第三部门 D. 个人
9	您认为企业或企业家是否有必要资助文化事业？（单选）	A. 有必要 B. 没必要 C. 很难判断
10	您曾以个人名义资助过文化事业吗？（单选）	A. 有 B. 没有
11	您所在的企业曾资助过文化事业吗？（单选）	A. 有 B. 没有
12	您所在的企业是否有专人或者专门的部门负责资助文化事业活动？（单选）	A. 有专人或者专门的部门负责 B. 没有 C. 这部分职能包含在其他部门中
13	您所在的企业在"文化事业"资助领域是否有一定投入？大概的额度范围？（单选）	A. 有 B. 没有 若有，额度是：（填写）
14	您认为企业资助文化事业的主要动因？（多选）	A. 社会关系因素 B. 作为品牌推广手段 C. 资助或不资助与企业主或高管的个人喜好或想法有关系 D. 其他

序号	问题	选项
15	您认为企业不愿意资助文化事业的原因是？（多选）	A. 缺乏资金 B. 有资助意愿，不了解资助渠道 C. 不了解哪些领域有资助需求 D. 怕带来麻烦 E. 觉得有比文化事业更重要更迫切的领域需要资助 F. 其他
16	如果有资助意愿和计划，您所在的企业倾向于资助哪个领域？（多选）	A. 社会慈善福利事业 B. 科技教育事业 C. 体育活动 D. 文化艺术活动 E. 医疗卫生项目 F. 节庆活动 G. 其他
17	您认为目前企业资助文化事业存在哪些障碍？（多选）	A. 文化艺术类公益项目关注度不高，起不到相应的宣传效果 B. 现有的税收优惠政策力度比较小，且财务手续麻烦 C. 信息缺乏，没有特定的渠道可以找到有影响力的公益组织 D. 参与成本和门槛较高 E. 现行的公益项目监管制度不完善，企业投入的资金去向无法监管，不够透明 F. 没有足够的资金和人力参与 G. 参与项目不好筛选，实际效果不好评估 H. 其他
18	您希望资助文化事业给您带来哪些好处？（多选）	A. 提高企业知名度，提升企业形象 B. 宣传公司某一产品，提高品牌知名度 C. 获得政府政策支持，减免税收 D. 对内形成企业向心力，增强员工幸福感、自豪感 E. 密切社会联系，创造利于企业发展的外部环境 F. 其他

续表

序号	问题	选项
19	您希望企业以何种资助形式资助文化事业？（多选）	A. 捐钱 B. 捐物资，如产品、设备等 C. 为文化艺术活动提供场地、设施、服务等 D. 组织员工做义工，参与文化艺术公益项目，提供实物赞助 E. 成立专门的部门或基金会负责文化资助 F. 与现有的公益组织合作 G. 艺术收藏、艺术购买 H. 其他
20	您了解《企业所得税法》有关"企业发生的公益性捐赠支出在年度利润总额12%以内的部分准予在计算应纳税所得额时扣除"的规定吗？（单选）	A. 了解 B. 不了解
21	《企业所得税法》对于公益性捐赠的税收优惠对您是否做文化资助有影响吗？（单选）	A. 有影响 B. 没有影响 C. 我既然资助文化事业就不需要税收优惠 D. 税收优惠手续麻烦，我资助了也不愿意申请税收优惠
22	如果了解税收优惠政策，且办理税收优惠手续简便，您愿意资助文化事业吗？（单选）	A. 愿意 B. 不愿意
23	如果有平台有效对接企业和需要资助的文化项目，您愿意资助文化事业吗？（单选）	A. 愿意 B. 不愿意
24	如果需要资助的文化机构或艺术组织与您所在的企业在经济和文化上有共同利益，您愿意资助他们吗？（单选）	A. 愿意 B. 不愿意
25	如果文化资助可以获得政府颁发的荣誉奖章，您愿意资助吗？（单选）	A. 愿意 B. 不愿意

序号	问题	选项
26	您是否会考虑将资助文化作为企业经营策略之一？（单选）	A. 会考虑 B. 不会考虑
27	您或您所在的企业收藏过艺术品吗？（单选）	A. 有 B. 没有
28	若有，您或您所在的企业收藏的艺术品类型？（多选）（逻辑：26 题选择 A 选项）	A. 绘画 B. 雕塑 C. 纸上作品 D. 瓷器 E. 设计 F. 宝石、钟表 G. 装置 H. 家具 I. 其他
29	您或您所在的企业艺术收藏的规模有多大？（单选）（逻辑：26 题选择 A 选项）	A. 100 件以内 B. 100 ~ 500 件 C. 500 ~ 1000 件 D. 1000 ~ 3000 件 E. 3000 件以上

附录二　企业资助文化事业调查问卷分析报告

第1题：您在企业的职位是：［单选题］

单位：人,%

选项	小计	比例
A. 企业主	96	34. 29
B. 高管	110	39. 29
C. 中层	38	13. 57
D. 普通职员	36	12. 86
本题有效填写人数	280	

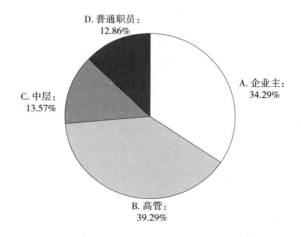

第 2 题：您企业的规模是：［单选题］

单位：人，%

选项	小计	比例
A. 大型	70	25
B. 中型	99	35.36
C. 小型	89	31.79
D. 微型	22	7.86
本题有效填写人数	280	

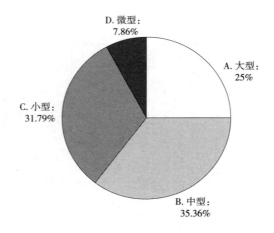

第 3 题：您企业的登记注册类型是：［单选题］

单位：人，%

选项	小计	比例
A. 国有企业	26	9.29
B. 集体企业	1	0.36
C. 股份合作企业	17	6.07
D. 私营企业	87	31.07
E. 联营企业	1	0.36
F. 有限责任公司	64	22.86
G. 股份有限公司	46	16.43

续表

选项	小计	比例
H. 港、澳、台投资企业	9	3.21
I. 外商投资企业	18	6.43
J. 其他企业	11	3.93
本题有效填写人数	280	

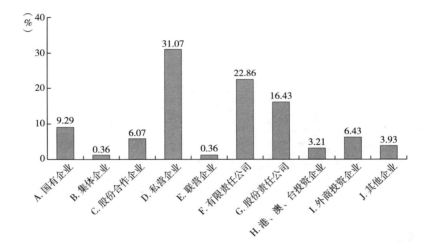

第4题：您企业所属行业是：[单选题]

单位：人，%

选项	小计	比例
A. 汽车业	9	3.21
B. 奢侈品业	4	1.43
C. 金融保险业	29	10.36
D. IT 业	59	21.07
E. 房地产业	20	7.14
F. 旅游业	3	1.07
G. 能源业	14	5

续表

选项	小计	比例
H. 文化创意产业（传媒）	38	13.57
I. 其他	104	37.14
本题有效填写人数	280	

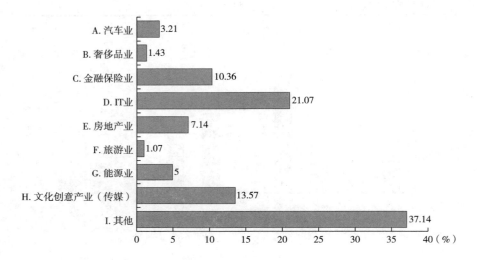

第 5 题：您所在的企业做过慈善吗？［单选题］

单位：人，%

选项	小计	比例
A. 做过	153	80.53
B. 没做过	37	19.47
本题有效填写人数	190	

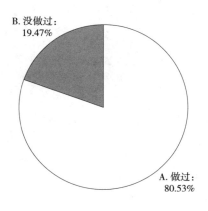

第6题：您认为文化事业需要资助吗？［单选题］

单位：人，%

选项	小计	比例
A. 需要	210	75
B. 不需要	20	7.14
C. 很难判断	50	17.86
本题有效填写人数	280	

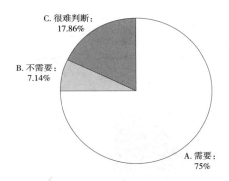

第7题：您认为文化事业值得资助吗？［单选题］

单位：人，%

选项	小计	比例
A. 值得	230	82.14
B. 不值得	10	3.57
C. 很难判断	40	14.29
本题有效填写人数	280	

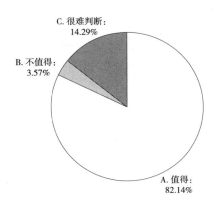

第8题：您认为文化事业应该由谁资助？［多选题］

单位：人，%

选项	小计	比例
A. 政府	210	91.3
B. 企业	164	71.3
C. 第三部门	96	41.74
D. 个人	106	46.09
本题有效填写人数	230	

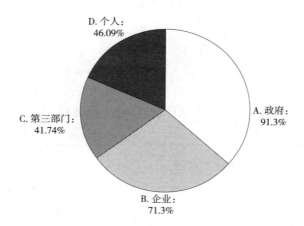

第9题：您认为企业或企业家是否有必要资助文化事业？［单选题］

单位：人，%

选项	小计	比例
A. 有必要	186	66.43
B. 没必要	21	7.5
C. 很难判断	73	26.07
本题有效填写人数	280	

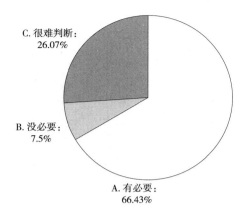

第 10 题：您曾以个人名义资助过文化事业吗？［单选题］

单位：人,%

选项	小计	比例
A. 有	71	25. 36
B. 没有	209	74. 64
本题有效填写人数	280	

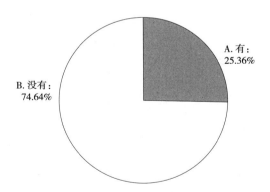

第 11 题：您所在的企业曾资助过文化事业吗？［单选题］

单位：人,%

选项	小计	比例
A. 有	134	47. 86
B. 没有	146	52. 14
本题有效填写人数	280	

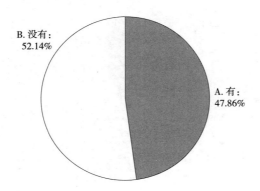

第12题：您所在的企业是否有专人或者专门的部门负责资助文化事业活动？［单选题］

单位：人，%

选项	小计	比例
A. 有专人或者专门的部门负责	49	17.5
B. 没有	179	63.93
C. 这部分职能包含在其他部门中	52	18.57
本题有效填写人数	280	

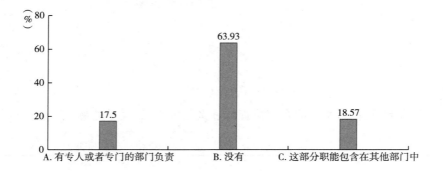

第 13 题：您所在的企业在"文化事业"资助领域是否有一定投入？若有，请填写大概的额度范围？［单选题］

单位：人，%

选项	小计	比例
A. 有	73	26.07
B. 没有	207	73.93
本题有效填写人数	280	

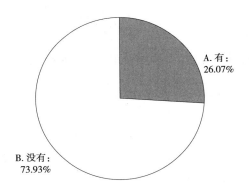

第 14 题：您认为企业资助文化事业的主要动因？［多选题］

单位：人，%

选项	小计	比例
A. 社会关系因素	160	57.14
B. 作为品牌推广手段	191	68.21
C. 资助或不资助与企业主或高管的个人喜好或想法有关系	122	43.57
D. 其他	22	7.86
本题有效填写人数	280	

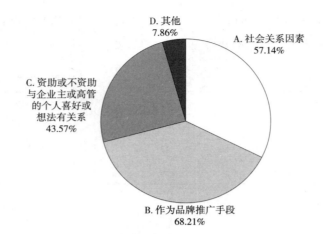

第 15 题：您认为企业不愿意资助文化事业的原因是？［多选题］

单位：人，%

选项	小计	比例
A. 缺乏资金	114	40.71
B. 有资助意愿，不了解资助渠道	105	37.5
C. 不了解哪些领域有资助需求	124	44.29
D. 怕带来麻烦	53	18.93
E. 觉得有比文化事业更重要更迫切的领域需要资助	152	54.29
F. 其他	14	5
本题有效填写人数	280	

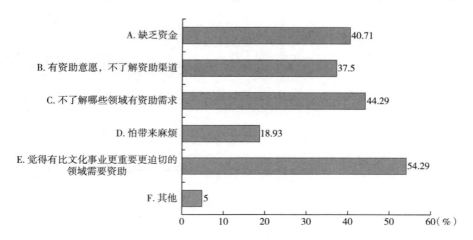

第16题：如果有资助意愿和计划，您所在的企业倾向于资助哪个领域？[多选题]

单位：人,%

选项	小计	比例
A. 社会慈善福利事业	193	68.93
B. 科技教育事业	150	53.57
C. 体育活动	62	22.14
D. 文化艺术活动	101	36.07
E. 医疗卫生项目	99	35.36
F. 节庆活动	14	5
G. 其他	8	2.86
本题有效填写人数	280	

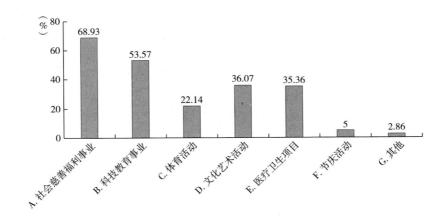

第17题：您认为目前企业资助文化事业存在哪些障碍？[多选题]

单位：人,%

选项	小计	比例
A. 文化艺术类公益项目关注度不高，起不到相应的宣传效果	125	44.64
B. 现有的税收优惠政策力度比较小，且财务手续麻烦	132	47.14
C. 信息缺乏，没有特定的渠道可以找到有影响力的公益组织	150	53.57
D. 参与成本和门槛较高	55	19.64
E. 现行的公益项目监管制度不完善，企业投入的资金去向无法监管，不够透明	159	56.79

续表

选项	小计	比例
F. 没有足够的资金和人力参与	72	25.71
G. 参与项目不好筛选，实际效果不好评估	110	39.29
H. 其他	6	2.14
本题有效填写人数	280	

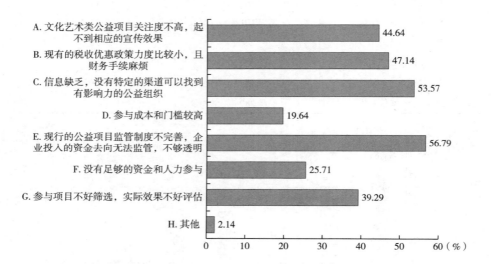

第18题：您希望资助文化事业给您带来哪些好处？[多选题]

单位：人，%

选项	小计	比例
A. 提高企业知名度，提升企业形象	197	70.36
B. 宣传公司某一产品，提高品牌知名度	87	31.07
C. 获得政府政策支持，减免税收	122	43.57
D. 对内形成企业向心力，增强员工幸福感、自豪感	186	66.43
E. 密切社会联系，创造利于企业发展的外部环境	176	62.86
F. 其他	12	4.29
本题有效填写人数	280	

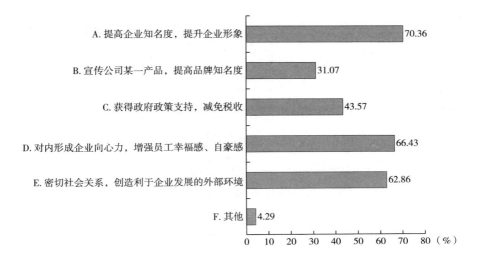

第 19 题：您希望企业以何种资助形式资助文化事业？［多选题］

单位：人，%

选项	小计	比例
A. 捐钱	117	41.79
B. 捐物资，如产品、设备等	132	47.14
C. 为文化艺术活动提供场地、设施、服务等	156	55.71
D. 组织员工做义工，参与文化艺术公益项目	182	65
E. 成立专门的部门或基金会负责文化资助	88	31.43
F. 与现有的公益组织合作	123	43.93
G. 艺术收藏、艺术购买	29	10.36
H. 其他	11	3.93
本题有效填写人数	280	

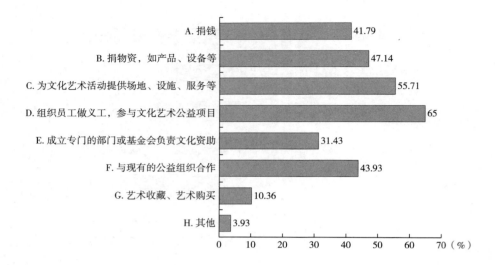

第20题：您了解《企业所得税法》有关"企业发生的公益性捐赠支出在年度利润总额12%以内的部分准予在计算应纳税所得额时扣除"的规定吗？[单选题]

单位：人,%

选项	小计	比例
A. 了解	89	31.79
B. 不了解	191	68.21
本题有效填写人数	280	

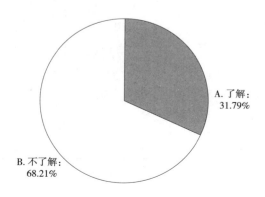

第21题：《企业所得税法》对于公益性捐赠的税收优惠对您是否做文化资助有影响吗？［单选题］

单位：人,%

选项	小计	比例
A. 有影响	156	55.71
B. 没有影响	67	23.93
C. 我既然资助文化事业就不需要税收优惠	17	6.07
D. 税收优惠手续麻烦，我资助了也不愿意申请税收优惠	40	14.29
本题有效填写人数	280	

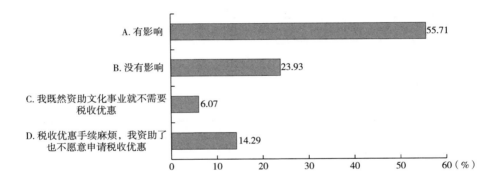

第22题：如果现有的税收优惠政策办理落实手续简便，您愿意资助文化事业吗？［单选题］

单位：人,%

选项	小计	比例
A. 愿意	232	82.86
B. 不愿意	48	17.14
本题有效填写人数	280	

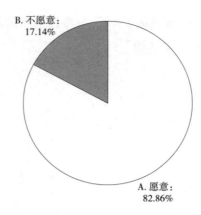

第23题：如果有平台有效对接企业和需要资助的文化项目，您愿意资助文化事业吗？[单选题]

单位：人，%

选项	小计	比例
A. 愿意	229	81.79
B. 不愿意	51	18.21
本题有效填写人数	280	

第 24 题：如果需要资助的文化机构或艺术组织与您所在的企业在经济和文化上有共同利益，您愿意资助他们吗？［单选题］

单位：人，%

选项	小计	比例
A. 愿意	248	88. 57
B. 不愿意	32	11. 43
本题有效填写人数	280	

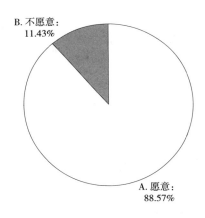

B. 不愿意：
11.43%

A. 愿意：
88.57%

第 25 题：如果文化资助可以获得政府颁发的荣誉奖章，您愿意资助吗？［单选题］

单位：人，%

选项	小计	比例
A. 愿意	206	73. 57
B. 不愿意	74	26. 43
本题有效填写人数	280	

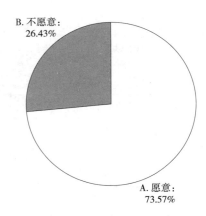

B. 不愿意：
26.43%

A. 愿意：
73.57%

第 26 题：您是否会考虑将资助文化作为企业经营策略之一？［单选题］

单位：人，%

选项	小计	比例
A. 会考虑	192	68.57
B. 不会考虑	88	31.43
本题有效填写人数	280	

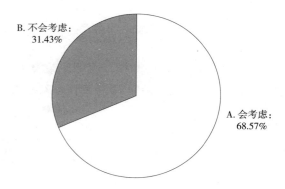

B. 不会考虑：
31.43%

A. 会考虑：
68.57%

第 27 题：您或您所在的企业收藏过艺术品吗？［单选题］

单位：人，%

选项	小计	比例
A. 有	57	20.36
B. 没有	223	79.64
本题有效填写人数	280	

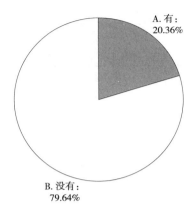

第28题：若有，您或您所在的企业收藏的艺术品类型？［多选题］

单位：人，%

选项	小计	比例
A. 绘画	44	77. 19
B. 雕塑	16	28. 07
C. 纸上作品	16	28. 07
D. 瓷器	21	36. 84
E. 设计	7	12. 28
F. 宝石、钟表	9	15. 79
G. 装置	4	7. 02
H. 家具	16	28. 07
I. 其他	6	10. 53
本题有效填写人数	57	

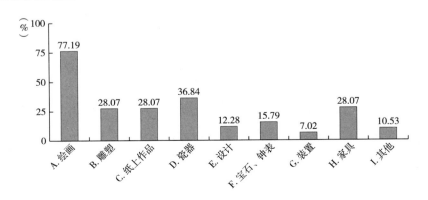

第 29 题：您或您所在的企业艺术收藏的规模有多大？[单选题]

单位：人,%

选项	小计	比例
A. 100 件以内	50	87.72
B. 100~500 件	3	5.26
C. 501~1000 件	1	1.75
D. 1001~3000 件	0	0
E. 3000 件以上	3	5.26
本题有效填写人数	57	

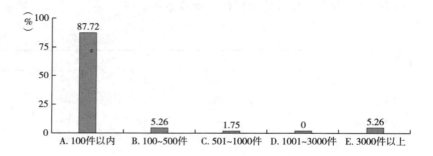

后　记

　　这本书的故事要从 2009 年讲起，因为我对"文化资助"问题的研究发端于此。那年春天，我有幸进入中国艺术研究院从事博士后研究工作。尽管不时遭受沙尘暴袭击和狂风肆虐之苦，但我的精神常常处于亢奋状态。我庆幸自己被带入一个与文艺学专业既密切相关又大异其趣的专业领域——公共文化政策。更开阔的学术视野，更明确的现实指向，更丰富的研究对象……这一对我而言崭新的研究领域既能满足我的文艺情结，又能运用我通过十年高等教育练就的专业特长，还能解决我在实际工作中生发的对传统人文学科研究的困惑和不满足。这一切吸引我为探究真相、靠近真理而不懈努力。那些难得清闲的日子，我带着对知识的向往，泡图书馆、听讲座、看展览、访谈专家，试图通过一切机会充实自己在艺术史、公共政策学、法学、经济学、社会学和人类学方面的专业知识，同时尽可能多地流连于剧院、画廊、博物馆、艺博会和文化企业，力求在理论与实践的碰撞、理性与感性的交融中获得提升与超越。

　　我以充沛的热情投入，但由于天性驽钝，加之知识基础薄弱和受现有学术评价体系驱策等原因，这些年我在公共文化政策领域的浅尝辄止成了"但问耕耘、莫问收获"的试飞。记得中山大学哲学系陈少明教授曾说："以史学为标准，哲学不科学；以社会科学为标准，人文科学不科学；以自然科学为标准，社会科学不科学。"近年来我想努力完成从一名人文学科研究者向一名社会科学研究者的转型，试图让自己的研究实现相对科学的目标。由此我在"磨刀不误砍柴工"的古训指引下，挤出时间选听台湾交通大学郭良文等诸位教授关于质化与量化研究方法的系列讲座。但研究经验不可能原样移植，而且知识转化有个过程，导致本研究的方法论问题依然没有很好地得到解决。还有一个最重要的原因可能是我的研究对象——文化的不可测量和文化政策的难以评估的特性所致。中国的文化统计还处于粗放型的起步阶段，很多数据包含在其他领域之中，很多类目甚至根本就没有数据，即使拿到的有限数据也并非真实的、有说服力的，因为它们只是文化行政部门的"实际作为"而非"政策结果"。以"企业资助文化事业"为例，英国因为有"艺术与商业"（A&B）等组织的存在，所以它能提供每一年度、每个地区的企业通过哪种形式哪个项目对哪种艺术门类提供资助的具体数据。但中国这方面的工作还处于倡议阶段，数据的无从获取常让我处于焦灼状态。当然，正是因为有这样的现实困难才使我意识到本研究的价值和意义，从而促使我以更大的热情投入其中，因为社会现实的变革才是所有科学研究的最大动力。

尽管我已尽力而为，但目前呈现在大家面前的仍然只是一份粗疏的学术作业文本，它在实际应用和技术方案方面的贡献远未达到预期效果。原定的研究对象、框架结构和我驾驭这些现实命题的力不从心导致自己只能暂时交出这只"丑陋的小板凳"。

本书的撰写得到了我的研究生们的倾力支持，部分章节由我拟定框架结构后，他们撰写初稿，我修改完善。他们的贡献分别是：第三章第三节：王泰然；第四章第一节：曾超；第四章第二节：朱芳；第四章第三节和第二章第四节：高梦雪。在此对他们付出的辛勤劳动表示诚挚感谢！

感谢我的博士后合作导师王列生教授！他以深厚的人文社科研究学养，给予我大量的研究指导，尤其注重训练我的逻辑思维和问题意识，每一次跟他面谈或向他电话咨询后我都豁然开朗。他就像一棵挂满丰硕果实的知识和智慧之树，扎根于广袤的人文社科研究沃土，随时供我摘取。是他让我意识到公共文化政策和艺术学理论研究领域存在大量尚未开发的领地，从而开始慢慢享受找到学术生长点的兴奋和数日上下求索一朝茅塞顿开的快乐。他对学问的满腔热忱驱赶着我的懈怠，他的博闻强识、渊博睿智完善了我的知识结构。尽管有时也要受到他的严厉批评，我依然要对他说：感谢有您，让我成长！

感谢我的博导胡经之教授和硕导张永健教授！他们不仅引领我进入学术殿堂，还以学术老人的智慧为我规划人生！感谢我的外导 Randy Martin 教授为我介绍美国文化资助体系，并为我提供在美国纽约大学 Tisch 艺术学院艺术与公共政策系的访学机会！感谢 Kevin Malcahy 和 Jonathan Paquette 教授的外围援助！感谢吴俊忠教授的鼓励鞭策！感谢给我指点、接受我访谈或为我访谈调研提供支持的祁述裕、苑利、傅才武、邵宏、林若熹、于国华等诸位先生！感谢祁艳、李竞爽、盛静、于沁、邱慧君、汪骁、鲍婧、杨啸远、刘厦静等同门好友的纯真友谊和无私帮助！

感谢深圳大学文化产业研究院和社科部的李凤亮教授、周建新教授、田启波教授和他们所领导的一群可亲可爱、聪明能干的同事们，他们的鼎力支持是我在科研之路上不断前行的动力！感谢同事胡鹏林博士帮我敲定章节目录！感谢师弟曾庆江教授通读初稿并提出修改意见！感谢责任编辑丁凡老师，如果没有她高效而专业的辛勤劳动，本书的面世或许尚需时日！当与本书直接相关的温暖名字一个个自然而欢快地蹦到指尖时，我还要感谢我的至爱亲人，正是他们的理解和支持才使我在成家立业之后还可以像一名全职学生一样出现在北京、深圳、纽约的大小讲堂和世界各地的图书馆、博物馆和艺术节现场。尤其要感谢我的爱人张华先生，每一次我的轻装上阵，都伴随着他的负重前行，尽管他总是举重若轻。

忙碌而充实的日子，总有读不完的书，看不完的展，做不完的项目。在公共文化政策研究的漫漫长路上，尽管浸淫良久，但我适才起步；尽管适才起步，但我已经上路。

黄玉蓉

2018 年初夏于深圳

图书在版编目(CIP)数据

被资助的文化：中外文化资助体系及制度设计／黄
玉蓉著. -- 北京：社会科学文献出版社，2018.8
　ISBN 978 - 7 - 5201 - 3229 - 9

　Ⅰ.①被… 　Ⅱ.①黄… 　Ⅲ.①文化事业 - 建设 - 研究
- 中国 　Ⅳ.①G12

　中国版本图书馆 CIP 数据核字(2018)第 181222 号

被资助的文化
—— 中外文化资助体系及制度设计

著　　者／黄玉蓉

出 版 人／谢寿光
项目统筹／丁　凡
责任编辑／丁　凡

出　　版／社会科学文献出版社·区域发展出版中心（010）59367143
　　　　　地址：北京市北三环中路甲29号院华龙大厦　邮编：100029
　　　　　网址：www.ssap.com.cn
发　　行／市场营销中心（010）59367081　59367018
印　　装／三河市龙林印务有限公司

规　　格／开 本：787mm × 1092mm　1/16
　　　　　印 张：18　字 数：267千字
版　　次／2018 年 8 月第 1 版　2018 年 8 月第 1 次印刷
书　　号／ISBN 978 - 7 - 5201 - 3229 - 9
定　　价／68.00 元

本书如有印装质量问题，请与读者服务中心（010 - 59367028）联系